FACULTÉ DE DROIT DE PARIS

DE

LA DIFFAMATION

ET

DES INJURES

ENVERS LES PARTICULIERS

en Droit français

DES INJURES ET DES LIBELLES DIFFAMATOIRES

en Droit romain.

THÈSE POUR LE DOCTORAT

Présentée et soutenue le 18 juillet 1870, à neuf heures du matin.

Par Alphonse LABUSSIÈRE

AVOCAT A LA COUR IMPÉRIALE.

Président : M. ORTOLAN, professeur, —

Suffragants { M. COLNET-DAAGE } *professeurs.*
{ M. MACHELARD }
{ M. BUFNOIR }
{ M. BOISTEL } *agrégé.*

Ce candidat répondra en outre aux questions qui lui seront faites
sur les autres parties de l'enseignement.

CLERMONT-FERRAND
TYPOGRAPHIE D'ARMAND PESTEL, LIBRAIRE
Rue de la Treille, 14.

3803

FACULTÉ DE DROIT DE PARIS

DE

LA DIFFAMATION

ET

DES INJURES

ENVERS LES PARTICULIERS

en Droit français.

DES INJURES ET DES LIBELLES DIFFAMATOIRES

en Droit romain.

THÈSE POUR LE DOCTORAT

Présentée et soutenue le 18 juillet 1870, à neuf heures du matin.

Par Alphonse LABUSSIÈRE

AVOCAT A LA COUR IMPÉRIALE.

Président : M. ORTOLAN, professeur,

Suffragants { M. COLMET-DAAGE M. MACHELARD M. BUFNOIR M. BOISTEL } professeurs. agrégé.

Ce candidat répondra en outre aux questions qui lui seront faites sur les autres parties de l'enseignement.

CLERMONT-FERRAND

TYPOGRAPHIE D'ARMAND PESTEL, LIBRAIRE

Rue de la Treille, 14.

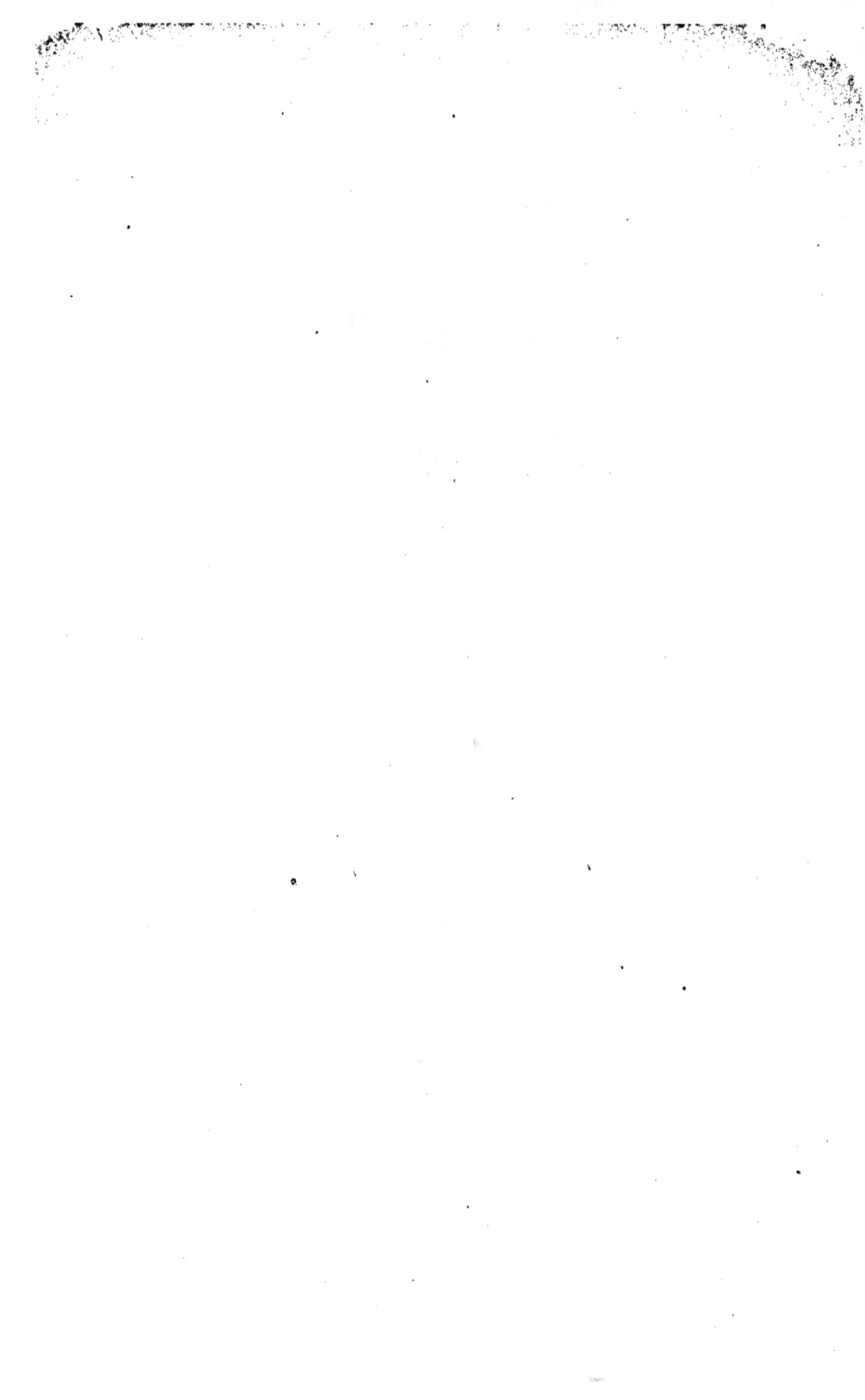

DROIT ROMAIN

De injuriis et famosis libellis (1).

OBSERVATIONS PRÉLIMINAIRES

Les Instituts de Justinien et les Pandectes donnent, en termes presqu'identiques, les différents sens dont est susceptible le mot *Injuria*

Et d'abord, dans son acception la plus générale, *injuria* désigne tout acte contraire au droit : « *Omne enim quod non jure fit, injuria fieri dicitur.* »

Plus spécialement, *injuria* désigne tantôt la faute « *culpa* » qui produit le dommage puni par la loi Aquilia : « *damnum injuriæ, ou injuria datum ;* »

Tantôt l'injustice, l'iniquité des magistrats : « *alias iniquitas et injustitia;* »

Tantôt enfin l'outrage : « *alias contumelia... quam Græci* ὕβριν *appellant* (2). » C'est dans ce dernier sens que le mot *injuria* est pris dans les textes du droit romain que nous allons étudier, et c'est le délit que le mot *injuria* ainsi entendu désigne, qui fera l'objet de ce travail.

Dans une première partie, nous examinerons en quoi consiste le délit d'injure, et combien il y a d'espèces d'injures. L'examen des actions d'injures fera l'objet de la seconde partie.

(1) Instituts de Justinien, liv. iv. tit. iv ; — Digeste, liv. xlvii, tit. x; — Code, liv. ix, tit. xxxv et xxxvi.
(2) Conf. Inst. hoc tit. princ. ; — idem Dig. hoc. tit., loi 1, pr.

PREMIÈRE PARTIE

CHAPITRE PREMIER

Des éléments constitutifs du délit d'injure.

Contumelia vient de *contemnere* : mépriser, dit Ulpien au Digeste. C'est, en effet, par ce moyen, que l'on cherche à tourner en mépris public l'estime ou la considération dont une personne jouissait. Actes, paroles, écrits, sous quelque forme qu'elle se traduise, l'injure n'a pas d'autre but : faire partager au public, en les répandant, le mépris ou la haine que nous éprouvons ou que nous affectons d'éprouver pour quelqu'un.

Mais pour qu'il y ait délit d'injure, deux éléments sont essentiels :

1° Il faut qu'il y ait chez l'auteur de l'injure l'intention de nuire, que les textes du Digeste appellent *Dolus*, et que les commentateurs ont désignée par l'expression *Animus injuriandi*;

2° Il faut qu'il y ait réellement atteinte outrageuse portée à la victime du délit, *factum ad despectum pertinens*.

§ Ier. — DE L'INTENTION DE NUIRE.

Si les Romains n'ont pas connu notre division des *Délits* et des *Contraventions*, il est au moins certain que leur droit consacrait ce principe de justice et de raison : que l'on ne peut répondre que des faits dont on a conscience. Ainsi exigeaient-ils, pour qu'il y eût délit d'injure, que l'auteur du fait outrageux eût l'*animus injuriandi*. Si cet *animus injuriandi* n'apparaissait pas, le fait incriminé ne donnait naissance qu'à une action civile, ou à l'action de la loi *Aquilia* dans les cas où cette loi était applicable.

Les textes abondent en ce sens, soit au Digeste, soit au Code, soit dans les fragments des jurisconsultes : « *Cum enim injuria ex affectu facientis consistat,* » dit Ulpien, et plus loin : « *Itaque injuriam... facere nemo potest nisi qui* scit *se injuriam facere* (1). » Paul, dans ses sentences, exprime la même pensée, quoique d'une façon moins explicite (2). Enfin, au Code, il existe un rescrit des empereurs Dioclétien et Maximien (fort important d'ailleurs, à un point de vue qui nous occupera plus tard) lequel suppose nécessaire, pour arriver à la condamnation du défendeur, l'intention injurieuse qu'il appelle : « *Convicii consilium* (3). »

Ces textes ne sont pas les seuls que nous puissions citer, mais ils suffisent à établir comme certain le principe que nous posions tout à l'heure, et nous pouvons, avec les jurisconsultes romains, en déduire les conséquences.

Ne peuvent se rendre coupables du délit d'injure que ceux qui sont *doli capaces*. La faiblesse de l'âge, le trouble momentané ou habituel de la raison, en éloignant de l'auteur d'un fait outrageux la possibilité d'intention nuisible, s'opposent à ce qu'il soit poursuivi à raison de ce fait. « *Sane sunt quidam qui injuriam facere non possunt, ut puta* furiosus *et* impubes qui doli capax non est : *namque hi injuriam pati solent, non facere* (4).... »

---

(1) Dig. hoc tit. L. 3, § 1 et 2.
(2) Pauli sent. lib. v, tit. iv, § 1.
(3) Code hoc. tit. Loi 5.
(4) Dig. ibid. Loi 3, § 1, — Paul, loc. cit., § 2.

Faut-il assimiler l'ivresse et la colère à la folie et à l'enfance, et dire que les actes commis dans cet état ne sauraient constituer des injures? C'est une question que les jurisconsultes romains n'ont point touchée, et à laquelle les interprètes ont donné des solutions diverses. L'opinion générale paraît être que l'*ebrius* ne peut se rendre coupable de délit d'injure, à moins qu'il ne se soit enivré pour se donner le courage de commettre l'acte outrageux. Celui, au contraire, qui, dans un moment de colère, *iracundia propulsus*, se laisse emporter à un acte ou à un mot injurieux, serait tenu de l'action d'injure; tout au plus verrait-on dans l'entraînement de la passion auquel il a cédé un motif d'atténuer la condamnation. — Toutefois, je le répète, ces décisions ne sont pas acceptées par tous les auteurs, et il y a même plus d'un texte au digeste qui semble leur faire échec.

Les plaisanteries ne sont point des injures parce qu'elles excluent l'*animus injuriandi* : « *Quare si quis* PER JOCUM *percutiat, injuriarum non tenetur* (1). »

Ainsi les coups portés dans un assaut d'armes, dans une lutte au pugilat ne constituent point des injures (2). De même les réprimandes, les corrections corporelles infligées par un maître à son élève ne sont point des délits d'injure, parce que l'intention nuisible est présumée absente. Reste à savoir à qui nous imposerons la charge de prouver que les faits outrageux ont été ou non commis *per jocum*. C'est une question que nous examinerons plus loin.

Les atteintes involontaires ne sont pas non plus des injures: Ainsi le maître qui, en lançant un coup de poing à son esclave, atteint par mégarde un voisin, n'est point tenu

---

(1) Dig. ibid., Loi, 3 § 2.
(2) Ibidem.

de l'action d'injures (1). Il en serait de même d'un maître qui frapperait un homme libre, croyant frapper son propre esclave (2).

Toutefois, il ne faudrait pas, généralisant ces exemples, poser en règle que, toutes les fois que l'outrage tombe sur une personne à laquelle il n'était point adressé dans la pensée de son auteur, celui-ci n'est point passible de l'action d'injures. En effet, si dans les deux cas que nous citons d'après Paul et Ulpien, il est impossible de voir un délit, c'est que le fait même dont il y est question est parfaitement licite, dans des conditions normales : c'est un maître qui pense châtier son esclave, et il n'y a là que l'exercice d'un droit reconnu et consacré par les lois romaines, qui ne saurait constituer une *injuria*, c'est-à-dire un acte fait *non jure*. Mais supposons avec Paul que, vous prenant pour L. Titius, je vous frappe, vous G. Seius ; y a-t-il injure? Assurément : car il y avait chez moi intention de faire injure à quelqu'un, et cette intention générale de nuire suffit pour constituer un délit : « *Sufficit generalisvoluntas injuriæ faciendæ* » dit Pothier (3). C'est d'ailleurs la réponse de Paul, et voici comment le jurisconsulte expliquait sa décision : « *Prævalet quod principale est, injuriam mihi facere velle ; nam certus ego sum, licet ille putet me alium esse quam sum : et ideo injuriarum habeo* (4). » — Enfin, dans le même sens, Ulpien décide que, pour qu'il y ait injure, il faut sans doute que l'offenseur connaisse le caractère outrageux de l'acte qu'il commet, mais qu'il importe peu qu'il sache à qui l'injure est faite : « *Facere*

(1) Dig. ibid. Loi 4.
(2) Dig. ibid Loi 3, § 4.
(3) Pothier. Pand. *De injuriis...* iv.
(4) Dig. ibid. Loi 18, § 3.

nemo, nisi qui scit se injuriam facere, etiamsi nesciat cui faciat (1).»

Notons de plus que la bonne foi n'est pas incompatible avec l'*animus injuriandi* dans la pensée de l'auteur de l'injure. Un exemple le fera comprendre :

Un de mes esclaves a été tué, et, convaincu sur des apparences trompeuses que vous êtes son meurtrier, je le proclame hautement. Le véritable meurtrier se découvrant, pourrez-vous me poursuivre pour injure ? Il n'en faut pas douter. Il est bien vrai que, si je vous ai accusé du meurtre de mon esclave, c'est que de bonne foi, je vous en croyais l'auteur; mais il n'est pas moins certain qu'en répandant cette imputation, je savais qu'elle porterait atteinte à votre considération. Ainsi j'avais l'*animus injuriandi*, et cela suffit pour qu'il y ait eu délit de ma part (2).

Mais, dans tous les cas où l'*animus injuriandi* faisait défaut chez l'auteur de l'outrage, les jurisconsultes romains décidaient rigoureusement qu'il n'y avait point d'action d'injure. Nous trouvons dans Ulpien, au Digeste, un exemple fort original qui nous montre jusqu'où pouvait les conduire l'application de ce principe. « Un devin est consulté sur un vol : il désigne comme le voleur une personne innocente du délit ; sera-t-il tenu de l'action d'injure ? Nullement, car le mal qu'il a causé, il l'a fait sans le vouloir, dans l'exercice pur et simple de son métier (3). » Il est vrai que notre devin ne gagnait rien à l'indulgente logique des jurisconsultes, car à raison de son métier, les Constitutions impériales le condamnaient à mort !

_____

(1) Dig. ibid. Loi 3, § 2.
(2) Cette distinction est parfaitement caractérisée dans l'excellent traité de M. Grellet-Dumazeau, *Sur la Diffamation*, liv. i, ch. i, sect. vi.
(3) Dig. ibid. Loi 15, § 13.

§ II. — DE L'ATTEINTE OUTRAGEUSE.

Pour qu'il y ait délit d'injure, il est nécessaire, avons-
nous dit, qu'il y ait eu une *atteinte outrageuse* portée au plaignant, soit dans sa personne physique, soit dans sa dignité,
soit dans sa réputation, soit dans ses biens, soit enfin dans
sa liberté.

Dans sa personne physique.... « *In corpus fit injuria*, dit
Ulpien, *cum quis pulsatur* (1). » On y peut joindre le cas où
une personne est privée de sa raison par l'effet d'un breuvage
malfaisant (2).

Dans sa dignité.... Il s'agit du rang que chacun de nous
occupe dans la société, et des honneurs qui y sont attachés.
« *Ad dignitatem fit injuria*, dit Ulpien, *cum comes matronæ
abducitur* (3). » Ce que c'était que *comitem abducere*, le
même Ulpien nous l'apprend dans la loi 15, §§ 16 et 17 de
notre titre au Digeste. Il était d'usage à Rome que les femmes
d'une condition élevée et de mœurs honnêtes ne pussent se
montrer en public sans une escorte d'une ou plusieurs personnes, hommes ou femmes, esclaves, affranchies ou ingénues.
Plus ce cortège de *comites* était nombreux, plus la personne
ainsi accompagnée était considérée. C'était donc faire injure
à une matrone que la séparer de sa suite.

Dans sa réputation.... La réputation, la bonne renommée
d'une personne étant d'ordinaire le prix de ses vertus, de son
honnêteté, de la pureté de ses mœurs, etc... on considère
comme atteintes à la *réputation*, tous actes tendant à faire
planer sur quelqu'un des soupçons de vices ou tout au moins
de défauts inconciliables avec une bonne renommée.

(1) Dig. ibid. Loi 1, § 2.
(2) Dig. ibid. Loi 15, § 1.
(3) Dig. ibid. Loi 1, § 2.

Tels sont les attentats à la pudeur, les dénonciations calomnieuses, l'apposition de scellés chez un homme qui ne nous doit rien, l'affectation à suivre sur la voie publique, même en silence, une matrone ou un enfant, etc., etc... (1). »

Dans ses biens.... Tels sont les cas où il y a violation de mon domicile, violation de ma propriété par un individu qui y pénètre pour chasser malgré ma défense, etc., etc. (2).

Dans sa liberté.... Il s'agit d'atteintes portées au libre exercice des droits qui appartiennent à tout citoyen, comme si vous vouliez m'empêcher de vendre mon propre esclave, de pêcher dans la mer, etc.... (3).

Il faut d'ailleurs qu'il y ait réellement atteinte outrageuse, c'est-à-dire que l'honneur et la considération de la personne en soient diminués. « *Oportet ut factum ad despectum personæ pertineat.* » Ainsi, point d'injure dans le fait de s'opposer à ce que certains honneurs vous soient rendus, encore bien que cette opposition soit fondée sur une intention injurieuse pour vous. « *Etenim multum interest, inquit Labeo, contumeliæ causa quid fiat, an vero fieri quid in honorem alicujus quis non patiatur* (4). »

A peine est-il besoin de dire qu'il ne saurait y avoir d'atteinte outrageuse dans les faits qui ne seraient que l'exercice d'un droit. « *Juris executio non habet injuriam.* » Ainsi un débiteur serait malvenu à se plaindre de ce que son créancier a employé contre lui les moyens de coercition que la loi remet entre ses mains ; un plaideur, à poursuivre pour injure le magistrat qui l'a justement condamné, « *nam is qui jure publico utitur, non videtur injuriæ faciendæ causâ*

_____

(1) Dig. *De inj.* Loi 9, § 4; loi 10; loi 15, § 15 et s. etc.
(2) Dig. ibid. Loi 23; loi 15, § 31, etc.
(3) Ibid. Loi 14 *in fine* ; loi 21.
(4) Dig. ibid. Loi 13, § 4.

hoc facere (1). » Si pourtant le juge avait excédé les limite de son pouvoir en proférant contre un plaideur des paroles injurieuses, il serait tenu de l'action d'injure, car il avait, sans doute, mission de juger et par suite de condamner, mais non pas, à coup sûr, d'outrager (2).

(1) Dig. ibid. Loi 13, § 1.
(2) Dig. ibid. Loi 32, princ.

CHAPITRE II.

Des différentes espèces d'injures et de leur classification.

Première division. — Au point de vue de l'atteinte portée, nous avons vu que l'injure pouvait affecter : 1° le corps; 2° la dignité; 3° la réputation; 4° les biens; 5° la liberté. Il est inutile de revenir sur cette division.

Deuxième division. — Au point de vue de la gravité, les injures sont *graves* ou *atroces (injuria atrox); simples* ou *légères (injuria levis vel simplex).*

L'*Injuria atrox* est celle qui puise en elle-même ou dans les circonstances qui l'accompagnent une gravité toute particulière. Les textes qui nous énumèrent ces circonstances aggravantes, quoique variant dans les termes, expriment au fond la même idée.

Ulpien, au Digeste, nous dit d'après Labéon : « *Atrocem autem injuriam* AUT PERSONA, AUT TEMPORE, AUT RE IPSA *fieri..* (1). » Paul, dans ses sentences : « *Atrox injuria œstimatur* EX LOCO, EX TEMPORE, AUT EX PERSONA... (2). »

Enfin, d'après les Instituts de Gaïus et ceux de Justinien, « *atrox injuria œstimatur vel* EX FACTO, *vel* EX LOCO, *vel* EX PERSONA.. (3). »

Quoi qu'il en soit de ces divergences, une première cause d'aggravation de l'injure c'est l'importance du mal causé : « *Vulneris magnitudo atrocitatem facit,* dit Paul, *et nonnunquam locus vulneris, veluti oculo percusso* (4). » La

(1) D. Loi 7, § 8.
(2) Pauli sent. Lib. v, tit. vi, § 10.
(3) Inst. Liv. iv, tit. iv, § 9; — Gaii inst. comm. 3, § 225.
(4) D. ibid. Loi 8.

perte de la vue est une chose tellement horrible qu'un œil crevé constituait naturellement une *injuria atrox*. Ce n'est pas le seul exemple que nous donnent avec Paul, les Instituts de Gaïus et ceux de Justinien : ils citent encore le cas d'une personne blessée grièvement, ou fouettée de verges « *vulneratus, vel fustibus cæsus...* (1) » Quelques auteurs rangent même dans cette classe toutes les injures résultant de libelles diffamatoires, tant l'effet produit par de pareilles injures est souvent ineffaçable (2).

Une seconde cause d'aggravation est tirée de la considération des personnes, tant de l'offensé que de l'offenseur. « *Injuria atrox fit aut ex persona cui injuria infertur, au ex persona inferentis...* »

Ex persona cui infertur... Plus l'offensé a droit au respect de l'offenseur, plus l'offense est grande. Ainsi l'injure faite au patron par son affranchi, au père de famille par son fils est une *injuria atrox*. Il en est de même de l'injure reçue par un magistrat, et aussi d'après Paul, par un sénateur, un chevalier, un décurion, *vel alias spectatæ auctoritatis viro...* (3). Il est juste en effet de faire respecter par tous l'homme en qui repose une portion de la souveraineté du peuple, l'homme qui a pour charge et mission spéciale de faire exécuter les lois ou de défendre la République. Toute offense à un pareil homme emprunte à la dignité dont il est revêtu, une importance exceptionnelle ; ce n'est pas seulement le citoyen qu'elle atteint, mais le peuple même qui l'a investi du pouvoir.

Mais faut-il distinguer entre les injures faites aux magistrats dans l'exercice ou à l'occasion de l'exercice de leurs

(1) Inst. h. tit. § 9.
(2) Vinnius. C. *De inj.* § 9 ; — Comp Libanius orat. 2 ad Theod.
(3) Pauli sent. h. tit. § 10.

fonctions, et les injures étrangères à ces fonctions? entre les
injures qui s'adressent à l'homme public et celles qui ne s'a-
dressent qu'à l'homme privé?

Des auteurs considérables ont soutenu l'affirmative en se
fondant sur la loi 22 *D. De Testam. milit.* et la loi 42 *D. De
injuriis*; mais il suffit de lire ces deux lois pour se convaincre
que la première n'a aucun rapport, même lointain, avec notre
matière, et que la seconde ne tranche pas la question. Celle-
ci, en effet, se borne à dire que les plaideurs qui injurient le
juge de la sentence duquel ils portent appel, seront notés
d'infamie. Or l'infamie était la conséquence de toutes les
actions d'injures, quelle que fût la peu de gravité de l'offense.
— Nous objectera-t-on en dernier lieu la loi 4 au code *De injuriis?* Ce n'est pas, selon nous, un argument plus sérieux.

Les empereurs Valère et Gallien répondent qu'il y a certainement « *sine dubio* » injure *atroce*, dans une insulte faite
à un prêtre revêtu de ses habits sacerdotaux « *cum esses in
sacerdotio, et dignitatis habitum et ornamenta præferres.* »
Est-ce à dire pour cela qu'en dehors du cas où le prêtre était
revêtu de ses insignes, l'injure qui lui était adressée cessait
d'être *atroce?* Nous pensons que les mots « *sine dubio* » par
lesquels commence la loi 4, s'opposent à l'admission d'un
argument *e contrario* aussi absolu : tout au plus pourrait-on
conclure qu'il y avait doute en ce cas. Il ne serait peut-être
pas impossible d'ailleurs de donner au rescrit des empereurs
Valère et Gallien une autre explication à laquelle on ne paraît pas avoir songé. Il ne faut pas oublier que les empereurs s'adressent à un prêtre « *cum esses in sacerdotio,* » et
non point à un magistrat du peuple romain : or, ne pourrait-
on pas dire qu'ils ont voulu assimiler *religionis honore* les
prêtres et « *omnes qui in sacerdotio sunt* » aux magistrats
« *spectatæ auctoritatis* » dont parle Paul?

Ajoutons enfin que la distinction que quelques auteurs proposent n'était ni dans l'esprit ni dans les mœurs des Romains. « A Rome, dit M. Grellet-Dumazeau, la dignité était inséparable de la personne ; toujours revêtu des insignes de sa charge, le magistrat la portait en quelque sorte avec lui : outrager l'homme, c'était outrager la robe et par suite l'autorité dont elle révélait le dépositaire à tous les yeux. (1). » C'était aussi l'opinion des auteurs des pays de droit écrit (Comp. Dareau, — Denizart, etc.).

Ex persona inferentis... Plus l'offenseur était humble et de basse condition, plus l'injure était grave : « *Crescit enim contumelia ex persona ejus qui contumeliam fecit* » dit Ulpien (2). Ainsi des injures qui n'eussent été que légères de la part d'hommes libres, prenaient le caractère d'atroces, quand elles étaient commises par un esclave ou un homme *abjectæ conditionis* (3).

Parfois les considérations tirées de la personne de l'agent, et celles tirées de la personne du patient du délit se cumulaient pour constituer l'atrocité de l'injure. Ainsi Gaius nous dit que l'injure même légère faite à un sénateur devenait

atroce, si elle provenait d'un homme de peu « *ex humili persona* (1). » Nous ne nous chargerons pas de mettre ce texte
de Gaius d'accord avec celui de Paul que nous avons précédemment cité, et d'après lequel toute injure faite à un sénateur, à un chevalier ou à un décurion serait atroce *ipso facto*.
Toutefois, nous serions tenté de donner raison à Gaius, d'abord
parce que sa décision est reproduite aux Instituts de Justinien,
De injuriis, § 9, où l'on semble faire une distinction entre
le magistrat du peuple romain et le sénateur ; ensuite, parce
que Paul lui-même se déjuge dans le cours du même §.
« *Atrox injuria æstimatur ex persona, quoties senatori, equiti
romano, decurioni vel alias spectatæ auctoritatis viro* » ; telle
est la première partie déjà citée de sa décision ; puis il ajoute,
ce qui, à nos yeux, renverse entièrement ce qui précède : « *et
si plebeius vel humili loco natus senatori vel equiti romano,
decurioni vel magistratui, vel edili vel judici, cuilibet horum
vel si his omnibus plebeius* (2). »

Une troisième cause d'aggravation des injures est le moment auquel elles se commettent. « *Ex tempore atrox fit
injuria.* » Par exemple, dit Paul, une injure commise en plein
jour est plus grave qu'une injure commise de nuit (3). Il ne
faudrait pourtant pas, croyons-nous, prendre ce texte au
pied de la lettre et dire que toute injure commise *interdiu*
est atroce, Nous pensons que cette circonstance est un élément d'aggravation qui ne suffit pas à constituer l'*atrocitas
injuriæ*, mais qui y concourt utilement, en s'ajoutant aux
autres.

Quatrième cause d'aggravation : « *atrocitas injuriæ æstimatur ex loco.* » Exemple : une injure commise en public, au

(1) Gaii Inst. comm. III, § 225.
(2) Pauli sent. loc. cit.
(3) Pauli sent, loc. cit.

théâtre, sur le forum, ou en présence du préteur (1). Nous croyons que la gravité, dans ces différents cas, sauf le dernier, résulte de ce que le lieu du délit est fréquenté par le public : si donc le théâtre ou le forum était désert, lorsque l'injure a eu lieu, l'injure ne serait de ce fait que légère, si elle n'empruntait d'autre part aucun caractère de gravité.

Telles sont en somme les principales causes d'aggravation des injures. Mais il faut remarquer qu'elles sont susceptibles de nuances dont le juge devait tenir compte. C'est du moins ce qui nous semble résulter d'un passage de Quintilien relatif à notre matière : « *Atrocitas injuriæ crescit ex his : quid factum sit, a quo, in quem, quo animo, quo tempore, quo loco, quo modo ;* QUÆ OMNIA INFINITOS INFRACTUS HABENT (2).

Cette distinction des injures en atroces et en légères présente d'assez nombreux intérêts :

1° L'affranchi ne peut poursuivre son patron que pour injure atroce ; le patron conserve en effet sur son ancien esclave un droit de correction légère : « *Levem coercitionem adversus libertum patrono dabimus,* » dit Ulpien (3). Le préteur ne recevra donc pas la demande d'un esclave de la veille « *heri servum hodie liberum* » se plaignant que son patron l'a outragé par paroles ou l'a légérement frappé. Il en serait autrement si l'affranchi avait été cruellement blessé ou fouetté de verges.

2°. L'enfant devenu *sui juris* ne peut également former contre son ascendant une action d'injure, que s'il en a reçu une *injuria atrox.* Quant à celui qui est encore en puissance,

---

(1) Ulpien, Dig. ibid. Loi 7, § 8 ; — loi 9, § 1. — Pauli sent. loc. cit. — Inst. *De injuriis,* § 9. Gaii inst. com. III, § 225.

(2) Quintilien. *Institutio oratorio.* Lib. VI, c. 1.

(3) Dig. ibid. Loi 7, § 2.

comme l'esclave, il n'a jamais d'action, même au cas d'*injuria atrox*.

3°. L'injure légère faite à un esclave ne donne lieu à aucune action, ni de sa part, ni de la part de son maître. Le maître n'a d'action que dans le cas où « *quid atrocius commissum fuerit, et quod aperte ad contumeliam domini respicit : veluti si quis alienum servum verberaverit* (1). » Ainsi deux conditions sont nécessaires : 1° une *injuria atrox*; 2° une injure qui rejaillisse de la personne de l'esclave sur celle du maître. Tel était le droit strict. Mais le préteur vint au secours de l'esclave, en créant une action d'injures prétorienne qu'il donnait, *cognita causa*, toutes les fois qu'une injure grave frappait la personne de l'esclave, même sans atteindre le maître. Nous y reviendrons plus loin avec plus de détails (2).

4°. Lorsqu'un esclave commet une *injuria atrox*, si son maître est présent, on peut lui intenter une action noxale; s'il est absent, l'esclave peut être conduit devant le magistrat, pour y être fouetté (3). Ulpien ne nous donnant cette décision qu'au cas d'injure atroce, il est permis de supposer qu'au cas d'injure légère, la victime de l'injure ne pouvait qu'agir noxalement contre le maître.

5°. L'*injuria atrox* est frappée de condamnations plus sévères que l'injure légère.

6°. Gaïus nous apprend que le préteur qui trouvait dans le fait qui lui était déféré une *injuria atrox*, avait coutume de fixer, en donnant le juge et la formule, un *maximum* de condamnation, et que le juge, bien qu'il en eût le droit, n'eût pas osé se tenir au-dessous de ce *maximum* (4).

(1) Inst. hoc. tit., § 3.
(2) Voyez *infra*, p.
(3) Dig. ibid. Loi 9, § 3.
(4) Gaï Inst. C. III, § 224.

Troisième division des injures en *directes* ou *indirectes*, « *quæ per nosmet ipsos et quæ per alios patimur.* » — Nous avons déjà parlé d'injures indirectes, en disant que les injures faites à un esclave pouvaient atteindre le maître ; nous citerons encore les injures faites à la femme, au fils de famille qui atteignaient le mari, le père de famille, de telle façon qu'un seul et même fait pouvait donner naissance à plusieurs actions (1).

Quatrième division. — Au point de vue de leur mode d'accomplissement, les injures se divisent en injures faites *re*, *verbis* ou *litteris*. Ulpien, à la vérité, passe sous silence l'injure commise *litteris* qu'il confond, comme Labéon, avec l'injure *verbale*. Néanmoins, la division tripartite nous semble plus complète et plus rationnelle, nous l'adopterons donc.

§ 1. — DE L'INJURE RÉELLE OU INJURE COMMISE RE.

D'après Ulpien et Labéon, il y a une injure commise RE, « *quoties manus inferuntur.* » Et par opposition, il y a injure verbale ou *convicium* « *quoties manus non inferuntur* (2). » Ces définitions sont inexactes, en ce qu'elles restreignent trop les injures réelles, et qu'elles donnent par contre une trop grande latitude aux *injures verbales*. Si les voies de fait « *quoties manus inferuntur* » sont le type de l'*injuria realis*, il y a cependant *injuria realis* dans des cas où « *manus non inferuntur.* » Les exemples de ces sortes d'injures abondent, tant au Digeste que dans les Instituts de Justinien.

Procédons par ordre : ce sont d'abord les voies de fait « *cum quis pugno pulsatus, aut fustibus cæsus, vel etiam*

(1) Dig. ibid. Loi 1, § 9.
(2) Dig. ibid. Loi 1, § 1.

rerberatus...., etc. (1) » Coups de poing, coups de bâton,
fouet,.., etc. »

Quelqu'un trouble avec un breuvage votre raison : « *Si
quis mentem alicujus medicamento aliove quo alienaverit...
Labeo ait injuriarum adversus eum agi posse* (2). »

Quelqu'un, sans vous frapper, lève sur vous la main en
signe de menace ; vous avez contre lui une action utile (3).

Viennent ensuite ces outrages qui s'adressent non pas à la
personne physique « *in corpus* » mais à la personne morale,
à la considération, à la pudeur, à la liberté ou aux biens et
dont l'énumération est assez longue.

1° *L'excitation à la débauche et les attentats aux mœurs.*
— « *Si quis tam fœminam quam masculum, sive ingenuos, sive
libertinos, impudicos facere attentcrit, injuriarum tenebitur.
Sed et si servi pudicitia adtentata sit, injuriarum locum
habet* (4). » Que la victime de l'attentat soit une femme ou
un homme, un ingénu, un affranchi ou même un esclave, il
y a lieu à l'action d'injure. En quoi consiste l'attentat, Paul
nous le dit, dans la loi 10 : « *Attentari pudicitia dicitur, cum
id agitur, ut* EX PUDICO IMPUDICUS FIAT. » Rien de plus
clair et en même temps de plus vaste que cette définition.

Nous y pouvons faire rentrer un genre de délits fort nombreux, paraît-il, à Rome, et dont nous avons dit déjà quelques mots : « *Si quis virgines appellasset,* » dit Ulpien, ce
que nous traduisons par ces mots : « Si quelqu'un tente de
séduire des jeunes filles par des propos caressants. » *Appellare
enim est blanda oratione, alterius pudicitiam attentare* (5).
Ceci n'est point, comme on pourrait le croire, une injure

(1) Inst. hoc tit., § 1.
(2) Dig. h.td. Loi 15, pr.
(3) Dig. ibid. Loi 15, § 1.
(4) Dig. loi 9, § 1.
(5) Dig. ibid. Loi 15, § 20.

verbale, le Jurisconsulte nous l'apprend textuellement :
« *Hoc non est convicium facere, sed adversus bonos mores
adtentare* (1). »

Il y avait encore un autre délit de même nature dont nous
trouvons la trace dans les Instituts aussi bien que dans Gaïus
et Ulpien, en ces termes : « *Si quis matrem familias, aut
prœtextatam prœtextatumve adsectatus fuerit* (2). »

Adsectari indique autre chose qu'*appellare* : c'est la per-
sistance à suivre une personne, même en silence, « *Adsecta-
tur qui tacitus frequenter sequitur*, dit Ulpien, *loco citato ;
assiduo enim frequentia quasi prœbet nonnullam infamiam.* »

Nous rangerons dans la même catégorie l'injure qui consistait à séparer une matrone de son cortège, « *comitem ma-
tronœ abducere*, » dont nous avons parlé en détail plus
haut.

2° *Attentats à la considération.* — Je suis cité devant le
tribunal, dans un but vexatoire, et sans grief sérieux : « *Si
quis per injuriam ad tribunal alicujus me interpellaverit
vexandi mei causa, injuriarum potero experiri* (3). »

Pour nuire à ma considération « *infamandi mei causa*, »
quelqu'un met en vente par affiches un bien qui m'appartient comme s'il l'avait reçu de moi à titre de gage (4) ;

Dans un but injurieux je suis cité en justice par un soi-
disant créancier auquel je ne dois rien (5) ;

Mon créancier, pour me faire une injure, poursuit mon
fidéjusseur, alors que je suis prêt à payer (6) ;

(1) Dig. ibid. Loi 15, § 20.
(2) Inst. hoc tit. § 1 ; — Gaii Inst. C. III, § 220 ; — Dig. ibid. Loi 15,
§ 22.
(3) Dig. ibid. Loi 13, § 3.
(4) Dig. ibid. Loi 15, § 32.
(5) Dig. ibid. Loi 15, § 33.
(6) Dig. ibid. Loi 19.

Sela « *injuriæ facienda gratia,* » fait apposer des scellés sur la maison de son débiteur absent, et sans l'autorisation de celui qui avait droit et pouvoir de la lui donner (1) ;

Titius brise à coups de pierre la statue de votre père qui était posée sur son tombeau (2) ;

Titius porte des vêtements misérables et sordides, et laisse croître sa barbe et ses cheveux en signe de deuil, « *ad invidiam alicujus* » (3),

Vous portez en public le deuil d'un accusé, alors que vous n'êtes point son parent assez proche pour avoir le droit de refuser de témoigner contre lui (4) ;

Dans tous ces cas, et dans d'autres semblables, il y a injure commise *re* donnant ouverture à l'action.

3° *Attentats à la liberté.* — A ce titre, il y a *injuria realis* dans le fait de vendiquer en servitude un homme qu'on sait être libre, quand d'ailleurs on n'a pas pour excuse la crainte d'être évincé de sa propriété : « *Si quis de libertate aliquem in servitutem petat, quem sciat liberum esse, neque id propter evictionem, ut eam sibi conservet, faciat : injuriarum actione tenetur.* (5). »

Si l'on vous empêche de pêcher dans la mer, de vous promener sur la voie publique ou d'exercer un droit quelconque qui appartienne à tous les citoyens, vous avez l'action d'injures (6).

Il en est de même, si l'on veut vous empêcher de vendre votre propre esclave (7).

(1) Dig. ibid. Loi 25.
(2) Dig. ibid. Loi 27.
(3) Dig. Loi 15. § 27; — Comp. Seneque Controv. I. 10, 1.
(4) Dig. ibid. Loi 39.
(5) Dig. ibid. Loi 12.
(6) Dig. ibid. Loi 13, § 7.
(7) Dig. ibid. Loi 21.

L'homme libre qu'on arrête comme esclave fugitif a aussi l'action d'injures contre celui qui lui fait cet outrage (1).

4° *Attentats aux biens.* — Nous avons l'action d'injures (c'est même l'un des chefs de la loi *Cornelia*) contre celui qui viole notre domicile (2).

Si le propriétaire d'une maison située au-dessous de la mienne envoie de la fumée chez moi dans un but vexatoire : si, dans une intention semblable, mon voisin jette ou verse quoi que ce soit chez moi, j'aurai contre l'un et l'autre l'action d'injures. Tel est, du moins, l'avis de Javolenus, contrairement à l'opinion de Labeon (3).

Cette énumération, faite d'après les textes du Digeste, suffit à nous donner une idée de ce que les Romains considéraient comme injures commises *re.* Nous passons maintenant à l'examen des *injures verbales* et des *injures écrites.*

§ 2. LES INJURES VERBALES.

Deux mots servent à caractériser en droit romain ces sortes d'injures : *maledictum* et *conricium.* Et c'est une question de savoir si ces expressions désignent des délits différents. Le Jurisconsulte Ulpien semble enseigner l'affirmative, car il dit : « *Apparet non omne maledictum conricium esse : sed id solum quod cum vociferatione dictum est* (4). » Ainsi le *conricium* ne serait qu'une espèce de *maledictum*, quelque chose de plus que le *maledictum* simple, un *maledictum* accompagné de clameurs publiques. D'ailleurs, l'étymologie du mot se rapporte à merveille à cette opinion : « *Conricium*

(1) Dig. ibid. Loi 22.
(2) Dig. ibid. Loi 5, pr; — cf. Loi 23.
(3) Dig. ibid. Loi 11.
(4) Dig. ibid. Loi 15, § 11.

dicitur, dit le même Ulpien, *vel a concitatione, vel a conventu, hoc est a collatione vocum : cum enim in unum complures voces conferuntur, convicium appellatur, quasi convocium* (1).« Et plus loin, Ulpien insiste pour nous dire que soit que l'injure soit le fait d'un seul, soit qu'elle provienne de plusieurs, elle n'est un *convicium* qu'autant qu'elle est proférée *« in cœtu. » Quod autem non in cœtu nec vociferatione dicitur, convicium non proprie dicitur, sed infamandi causa dictum. »* Et, de fait, l'Édit du préteur, dont la loi 15 de notre titre au Digeste n'est que le commentaire, donnait action pour ces deux chefs :

1° *« Qui adversus bonos mores convicium cui fecisse... »*
Et 2° *« Ne quid infamandi causa fiat... »* (2) *»*

De son côté le jurisconsulte Paul, dans ses sentences, livre V, titre IV, semble admettre la même distinction. Nous voyons en effet dans les §§ 18, 19, 20 et 21, le *convicium* mis sans cesse en opposition avec le *maledictum.* Il est vrai qu'au § 1er, dans l'énumération des différents modes d'injures, Paul ne parle que du *convicium*; et, de même Labéon, au rapport d'Ulpien, (Loi 1re § 1 *de injuriis,* Dig.) n'emploie que le mot *convicium* pour caractériser l'injure verbale.

Que conclure de tout cela? A mon sens, les deux expressions ne devaient point être synonimes à l'origine, et chacune avait son champ circonscrit par la grammaire et par l'usage. Mais comme les délits qu'elles servaient à désigner étaient voisins et traités d'ailleurs de la même manière par la loi, on se servit indistinctement de l'une et de l'autre pour désigner toute injure commise *verbis.* On ne dut maintenir la distinction que lorsqu'on descendait dans le détail de la

(1) Dig. Loi 15. § 4.
(2) Dig. Loi 15. §§ 2 et 23.

matière ; et même on finit sans doute par l'oublier tout à-fait, car nous ne trouvons dans les Instituts de Justinien que le mot *convicium* ; il n'y a pas de trace du *maledictum*. Nous voyons, il est vrai, que Théophile, dans sa paraphrase, considère le *convicium* dont parle Justinien comme une *injuria realis*. Mais cette interprétation ne nous paraît pas acceptable ; une raison dominante nous conduit à la rejeter, c'est que si *convicium* désigne dans le § 1 du titre des Instituts une *injuria realis*, Justinien aurait omis de parler de l'injure verbale : or cela est-il supposable ?

Quant à ce qui constitue l'outrage dans les paroles, nous nous bornerons à dire que toute expression qui, par elle-même ou par le sens qu'on lui donne, est injurieuse « *quæ ad infamiam vel invidiam alicujus spectat* (1) » donne naissance à l'action. Il est, en effet, impossible de passer en revue toutes les épithètes que l'on considérait à Rome comme outrageantes. Chaque nation a ses injures particulières, et il en est beaucoup qui faisaient bondir les Athéniens ou les Romains, et qui n'exciteraient que le rire chez les plus susceptibles d'entre nous. Que sont pour nous les termes : *tête d'oignon, tête penchée, homme d'un cheveu, bœuf de Locres*, dont les Grecs même les plus sérieux se trouvaient gravement outragés ? Et celles-ci : *homme de trois lettres ou d'un demi-as, acheteur de pois, nez de rhinocéros*, que les Romains considéraient comme des invectives grossières ?

Il y a plus : des expressions qui, par elles-mêmes, n'ont rien de blessant, peuvent devenir outrageuses par l'usage qui en est fait. Ce sont là des nuances qui ne sauraient être indiquées à l'avance, et que le juge avait mission de saisir dans chaque cause.

(2) Dig. ibid. Loi 15, § 5.

Pour faire comprendre notre pensée, nous ne saurions mieux faire que de citer un passage du commentateur Voët où l'exemple est joint à la doctrine : « *Non præcise requiritur, dit-il, ut id quod convicio exprobratur probrum natura aut civitatis jure in se contineat, cum et vociferatio et objectio ejus, quod nullam in se turpitudinem habet, injuriam habere possit; veluti si quis alteri ad invidiam objiciat egestatem aut naturæ vitium, dum eum mendicum, claudum, luscum, cæcum, calvum, gibbosum, curvum, tortuosum, planipedem, pruriginosum, scabiosum appellat, aut aliis crudis rudioribusque ornai epithetis, quibus aliquando et viri, de cætero graves, se mutuo ex præcipite calore iracundiæ proscendunt; cum utique dubitari non possit, quin hæc infamandi alterius causa dicantur.* (1) »*

C'est sans doute à cause du nombre et de l'infinie variété des injures verbales que le Digeste, qui abonde en exemples d'*injuria realis*, n'en offre guère qu'un seul qui ait rapport à notre matière : il s'agit d'une promesse faite à un plaideur d'obtenir pour lui une sentence favorable du juge moyennant une somme d'argent. Cette accusation de vénalité donne au juge outragé le droit de poursuivre par une action d'injures le diffamateur qui est en outre passible de la bastonnade (2).

A défaut d'exemples, Ulpien, dans la loi 15, indique, d'après l'édit du préteur, les caractères mêmes du délit d'injure verbale. Voici d'abord les termes de l'Édit : « *Ait Prætor : QUI ADVERSUS BONOS MORES CONVICIUM CUI FECISSE, CUJUSQUE OPERA FACTUM ESSE DICETUR, QUO ADVERSUS BONOS MORES CONVICIUM FIERET : IN EUM JUDICIUM DABO.* »

(1) Voët loc. cit. *De inj.* § 8. Comp. Corpzovius loc. cit. pars II, *Quæst.* xciii.
(2) Dig. Loi 15 § 30.

Après avoir donné du mot *conricium* l'explication que nous avons rapportée ci-dessus, Ulpien passant à ceux-ci : « *adversus bonos mores* » pense qu'il s'agit non point des mœurs particulières de l'auteur de l'injure, mais des mœurs publiques de la cité romaine (1).

Il fait remarquer que le *conricium* peut être commis contre un absent aussi bien que contre un présent : Tel serait ce que nous appelons un charivari monté et exécuté sous les fenêtres closes d'un citoyen absent; pourvu qu'il ne fût pas douteux que l'injure s'adressait au propriétaire de la maison, « *nam si incertæ personæ conricium fiat, nulla executio est* (2). »

Observons que l'Édit ne frappe pas seulement celui qui a commis le *conricium*, mais aussi celui qui a provoqué à le commettre « *cujuxre opera factum esse dicetur.* » Toutefois la provocation au délit n'est punie qu'autant qu'il y eu consommation du délit (3).

La loi 15 rapporte un autre passage de l'édit du préteur dans lequel rentraient les injures verbales qui, à l'origine, n'étaient point comprises dans le mot *conricium* : « *Ait prætor* : NE QUID INFAMANDI CAUSA FIAT : SI QUIS ADVERSUS EA FECERIT, PROUT QUÆQUE RES ERIT, ANIMADVERTAM. » Ce chef qui peut, par la généralité de ses termes s'appliquer à toute injure, qu'elle soit *réelle*, *verbale* ou *écrite*, et qui devait se trouver en tête de l'Édit, ne demande pas, pour le moment, d'autres explications.

(1) Dig. Loi 15, § 6.
(2) Dig. Loi 15, §§ 7 et 9.
(3) Dig. Loi 15, § 10.

§ III. — DES INJURES ÉCRITES.

L'injure qui se commet *scriptura* est désignée dans les textes par les formules suivantes : *Carmen famosum, liber famosus, libellus famosus...* c'est-à-dire par le mode employé pour la commettre. Elle se produit d'ailleurs sous toutes les formes de l'art : satire, comédie, pamphlet, anecdotes, histoire, épigrammes, etc., soit en prose, soit en vers, (*carmen* ou *liber*) et de toutes dimensions (*liber* ou *libellus*).

De plus, on aurait tort de restreindre aux ouvrages purement littéraires l'expression : *carmen famosum* ou *libellus famosus*. Elle s'étend encore à des œuvres auxquelles l'écriture est complétement étrangère « *sine scriptura*, » et qui répondent assez bien à ce que la loi de 1819 appelle dans son article premier « *des dessins, gravures, peintures* ou *emblèmes*. » C'est ce qui ressort de la loi 5 § 10 de notre titre au Digeste, où on lit ce qui suit : « *Eadem pœna et senatus-consulto tenetur etiam is qui* επιγραμματα, *id est inscriptiones, aliudve quid* SINE SCRIPTURA *in notam aliquorum produxerit.* »

Ce n'est pas seulement l'auteur du libelle diffamatoire qui est tenu de l'action d'injures : en sont encore tenus tous ceux qui ont concouru à la publicité qui lui a été donnée. Voici, en effet, comment s'expriment les Instituts à cet égard : « *Injuriæ committitur... Si quis ad infamiam alicujus libellum aut carmen famosum* SCRIPSERIT, COMPOSUERIT, EDIDERIT, DOLOVE MALO FECERIT QUO QUID EORUM FIERET (1). » Il y a en outre, au Code, un édit des empereurs Valentinien et Valens qui forme la loi unique du titre : *De famosis libellis*, où il est dit : « Si quelqu'un trouve chez lui, sur la voie publique, ou ailleurs, un libelle diffamatoire, qu'il le détruise sur le champ, sans le montrer ou le laisser voir à

(1) Inst. hoc tit. § 1.

personne. Si, au lieu de le déchirer ou de le jeter au feu, il le communique à quelqu'un, il sera, comme l'auteur même du libelle, frappé de la peine capitale (1). » Enfin Ulpien, dans la loi 5 § 9 de notre titre au Digeste, s'exprime presque dans les mêmes termes que les Instituts de Justinien : « *Si quis librum ad infamiam alicujus pertinentem scripserit, composuerit, ediderit, dolore malo fecerit, etc.* »

Le jurisconsulte ajoute : *etiam si alterius nomine ediderit, vel sine nomine, uti de ea re agere liceret* (2). » On a prétendu que ces mots : « *Alterius nomine, vel sine nomine* » indiqualent un écrit où la personne diffamée n'est point nominativement désignée. Et même, allant plus loin, on a dit qu'il n'y avait de libelle diffamatoire qu'en ce cas, tout écrit qui porterait le nom de la personne outragée devant être considéré comme une injure verbale (3).

Cette opinion nous paraît être un contre sens grammatical aussi bien qu'une erreur juridique. Il suffit, en effet, de lire la phrase d'Ulpien pour se convaincre que les mots : « *Alterius nomine, vel sine nomine* » se rapportent au sujet du verbe « *ediderit.* » *Edere sine nomine, vel alterius nomine* répond exactement à la locution française : *Publier sans nom d'auteur ou sous un pseudonyme.* — Et Ulpien a simplement voulu dire, à ce qu'il nous semble du moins, qu'il y a libelle diffamatoire dans toute composition écrite et publiée *ad infamiam alicujus,* même (*etiamsi*) sous la forme de l'anonyme ou du pseudonyme (4).

---

(1) Col. Lib. ix, tit. xxxvi. Loi 4. Voyez également au Code Théodosien les dix constitutions formant le titre : *De famosis libellis.*

(2) Dig. hoc tit. Loi 5, § 9.

(3) Carpzovius, pars ii, quæst. 97; Lauterbach. colleg. Pandect. De inj. et fam. lib. iii, p. 829.

(4) En ce sens voy. Voët. De inj. § 10; — Schæppfer, Synop. jur. prio Rom lib. 47, t. 10, n. 9; — Cujas, tit. viii, col. 1692.

Est-ce à dire pour cela qu'il n'y a pas d'intérêt à ce que le nom de la personne attaquée se trouve dans le libelle? Assurément non. Et nous pouvons reproduire ici la décision qu'Ulpien donnait en matière de *convicium* : Il faut, pour qu'il y ait délit, que la personne désignée dans le libelle soit caractérisée d'une façon assez claire et assez précise pour que chacun puisse l'y reconnaître : Si un esprit mal fait se croit désigné dans le personnage de fantaisie d'un poète satirique ou comique, et s'il est assez sot pour se plaindre, le préteur lui refusera l'action à bon droit : « *nam si incertæ personæ convicium fiat, nulla executio fit* (1). »

La loi 6 de notre titre indique encore un intérêt au point de vue de la procédure : « *Senatusconsultum necessarium est* (nous nous expliquerons plus tard sur ce sénatus-consulte) *quum nomen adjectum non est ejus in quem factum est. Tunc enim, quia difficilis probatio est, voluit senatus publica quæstione rem vindicari : cæterum, si nomen adjectum sit, et jure communi agi poterit* (2). » Si la personne outragée n'est point désignée par son nom dans le libelle, il y a lieu d'agir par une *publica quæstio*, à cause de la difficulté de la preuve. Dans le cas contraire, on peut agir aussi par la voie ordinaire de l'action civile, ou criminellement par voie de *cognitio extraordinaria*.

(1) Loi 15, § 19.
(2) Dig. hoc tit. Loi 6.

DEUXIÈME PARTIE

———

Après avoir étudié les injures en elles mêmes, nous sommes arrivés à l'étude des actions auxquelles elles donnent lieu. Nous diviserons cet examen en trois chapitres ; le premier contiendra les principes communs à toutes les actions d'injures ; le second sera consacré aux différentes espèces d'actions ; et enfin dans un troisième et dernier, nous nous occuperons des moyens de défense à opposer à l'action, et notamment de la preuve du fait diffamatoire.

———

CHAPITRE PREMIER.

Principes communs aux divers actions d'injures.

§ I. — NATURE DES ACTIONS D'INJURES.

Les actions d'injures sont essentiellement *pénales* et *infamantes :*

Pénales..... Ainsi, à la différence de l'action de la loi *Aquilia*, elles ne tendent point à la réparation du dommage causé, mais à la punition du délit : aussi l'intention de nuire est-elle ici un élément indispensable.

Et notez qu'il en est ainsi alors même que la condamnation consiste en une simple peine pécuniaire ; cette peine a le caractère d'une amende, nullement de dommages-intérêts.

Infamantes.... La note d'infamie est le résultat de toute action d'injures aboutissant à une condamnation, sans distinguer si l'on a agi par la voie criminelle ou par la voie civile et prétorienne. « *Injuriarum civiliter damnatus,* dit Paul, *ejusque æstimationem inferre passus, famosus efficitur* (1). »

L'infamie a lieu, même lorsqu'il y a eu transaction entre les parties. « *Injuriarum non solum damnati notantur ignominia,* est-il dit aux Instituts, *sed etiam pacti et recte : plurimum enim interest, utrum ex delicto aliquis, an ex contractu debitor sit* (2). » Et, de fait, le pacte qui intervient entre les parties n'efface point le délit, il en est plutôt l'aveu, comme dit Paul : « *Confiteri crimen intelligitur, qui paciscitur.* (3)»

L'édit du préteur mettait d'ailleurs sur la même ligne le pacte et lacondamnation : «*Notatur infamia, qui injuriarum damnatus* PACTUSVE erit. » Et Ulpien explique ainsi ces mots *pactusve erit :* « *Si cum pretio quantocunque sit, pactus alioquin et qui precibus impetravit, ne secum ageretur, erit notatus ; nec erit reniæ ulla ratio, quod est inhumanum. Qui jussu prætoris, pretio dato pactus est, non notatur.* » (4)

Mais l'infamie n'était prononcée que contre l'accusé personnellement ; si donc il se faisait représenter *ab initio* par un *procurator,* ni lui ni le procureur n'encouraient l'infamie(5).

§ II. — A QUI APPARTIENT L'ACTION D'INJURES.

L'action appartient d'abord à la victime de l'injure, à moins qu'elle ne soit esclave : tel était du moins le droit ancien ; mais le préteur finit par accorder même à l'esclave

(1) Pauli sent. Lib. v, tit. iv, § 9.
(2) Inst. Liv. iv, tit. xvi, § 2.
(3) Dig. Liv. iii, tit. ii, Loi 5.
(4) Dig. ibid. Loi 1 et loi 6 § 3.
(5) Dig. ibid. Loi 6, § 2.

une action d'injures, lorsqu'il était gravement insulté, et que l'outrage s'arrêtait à sa personne sans aller jusqu'à celle de son maître.

Indépendamment de la victime du délit, l'action d'injures était donnée à d'autres personnes qui étaient considérées comme ayant ressenti l'injure par suite de cette solidarité d'honneur que créent les liens de famille, d'ailleurs si puissants à Rome, ou en vertu de leur droit de puissance.

« *Aut per semetipsum alicui fit injuria, aut per alias personas : ..... spectat enim ad nos injuria, quæ in his fit, qui vel potestati nostræ, vel affectui subjecti sunt* (1). Nous ne ressentons pas seulement l'injure qui nous est personnellement faite, mais encore celle qui frappe certaines autres personnes. Nous sommes, en effet, touchés de l'outrage qui est fait à la personne de ceux qui sont l'objet de notre puissance ou de notre affection.

Ainsi, nous avons action contre celui qui a outragé nos enfants, nos esclaves, notre épouse ou notre bru (2).

Nos enfants... Il faut toutefois que nos enfants soient en notre puissance pour que nous ayons une action d'injures de leur fait. S'ils sont *sui juris*, l'injure ne va pas au-delà de leur personne.

Mais l'injure faite à nos enfants en puissance nous touche à un tel point, que si l'un d'eux se laisse vendre comme esclave, nous avons une action d'injures en notre propre nom, quoiqu'il n'en ait lui-même aucune, « *cum nulla injuria in volentem fiat.* (3) »

Cependant, comme il n'y a pas délit d'injure sans intention délictueuse chez l'auteur, il faut que celui-ci ait su qu'il in-

(1) Dig. *De injuriis*. Loi 1, § 3.
(2) Ibid. Loi 1 § 3.
(3) Dig. ibid. Loi 1, § 5.

3

juriait un fils de famille pour que le père de famille ait droit
à l'action. En conséquence, si quelqu'un outrage mon fils,
croyant qu'il est *sui juris*, alors qu'il est sous ma puissance,
mon fils seul a une action d'injures ; de même si quelqu'un
fait une injure à ma femme qu'il croit veuve, je n'ai aucune
action. Il est évident, en effet, que l'injure ne saurait en
aucune façon s'adresser à moi, le père ou le mari, puisque
dans la pensée de l'auteur, il n'y avait ni père ni mari (1).
Mais il est certain que c'est à l'insulteur qu'incombera la
charge de prouver qu'il ignorait ma puissance paternelle ou
ma puissance maritale.

Il suffit, toutefois, que l'auteur du délit sache qu'il injurie
un fils de famille ou une femme mariée pour que le père de
famille ou le mari ait une action. En vain objectera-t-il qu'il
ignorait de qui était le fils ou la femme la personne outragée.
Il connaissait sa qualité de fils de famille ou de femme mariée, c'en est assez : « *Nam qui hæc non ignorat*, dit Paul, *cuicunque patri, cuicunque marito, per filium, per uxorem vult
facere injuriam* (2).

En ce qui concerne la femme, on s'est demandé s'il fallait
qu'elle fût *in manu mariti*, pour que son mari eût de son
chef une action d'injures. Quelques personnes ont soutenu
l'affirmative, en s'appuyant sur un texte de Gaïus, tel qu'il
existe dans certaines éditions : « *Pati injuriam videmur... item
per uxores nostras quæ* IN MANU NOSTRA SUNT. » Cette version
est contredite par tous les textes du Digeste et par les Instituts de Justinien qui se bornent à dire : « *Patitur quis injuriam... item per uxorem suam...* » Il est vrai que le rédacteur ajoute : « *id enim magis prævaluit*, » ce qui indique

(1) Dig. ibid. Loi 18, § 4.
(2) Dig. ibid. Loi 18, § 5.

que cette décision a pu faire question, mais qu'à l'heure où il écrit, il n'y a plus de doute. Allons plus loin : cette doctrine « *quæ magis prævaluit* » était celle de Gaïus lui-même. Car, immédiatement après le passage précité, il disait : « *Itaque, si filiæ meæ quæ Titio nupta est, injuriam feceris, non solum filiæ nomine tecum agi injuriarum potest, verum etiam meo quoque et Titii nomine.* » Or, si l'action peut être exercée *meo nomine*, c'est que ma fille est sous ma puissance, et, par conséquent, qu'elle n'est point sous la *manus* de Titius ; et cependant Titius a une action ! C'est donc avec toute raison que notre savant maître, M. Pellat, a corrigé le texte de Gaïus de la façon suivante : « *Pati injuriam videmus... item per uxores nostras* QUAMVIS IN MANU NON SINT (1). »

Ulpien accorde l'action non-seulement au mari pour injure faite à sa femme, mais même au fiancé pour celles commises envers sa fiancée : « *Etenim spectat ad coutumeliam ejus injuria quæcunque sponsæ ejus fiat.* » Mais il ne donne cette décision que comme une opinion personnelle : « *Sponsum ad injuriarum actionem admittendum* PUTO (2). »

La femme n'a point d'action pour l'injure faite à son mari : « *quia defendi uxores a viris*, dit Paul, *non viros ab uxore æquum est* (3). » Nous trouvons là la trace des idées antiques sur l'incapacité et l'infériorité de la femme, idées que les législateurs modernes n'ont pas encore complètement dépouillées. Et, cependant, n'était-il pas juste, pour employer l'expression de Paul, qu'une femme pût venger l'honneur du

---

(1) Pellat, *Manuele jur. synopt.* — En ce sens, M. Demangeat, *Droit romain*, tome II. p. 407.
(2) Dig. ibid. Loi 15, § 24.
(3) Dig. ibid. Loi 2.

ménage, atteint dans la personne de son mari, si celui-ci
était trop faible ou trop incapable pour le défendre lui-
même ?

Enfin, avons-nous dit, le beau-père avait une action pour
l'injure faite à sa bru; mais il fallait que le mari fût encore
sous sa puissance (1).

De ce qui précède, il résulte que la même injure pouvait
donner lieu à plusieurs actions indépendantes les unes des
autres : « *Ait Neratius ex una injuria interdum tribus oriri
injuriarum actionem, neque ullius actionem per aliam
consumi : ut puta uxori meæ filiæ familias injuria facta est :
et mihi et patri ejus et ipsi injuriarum actio incipiet competere* (2). » Mais toutes les personnes qui étaient pourvues
d'une action n'en avaient pas l'exercice, ce qui limitait le
nombre des poursuites pour la même cause : Ainsi, en général, les personnes en puissance ne pouvaient intenter personnellement une action : c'était le père de famille qui l'intentait
pour elles. Et, après avoir exercé l'action en leur nom, il ne
pouvait plus poursuivre en son nom propre.

L'injure faite à un esclave donne quelquefois ouverture à
l'action d'injures en faveur du maître ; nous savons déjà que
deux conditions sont nécessaires pour cela :

1° Une *injuria atrox;*

2° Une injure s'adressant évidemment à la personne du
maître : « *cum quid atrocius commissum fuerit et quod aperte
ad contumeliam domini respicit* (3). »

Nous ne parlons pas ici de l'action que le droit prétorien

---

(1) Dig. loc. cit. Inst. § 2, *in fine.*
(2) Dig. ibid. Lol 1, *in fine.*
(3) Dig. et Inst. loc. cit.

donna à l'esclave lui-même; car, bien que le maître en eût l'exercice, il poursuivait non pas *suo nomine*, mais *nomine servi*.

A qui revenait l'action lorsqu'une injure était faite à un esclave d'une succession affranchi par testament, mais avant l'adition d'hérédité ? — A l'héritier, dit Julien, car l'injure était censée faite à l'hérédité, et l'héritier, en faisant adition, trouvait l'action dans l'actif de la succession (1).

Enfin, nous pouvons être touchés de l'injure faite à des morts. Ainsi nous avons action pour tout outrage fait au cadavre, aux funérailles ou à la mémoire de l'homme dont nous sommes les héritiers : « *Spectat enim ad existimationem nostram, si qua eis fiat injuria* (2). »

Si l'injure est faite avant que nous ayons fait adition d'hérédité, elle est réputée faite à l'hérédité, et en recueillant cette hérédité nous recueillons l'action (3).

§ 3. — CONTRE QUI EST DONNÉE L'ACTION D'INJURES.

L'action est donnée d'abord contre l'agent du délit : ceci n'a pas besoin de commentaire.

Elle est donnée en outre contre ses complices, c'est-à-dire contre ceux qui, sans commettre personnellement l'injure, en ont été les inspirateurs : « *Non solum autem et injuriarum tenetur qui fecit injuriam, id est qui percussit, verum ille quoque continebitur qui* DOLO FECIT, VEL CURAVIT *ut cui malo pugno percuteretur* (4). » Et nous avons eu l'occasion de voir déjà dans les différents passages de l'édit du préteur que nous avons cités, qu'il y avait assimilation complète entre

---

(1) Dig. Liv. 1, §§ 6 et 7.
(2) Dig. Loi 1. § 4.
(3) Dig. Loi 1, § 6.
(4) Inst *De injur.*, § 11 ; — Dig. ibid. Loi 11, pr. et §§ 3, 4, 5.

l'auteur matériel de l'injure et celui qui a poussé à la commettre. Il nous suffit d'y renvoyer.

Il est bien entendu d'ailleurs qu'il fallait, chez le complice comme chez l'auteur principal, l'animus *injuriandi* : « qui DOLO *fecit vel curavit.* » disent les textes.

Il faut remarquer aussi que nous ne parlons ici que du conseil donné méchamment : « *Si in hoc te perduxerim ut injuriam faceres... Si persuaserim,* dit Ulpien au Digeste (1). » Faudrait-il décider de même au cas de mandat? Ulpien répond affirmativement : « *Si mandatu meo facta sit alicui injuria, dit-il, plerique aiunt, tam me qui mandavi quam eum qui suscepit, injuriarum teneri* (2). » Ainsi mandant et mandataire sont également responsables.

Enfin, certaines fpersonnes peuvent être responsables d'un outrage auquel elles sont restées complètement étrangères : cela tient au droit de puissance qu'elles ont sur l'auteur de cet outrage. Ainsi, un père de famille peut être poursuivi à raison d'une injure commise par son fils, un maître peut l'être du fait de son esclave.

Parfois l'action d'injures rencontrait un obstacle à son exercice dans la qualité de l'offenseur : ainsi, les magistrats d'un ordre élevé « *qui imperium habent, qui coercere aliquem possunt et jubere in carcerem duci* », consuls, préteurs, proconsuls, préfets, etc., ne pouvaient être poursuivis tant qu'ils étaient en fonctions. Quant aux magistrats d'un ordre

---

(1) Dig. ibid. Loi 11, §§ 4 et 6.

(2) Dig. ibid. Loi 11, § 3. Il semble pourtant d'après ces mots : « *plerique aiunt,* » que ce n'était pas l'opinion unanime. Cela tient sans doute à l'idée rigoureuse que les Romains se faisaient du mandat qui, en droit strict, n'obligeait vis-à-vis des tiers qu'une seule personne, le mandataire.

inférieur ils pouvaient l'être même durant leur charge, « *et in ipso magistratu posse eos conveniri* (1). »

Les liens de famille ou de patronat pouvaient même faire obstacle à la naissance de l'action d'injures, si ce n'était au cas d'*injuria atrox* : ainsi il fallait une injure de cette nature pour qu'un descendant pût poursuivre son ascendant, un affranchi son patron.

Mais si un affranchi ne pouvait poursuivre son patron pour injure légère faite à lui-même, aurait-il pu le poursuivre pour injure légère faite à sa femme? Ulpien décide que non, et il nous apprend que c'est l'opinion commune : « *Apparet libertos nostros non tantum eas injurias adversus nos injuriarium actione exequi non posse, quæcunque fiunt ipsis, sed ne eas quidem quæ eis fiunt quos eorum interest injuriam non pati* (2). »

Que décider dans le cas contraire, c'est-à-dire lorsqu'un patron fait une injure légère à son ancienne esclave ? Le mari de l'affranchie outragée pourra-t-il le poursuivre ? — Marcellus tenait pour l'affirmative, et il en donnait cette raison : Que le mari a une action de son chef pour toute injure faite à sa femme. Cette opinion nous semble tout-à-fait plausible, et nous sommes étonné qu'Ulpien l'ait combattue. Les motifs qu'il donne à l'appui de l'opinion contraire sont assez faibles : « *Levis enim coercitio*, dit-il, *etiam in nuptam, vel convicii non impudici dictio cur patrono denegetur?* » Nous répondrons : qu'importe tout cela au mari de l'affranchie qui a une action de son chef ?

Du reste, Ulpien semble se contredire dans le § suivant ; car il accorde l'action d'injures au fils ou à la *femme* d'un affranchi dans les cas où celui-ci n'a lui-même aucune

(1) Dig. Ibid. Loi 32; et *De in jur. vocat.* Loi 2.
(2) Dig. Ibid. Loi 11, § 7.

action. Et il en donne la raison que Marcellus donnait tout à l'heure dans l'hypotèse inverse : « *quia suo nomine experiuntur* (1) ». Nous cherchons en vain les causes de cette contradiction du jurisconsulte romain, et nous comprenons d'autant moins cette dernière opinion après celle qu'il avait adoptée plus haut, que c'est précisément ici que la négative nous semble préférable, (en ce qui concerne la femme de l'affranchi, du moins.) Car, Paul nous l'a dit : Les femmes n'ont aucune action pour injures faites à leur mari (2). Comment, dès lors, la femme de l'affranchi pourrait-elle *suo nomine experiri*? » En conséquence, nous inclinons à penser qu'il y a ici une altération du texte d'Ulpien.

§ 4. COMMENT S'ÉTEIGNENT LES ACTIONS D'INJURES.

Il y a plusieurs modes d'extinction que nous allons passer en revue :

1° *Dissimulatio.* — C'est le seul qui soit indiqué aux Instituts : « *Hæc actio dissimulatione aboletur,* » y est-il dit ; et le commentaire suit en ces termes : « Celui qui a fait abandon de l'injure, c'est-à-dire qui, à l'instant où il l'a reçue, n'en a témoigné aucun ressentiment, ne peut ensuite, par réflexion, revenir sur l'injure qu'il a remise. (3) » Il est en effet raisonnable de supposer que le mépris était le seul châtiment que méritassent l'insulte et l'insulteur, puisque la personne offensée n'a pas cru devoir relever l'outrage.

Mais faut-il absolument que la victime d'une injure y réponde sur le champ, pour avoir droit à exercer l'action ? Je

---

(1) Dig. ibid. Loi 11, § 7 et 8.
(2) Dig. Loi 2.
(3) Inst. *De inj.* § 12, trad. de M. Ortolan; — Sic. Dig. Loi 11, § 1, ibid.

ne le pense pas, car une semblable décision eût été, dans bien des cas, souverainement inique. N'arrive-t-il pas souvent que le silence est le seul parti à prendre pour mettre un terme aux attaques dont on est l'objet? Il suffit donc, je crois, que par son maintien, ses gestes, les contractions de son visage, par tout ce qui constitue en un mot l'*habitus corporis*, la victime de l'outrage ait manifesté l'émotion qu'elle a ressentie, pour en pouvoir demander, plus tard, la réparation au juge.

2° *Remissio.* — C'est le pardon d'une injure qu'on a ressentie sur le moment, mais que l'on consent ensuite à oublier: c'est une sorte de *dissimulatio* différée.

On se demande au Digeste, dans le cas où une seule injure donne naissance à plusieurs actions, si la *remissio* accordée par l'une des personnes qui ont une action peut entraver l'exercice de l'action des autres. En principe, cela ne saurait être; toutefois, par exception, quand un fils de famille a été injurié, son père peut, par la *remissio* de l'injure, éteindre l'action de son fils comme la sienne propre, à moins qu'il ne soit une « *persona vilis et abjecta.* (1) »

3° *Pactum et transactum.* — Le pacte et la transaction sont des moyens d'arrêter ou d'empêcher des poursuites judiciaires. La loi des douze Tables en faisait mention en ces termes: « *Si membrum rupit, ni cum eo pacit, talis esto.* » Et, en notre matière, le pacte avait cet effet remarquable qu'il éteignait l'action d'injures *ipso jure* et non pas seulement *exceptionis ope*, comme cela avait lieu en matière d'obligations. C'était un moyen qui était à la disposition des parties, à chaque instant et en tout état de cause, encore qu'il n'eût pas été proposé *in limine litis*, ni inséré dans la formule. Mais

(1) Dig. l. 11, § 13.

Il n'empêchait pas le délinquant d'encourir l'infamie, à moins qu'il ne fût intervenu devant le juge ou qu'il ne fût gratuit, (1) et, dans ce derniers cas, c'était plutôt une *remissio* qu'un *pactum.*

4° La *mort,* soit de l'agent, soit du patient du délit. En effet, « *injuriarum actio,* dit Ulpien, *neque heredi neque in heredem datur.* » Cela découle du principe que les actions pénales sont personnelles. Toutefois, si la mort n'avait eu lieu qu'après la *litis contestatio,* les choses ne se passaient plus ainsi. Était-ce le demandeur qui était mort, son action passait avec ses autres biens à ses héritiers. Était-ce le défendeur, sa mort éteignait en tous les cas la poursuite criminelle, tendant à l'application d'une peine criminelle, mais elle laissait subsister l'action civile, tendant à une peine pécuniaire contre les héritiers du *de cujus.*

5° *Præscriptio.* — La prescription éteignait toutes les actions d'injures; mais le délai n'était pas uniforme, nous le ferons connaître en étudiant chaque espèce d'actions.

(1) Dig. *De in jus. voc.,* loc. cit.

CHAPITRE II.

Des différentes actions d'injures.

D'après Paul, les actions d'injures dérivent d'une triple source : « *Injuriarum actio*, dit-il, *aut* LEGE, *aut* MORE, *aut* MIXTO JURE *introducta est* (1). »

Lege... c'est la loi des XII Tables, la *Loi* par excellence, le code primitif de Rome. La VIII⁰ table avait, en effet, des dispositions spéciales au délit d'injure.

More... c'est le droit prétorien venant corriger ou compléter la loi des XII Tables pour l'accomoder aux exigences des mœurs nouvelles.

Enfin *Mixto jure..*, ce sont les lois spéciales intervenues à diverses époques sur la matière, par exemple la loi Cornelia *de injuriis* dont il est question au Digeste et aux Instituts ; le sénatus-consulte réglant le mode de procéder au cas de libelle diffamatoire.. etc.

Les différentes actions d'injures pouvaient s'intenter par la voie civile ou par la voie criminelle : « *Sciendum est*, disent les Instituts, *de omni injuria eum qui passus est posse vel criminaliter agere, vel civiliter* (2). » Et au cas de poursuite criminelle, il y avait lieu tantôt à un *judicium publicum*, tantôt à une *cognitio extraordinaria*.

Étudier la procédure et les conséquences pénales des diverses actions, rechercher si elles pouvaient concourir entre elles ou si l'une excluait l'autre ; voilà les points qui doivent nous occuper ici.

(1) Pauli sent. Liv. v, t. iv, § 6.
(2) Inst. *De inj.* § 10.

§ 1. — ACTIONS DE LA LOI DES DOUZE-TABLES.

Les fragments de la loi des XII Tables, qui nous sont parvenus épars dans divers écrits de la fin de la République et
de l'Empire, permettent de poser comme un fait à peu près
certain qu'il s'y trouvait quatre chefs relatifs aux délits d'injures. Ces quatre chefs dont deux seulement nous sont transmis à peu près textuellement, se rapportent :

1° Aux injures légères ;

2° Aux os brisés ;

3° Aux membres rompus ;

Et 4° aux injures verbales et aux écrits diffamatoires (1).

1er chef. SI QUIS INJURIAM ALTERI FAXIT. XXV ÆRIS PÆNÆ
SUNTO (2). Bien que la nature de l'injure ne soit pas exprimée, il paraît indubitable qu'il s'agissait ici des injures légères ; car d'une part la peine infligée (25 as) est bien mi-
nime, surtout si on la compare aux peines prononées contre
les autres injures ; — et d'autre part, les trois chefs suivants contiennent à peu près toutes les injures qui présentent une certaine gravité. Au surplus il n'y a qu'à lire le passage de Gaius relatif à ce chef de la loi des XII Tables, pour
se convaincre de l'exactitude de cette appréciation : ce n'est
en effet qu'après avoir énuméré les peines portées pour injures graves, comme un os brisé ou un membre rompu,
que, passant à celles punies d'une amende de 25 as, il les
comprend sous cette formule un peu dédaigneuse : « *Propter
CÆTERAS VERO INJURIAS XXV assium pœna erat constituta, et
videbantur illis temporibus, in magna paupertate, satis ido-*

(1) Cf. Paull sent lib. v, t. iv, § 6; Gaii Inst. Com. III, § 223.
(2) Aulu-Gelle, Noct. attic. 20, 1 ; — et 16, 10. — Collat. leg. mos·
2, § 5 ; festus au mot *vigenti quinque*.

næ ISTÆ *pecuniariæ pœnæ* (1). » C'est bien évidemment des menues injures qu'il s'agit ici : coups de poing, soufflets (2) et autres semblables. Nous allons voir d'ailleurs que la loi des XII Tables n'était pas toujours aussi bénigne.

2e *chef.* « *Propter os fractum aut collisum CCC assium pœna erat, si libero os fractum erat; at si servo, CL*(3). » Telle est l'analyse que nous donne Gaïus de ce second chef dont nous n'avons pas le texte positif : « Pour la fracture d'un os (d'une dent) à un homme libre, peine de 300 as ; à un esclave peine de 150 as (4). »

3e *chef.* « SI MEMBRUM RUPIT, NI CUM EO PACIT, TALIO ESTO. » « Contre celui qui brise un membre, et qui ne transige pas, le talion (5). »

On s'est demandé quelle différence précise existait entre ces deux espèces d'injures : « os *fractum aut collisum* » et « *membrum ruptum.* » D'après Pothier, il s'agirait dans le premier cas d'une blessure qui peut être guérie; dans le second d'une blessure qui laisse à jamais estropiée la personne qu'elle atteint (6). Cette distinction me paraît trop arbitraire et en tous cas trop en désaccord avec le sens habituel des mots, pour qu'on puisse l'admettre. N'est-il pas plus naturel de penser, en se tenant au sens grammatical des mots que « *membrum ruptum* » désignait seulement la fracture d'un bras ou

---

(1) Gaii Inst. C. III, § 223.

(2) Le Soufflet n'avait pas chez les Romains la gravité que le point d'honneur lui attribue chez nous.

(3) Gaii Inst. loc. cit.

(4) M. Ortolan. Inst. expliqués, t I, p. 119. — Cf Aulu-Gel. loc. cit. Paul. sent loc. cit.

(5) M. Ortolan, loc cit; — *Festus*, au mot : *talio;* — Aulu Gel. loc. cit. Gaïus, com. III, § 223.

(6) Pothier, loc. cit. I, p. xci.

d'une jambe, et que « os fractum » s'entendait de la fracture
de tout os autre que celui d'un membre, par exemple une
dent, une côte, une clavicule etc ? (1).

Remarquons que, dans le cas d'un membre rompu, la peine
du talion n'était infligée que si les parties ne transigeaient
pas à prix d'argent. C'est ainsi que le fait très bien remarquer notre savant maître, M. Ortolan, « un caractère commun
à toutes les législations criminelles des peuples grossiers et
encore à leur enfance : la prédominance de l'intérêt indi-
viduel sur l'intérêt social dans la répression des délits ; la
peine revêtant plus souvent un caractère privé qu'un caractère public, se traduisant en une sorte de rançon ou de
composition pécuniaire; et, lorsqu'elle est infligée comme
peine publique, apparaissant avec la rigueur de supplices
excessifs et disproportionnés avec le crime : le talion, le
dévouement en sacrifice à Cérès, ou à quelque autre divinité,
le saut de la roche Tarpéienne, le feu, le sac de cuir... (2) »

4e Chef. — « Contre les outrages publics et les libelles diffamatoires, la peine capitale. » Cette disposition de la loi des
XII Tables est rapportée dans un passage de la République,
de Cicéron, ainsi conçu : « Nostræ contra XII Tabulæ quum
perpaucas res capite sanxissent, in his hanc quoque sanciendam
putaverunt : « Si quis occentavisset, sive carmen condidisset
quod infamiam alteri flagitiumve faceret (3). » D'après le
texte de Cicéron, pas de doute qu'il n'y eût peine capitale
portée contre :

1° Les auteurs d'outrages publics ;

2° Les auteurs de libelles diffamatoires.

---

(1) M. Ortolan, loc. cit. semble être de cet avis.
(2) M. Ortolan. I p. 133.
(3) Cicér. De Republ. 4, 10, — Paul, sent. 5, 4, § 6; — Festus, au
mot : occentassint.

Mais nous devons dire que tous les interprètes n'admettent pas cette version. Suivant les uns, la peine portée est la bastonnade ; suivant d'autres, la disposition des XII Tables ne viserait que les auteurs de libelles diffamatoires et leurs complices, et on devrait la reconstruire ainsi : « *Si quis pipulo occentassit carmen, vel condidit, quod infamian faxit, flagitiumve alteri, juste ferito.* » Nous pensons que le texte de Cicéron, cité plus haut, est trop explicite pour qu'on puisse adopter cette version : nous nous en tenons, en conséquence, à la première que nous avons donnée et qui est celle de M. Ortolan.

§ II. — DES ACTIONS D'INJURES PRÉTORIENNES

Les actions d'injures prétoriennes ont été introduites *more*, nous dit Paul. Ce sont, en effet, les mœurs nouvelles qui, ne s'accommodant plus des dispositions pénales de la loi des XII Tables, amenèrent graduellement une réforme en matière d'injures. Les institutions romaines se prêtaient merveilleusement à ces changements qu'exigeaient, dans la législation, des temps nouveaux, des idées nouvelles et une opulence inconnue des vieux âges. L'Édit des préteurs corrigea donc ce que les peines édictées par les Décemvirs avaient de trop sévère ou d'insuffisant, en leur substituant un système plus équitable et néanmoins efficace. Déjà, depuis longtemps, la peine du talion était tombée en désuétude ; d'un autre côté, l'amende de XXV as pour injures légères était devenue réellement dérisoire depuis que les Romains avaient hérité des richesses de la Grèce et de l'Asie : on avait vu un certain L. Veratius se donner le plaisir de souffleter dans les rues de Rome jusqu'à des citoyens romains, et se faire suivre à cet

éffet d'un esclave qui, la bourse à la main, complait à chaque
soufflet la somme de xxv as à celui qui l'avait reçu (1).

Pour donner à la loi une sanction efficace, le préteur remplaça l'amende de xxv as par l'estimation de l'injure.
« *Injuriarum actio introducta est moribus*, dit Paul, *quoties
factum pro* QUALITATE SUI *arbitrio judicis æstimatum* CON-
GRUENTIS POENÆ *supplicio vindicatur* (2). » Aussi donna-t-on
à cette action le nom d'*actio æstimatoria*.

Cette action, qui était fort suivie encore du temps de Justinien, — les Instituts nous l'attestent (3), — est longuement
décrite dans notre titre de *Injuriis* au Digeste, et nous n'a-
vons presque qu'à traduire littéralement les textes nombreux
qui s'y rapportent.

Qui a l'exercice de l'action? — Voilà d'abord une question
qu'il est important de résoudre quand l'offensé est fils de
famille ou esclave. L'Edit du Préteur avait un chef qui s'y
rapportait : « *Ait Prætor : Si ei qui in potestate alterius
erit, injuria facta esse dicetur, et neque is cujus in potestate
est, præsens erit, neque procurator quisquam existat, qui eo
nomine agat, causa cognita, ipsi qui injuriam accepisse dicetur, judicium dabo* (4). » En principe, le fils de famille n'a
pas l'exercice de l'action estimatoire pour une injure qu'il
a personnellement reçue; c'est le père de famille qui en est
investi, et qui peut, à son gré, l'abandonner ou l'exercer
contre l'auteur de l'injure. Toutefois, s'il est absent au
moment de l'injure, et s'il n'a laissé personne pour le représenter, comme l'abandon d'un droit ne se présume jamais,
on suppose qu'il aurait poursuivi la réparation de l'affront

(1) Aulu-Gel. Noct. att, 20, 1.
(2) Pauli sent. Lib v, t. IV, § 0.
(3) « *In judiciis frequentatur.* » Inst. *De inj*, § 7.
(4) Dig. *De inj*. Loi 17, § 10.

fait à son fils, s'il l'avait connu ; et alors le fils de famille est autorisé à agir lui-même. Seulement, dans ce cas, le préteur ne délivre l'action qu'après avoir pris une connaissance sommaire des faits, « *causa cognita* » dit l'Édit (1).

Ulpien, commentant les termes de l'Édit, se demande en quoi consiste l'absence ; et il pense qu'il ne s'agit pas seulement de l'éloignement matériel et physique, mais encore de tout obstacle, fût-il simplement moral et immatériel, qui s'oppose à l'exercice raisonnable du droit du père de famille. Ainsi, lorsque le père, présent au moment de l'injure, n'agit pas, pour cause de démence ou de fureur, le fils a l'action, « *nam et hic pater ejus absentis loco est.* (2) »

Le jurisconsulte pense qu'il en devrait être de même si le père de famille était une personne *vilis et abjecta*, et le fils une *persona honesta*. En vain un tel père ferait-il remise à l'insulteur de l'injure faite à son fils, celui-ci pourrait agir *suo nomine*, « *Neque enim debet pater vilissimus filii sui contumeliam ad suam vilitatem* (d'autres lisent : *utilitatem*) *metiri.* (3) »

Si, le procès une fois engagé, le père s'éloigne, le préteur, *cognita causa*, pourra autoriser le fils à en poursuivre la continuation. Il en serait de même si un père négligeait de suivre le procès après la *litis contestatio*; de même encore, si le fils de famille était émancipé après la *litis contestatio.* (4) — Dans ces différents cas, les actes de procédure faits par le père profiteraient au fils. (5)

---

(1) Dig. ibid. Loi 17. §§ 10 et 11.
(2) Dig. ibid. Loi 17, § 11.
(3) Ibid. Loi 17, § 12.
(4) Ibid. Loi 17, § 13.
(5) Ln ce sens, v. La sl··er, loi ? : ?.

Nous avons vu que l'Edit du préteur préférait le représentant du père de famille au fils injurié. Si pourtant, dit Ulpien, ce représentant néglige de poursuivre l'auteur de l'injure, s'il s'entend frauduleusement avec lui, ou s'il ne suffit pas à la poursuite, l'action d'injures fait retour à la victime du délit. (1)

Mais il n'est pas besoin que le représentant du père de famille ait reçu un mandat spécial pour l'exercice de l'action d'injures : une procuration générale à l'effet d'administrer la fortune de l'absent est suffisante. (2)

Dans tous les cas où le préteur accorde l'action au fils de famille outragé, il ne le fait, avons-nous dit, qu'en connaissance de cause, *cognita causa*. Cela veut dire que le magistrat devra prendre en considération, avant de délivrer la formule, l'éloignement du père de famille, la durée probable de son absence, et aussi les garanties de capacité que peut offrir le fils de famille pour l'exercice de l'action. (3)

Il peut arriver parfois que, même en l'absence du père de famille, ce ne sera pas celui-là même qui a reçu l'injure qui exercera l'action en dépit des termes de l'Edit : « *Ipsi qui injuriam accepisse dicetur judicium dabo.* » Exemple : Titius reçoit une injure en l'absence de son grand-père, chef de la famille, mais en présence de son père. A qui l'action? à Titius? Non, répond Julien ; l'action sera donnée de préférence au père de Titius, parce qu'il est, dit-il, du devoir d'un père de défendre son fils en toutes circonstances, même du vivant de l'aïeul. (4)

(1) D. Loi 17, § 15.
(2) Ibid. Loi 17, § 16.
(3) Ibid. § 17.
(4) Ibid. § 18.

Au reste, que l'action revienne au fils outragé ou au père en l'absence de l'aïeul, ils peuvent l'un et l'autre poursuivre soit en personne, soit par un *procurator*; autrement, il pourrait arriver que l'action tombât, faute d'exercice, pour une cause ou pour une autre, et que le délit restât impuni. (1)

Le même Julien fait remarquer que toutes les fois que le fils de famille est autorisé à poursuivre, il agit en son propre nom et point au nom de son père; il est en quelque sorte constitué père de famille pour ce chef spécial : « *Hoc casu quasi patrem familias constitui.* »

En conséquence, quoi qu'il arrive postérieurement, c'est lui qui poussera le procès jusqu'au bout. Peu importe donc qu'il vienne à être émancipé ou exhérédé, qu'il ne recueille qu'en partie ou même pas du tout la succession paternelle; l'action qu'il a introduite reste attachée à sa personne. Il serait en effet par trop absurde que celui qui a été admis à l'action d'injures, alors qu'il était en puissance, en fût dépouillé en devenant son maître, et cela au profit de qui? D'un père qui, autant qu'il était en lui, s'opposait à la poursuite ou, ce qui serait encore plus indigne, des héritiers de ce père qui n'ont été en aucune façon atteints par l'injure faite au fils de famille. (2)

Notons, en terminant, que dans le cas où le fils de famille exerce l'action de son chef, il n'est point tenu de fournir caution que son père ratifiera la poursuite; ceci est encore une conséquence de ce qu'il est censé agir *suo nomine*.

Ulpien donne d'ailleurs l'avis de Julien qui était formel en ce sens : « *... nec alias agentem filium injuriarum ad cautionem de rato compellendum Julianus scribit.* (3) »

(1) Dig. ibid. Loi 17, §§ 19 et 20
(2) Ibid. § 22.
(3) Dig. *De inj.* Loi 5, § 7.

— Passons au cas où la victime de l'injure est un esclave. L'édit du préteur contient une disposition qui s'y rapporte spécialement : « *Prætor ait : Qui servum alienum adversus bonos mores verberavisse injussu domini, quæstionem habuisse dicitur, in eum judicium dabo : item si quid alienum factum esse dicetur, causa cognita, judicium dabo.* » « Quiconque aura frappé méchamment l'esclave d'autrui ou l'aura soumis à la torture, sans l'aveu du maître, encourra l'action d'injures : pour toute autre injure, je pourrai délivrer l'action en connaissance de cause. (1) »

Il ne s'agit plus seulement ici de l'action qui naissait dans la personne du maître, mais d'une action donnée à la personne même de l'esclave. C'est un adoucissement apporté par les mœurs à la rigueur du vieux droit qui ne pensait pas que l'esclave pût ressentir une injure. Seulement l'exercice de l'action n'appartient pas plus à l'esclave qu'au fils de famille; c'est au maître seul qu'il est réservé d'agir. Ainsi le maître pourra agir en deux qualités : l'injure faite à son esclave rejaillit-elle sur lui-même, il agira *suo nomine*, dit Ulpien; s'arrête-t-elle au contraire à la personne de son esclave, le préteur n'a pas voulu qu'une telle injure demeurât impunie, surtout s'il s'agit de torture ou de flagellation « *hanc enim et servum sentire palam est,* » C'est au nom de l'esclave « *nomine servi* » que le maître agira. (2) »

Remarquons que le préteur ne traite pas d'une manière égale les différentes injures qui peuvent être faites à l'esclave : pour les unes il ne délivre l'action qu'en connaissance de cause; pour les autres il la donne de plein droit. Celles pour lesquelles l'action est délivrée de plein droit, sont comprises

(1) Dig. ibid. Lol 15; § 31.
(2) Dig. ibid. Lol 15, § 35.

dans l'édit sous les deux formules suivantes : « *Adversus bonos mores verberavisse...* », « *quæstionem habuisse,* » dont il importe de fixer la signification.

Verberavisse, dit Ulpien, se dit par corruption même des coups de poing : « *dicitur abusive : et qui pugnis ceciderit.* (1) » Cela comprend par conséquent toutes voies de faits, quelles qu'elles soient. Mais encore faut-il qu'elles aient été commises par cruauté, vengeance ou autres motifs iniques ; c'est ce qu'indiquent les mots « *adversus bonos mores.* » Car, si les violences n'ont été exercées que « *corrigendi vel emendandi animo,* » elles ne donnent ouverture à aucune action. Par exemple, le magistrat qui, insulté dans sa dignité par les moqueries d'un esclave, le fait fouetter de verges, n'est point tenu de l'action d'injures (2).

Quæstio, c'est la torture infligée à un esclave pour lui arracher un aveu. Un simple interrogatoire même accompagné d'une légère menace ne constitue pas ce que l'Edit appelle « *quæstionem habuisse.* » Il faut qu'il y ait eu supplices corporels, tourments physiques. « *Cum igitur per vim, et tormenta, habita quæstio est, tunc quæstio intelligitur.* (3) »

L'Edit ajoute : « *injussu domini;* » c'est qu'en effet toute violence exercée sur l'esclave de l'aveu ou sur l'ordre du maître ne saurait être une injure, puisque le maître *stricto jure,* a droit de vie et de mort sur son esclave, et qu'il n'y a *injuria* que lorsqu'il y a *factum non jure.* En conséquence, pas d'action contre celui qui met à la torture un esclave, *jussu domini,* à moins, dit Labéon, qu'il n'ait conservé aucune me-

(1) Ibid. § 10.
(2) Ibid. §§ 38 et 39.
(3) Ibid. § 11.

sure. « *Si modum tamen excesserit, teneri eum debere Labeo ait.* (1) »

Pour toutes les injures autres que les violences et la question exercées sur un esclave *injussu domini*, le préteur ne donne une action qu'en connaissance de cause. Cela veut dire qu'il devra tenir compte dans son appréciation de la gravité de l'injure, des circonstances qui l'ont accompagnée et de la qualité même de l'esclave, « *multum enim interest qualis servus sit, bonœ frugi, ordinarius, dispensator; an vero vulgaris vel mediastinus aut qualis qualis* (2).

Il pouvait parfois s'élever des compétitions sur l'exercice de l'action d'injures née *in persona servi*. Que décider, par exemple, au cas où l'esclave injurié appartenait en nu-propriété à Mavius et en usufruit à Titius? Qui pouvait agir du

_____

(1) Dig. *De inj.* Loi 15, § 42. Des difficultés peuvent s'élever au cas où l'esclave appartient à plusieurs maîtres. Le consentement de l'un d'eux empêchera-t-il l'action de naître au profit des autres? Plusieurs textes sont relatifs à cette question :

1° Loi 15, § 36 (Ulpien). Celui qui frappe un esclave commun avec l'autorisation de l'un de ses maîtres, n'est point tenu de l'action.

2° Loi 15, § 37 id. De même l'usufruitier d'un esclave ne peut être poursuivi par le nu-propriétaire, ni le nu-propriétaire par l'usufruitier.

3° Loi 17, pr. (Ulpien). Celui qui frappe un esclave commun avec la permission d'un seul de ses maîtres, sera traité différemment suivant qu'il a ignoré ou qu'il a su que l'esclave avait plusieurs maîtres. Au premier cas, pas d'action contre lui. Au second il ne pourra pas être actionné par celui dont il avait obtenu le consentement, mais il pourra l'être par les autres.

Ce dernier texte, on le voit, est en contradiction avec le premier; mais comme c'est celui qui entre le plus dans les détails, c'est celui qui, je crois, doit prévaloir.

(2) Dig. *De inj.* Loi 15, § 44. Sur la condition des esclaves, et les distinctions qui existaient entre eux, voy. M. H. Wallon, *Hist. de l'esclavage dans l'antiquité*, t. II, ch. 6.

nu-propriétaire ou de l'usufruitier? Ulpien et les Instituts résolvent la question en faveur du nu-propriétaire (1).

Ils la résolvent de même en faveur du propriétaire contre le possesseur de bonne foi.

Il demeure sous-entendu dans l'un et l'autre cas que, si l'injure ne s'arrêtait pas à la personne de l'esclave, il faudrait examiner contre qui elle a été dirigée. Si c'était en effet contre l'usufruitier ou contre le possesseur de bonne foi, c'est à eux et non au propriétaire que serait donnée l'action ; et alors cette action, ils l'exerceraient *suo nomine* et non pas *nomine servi.*

Quid, au cas où l'esclave a plusieurs maîtres? — Chacun d'eux a une action, dit Ulpien : « *Competere injuriarum actionem omnibus, plus quam manifestum est* (2). »

L'esclave qui recevait une injure grave en servitude, et qui était ensuite affranchi, avant que le maître n'eût exercé l'action que l'édit du préteur lui donnait, pouvait-il l'exercer lui-même? La négative est adoptée par Paul et Ulpien : « Si tu as une action d'injure du chef de ton esclave, dit Paul, tu la conserves même après l'avoir affranchi (3). » Et Ulpien : « Nul doute que l'esclave affranchi ne saurait avoir d'action pour une injure qu'il a reçue en servitude (4). »

Si le maître avait une action d'injures du chef de son esclave, il pouvait aussi être tenu du fait de son esclave. « *Cum servus injuriam fecit*, dit Ulpien, *maleficium eum admittere palam est. Merito ex hoc sicuti ex cæteris delictis, ita ex hoc injuriarum, noxalis actio datur* (5). » Ainsi l'offensé avait

(1) Inst. De *inj.*, § 5 ; Ulpien, Dig. ibid. Loi 15, § 47.
(2) Dig. Ibid. Loi 15, § 49.
(3) Dig. *De inj.* Loi 29.
(4) Ibid. Loi 30, pr.
(5) Ibid. Loi 17, § 4.

contre lui l'action noxale d'injures. Mais l'action noxale n'é-
tait pas le seul moyen que le maître avait de donner satisfaction au plaignant : « *dabitur ei facultas præstare ei servum*
verberandum; aut si de eo verberibus satis non fiat, noxæ de-
dendum, vel litis æstimationem sufferendam (1). » Il pourra
faire fouetter de verges le délinquant, ou en faire l'abandon
noxal, ou enfin payer l'estimation de l'injure. Et, si la victime de l'injure laisse conduire son insulteur devant le juge
pour y être fouetté, elle ne pourra plus ensuite prétendre à
exercer l'action ; elle a reçu une satisfaction suffisante. (2)

Si l'esclave a commis l'injure *jussu domini*, le maître
pourra être poursuivi *suo proprio nomine*. Et si, depuis l'injure, l'esclave a été affranchi, Labéon est d'avis qu'il faut
donner néanmoins action contre lui « *quia noxa caput se-*
quitur, » et que d'ailleurs l'esclave n'est pas obligé d'obéir
en tout à son maître (3).

Si l'injure a été commise *defendendi domini gratia*, plus
d'action ; et, en effet, plus de délit, l'*animus injuriandi* faisant défaut (4).

— Nous avons étudié dans la première partie de cette thèse
les causes pour lesquelles le préteur donnait l'action d'injures. Occupons-nous de la procédure de cette action.

Elle s'exerce par un *judicium privatum*.

Le demandeur vient donc devant le préteur pour obtenir
la formule. Que doit-il exposer? L'Édit nous l'apprend :
« QUI AGIT INJURIARUM, CERTUM DICAT QUID INJURIÆ FACTUM
SIT. » Celui qui intente l'action d'injures doit articuler d'une
façon précise le fait injurieux ; » *quia qui famosam actionem*

(1) Ibid. Loi 17, § 4.
(2) Ibid. Loi 17, § 6.
(3) Dig. *De inj.* Loi 17, § 7.
(4) Iid. Loi 17, § 8.

intendit non debet vagari cum discrimine alienæ existimationis, sed designare et certum specialiter dicere quam se injuriam passum contendit (1). » Ainsi, pas de suppositions, pas d'allégations vagues et douteuses, mais un fait parfaitement qualifié et défini : voilà ce que le magistrat exige du plaignant : « *Dicat* NOMEN INJURIÆ, dit Labéon, *neque sub alternatione, puta illud aut illud, sed* ILLAM *injuriam se passum* (2). » Et Paul, dans un fragment rapporté au titre II de la *Collatio legum mosaicarum et romanarum*, nous donne à ce sujet des indications encore plus détaillées : « Il ne suffit pas de se dire poussé ou frappé (*pulsatum se vel verberatum*) mais encore faut-il indiquer dans quelle partie du corps, et de quelle manière on l'a été, si c'est à coups de poings, de bâton ou de pierre, ainsi qu'on le voit dans la formule suivante : *Quod A. Agerio a N. Negidio* PUGNO MALA *percussa est*, Toutefois il n'est pas nécessaire de dire si l'agresseur a frappé de la main droite ou de la gauche. De même si l'on se plaint d'avoir été diffamé, il faut indiquer comment on l'a été. Exemple : *Quod N. Negidius* SIBILUM IMMISIT *A. Agerio infamandi causa* (3). »

Ulpien se demande si, au cas où nous avons reçu en même temps plusieurs injures de la même personne, nous pouvons la poursuivre séparément pour chaque espèce d'injures. Et il est d'avis avec Marcellus et Neratius que toutes les injures reçues simultanément doivent être jointes dans la même action (4). Le plaignant devait donc avoir bien soin d'articuler devant le préteur toutes les injures qu'il avait reçues en même temps de la même personne, afin d'augmenter le

---

(1) Ibid. Loi 7, pr.
(2) Ibid. Loi 7, § 4.
(3) Coll. leg. mos... tit. II, Paul.
(4) Lig. *De inj.* Loi 7, § 5.

chiffre de la réparation pécuniaire que le préteur inscrivait dans la *condemnatio*; car, une fois la formule délivrée, il eût été trop tard pour y revenir en alléguant qu'elle ne visait pas toutes les injures reçues, et en demandant un supplément d'estimation.

Les faits injurieux ou diffamatoires ainsi nettement précisés, le préteur rédigeait la formule d'après les principes ordinaires, c'est-à-dire qu'il enjoignait aux juges, si les faits allégués étaient reconnus vrais, de condamner le défendeur à payer au demandeur la somme indiquée dans la formule.

Par qui et sur quelles bases était évaluée cette somme, c'est ce qu'il nous reste à rechercher. Voici d'abord ce que nous trouvons aux Instituts: « Les préteurs permettaient à ceux qui avaient reçu l'injure d'en faire eux-mêmes l'estimation, afin que le juge condamnât le coupable à payer la somme estimée par l'offensé, ou une somme moindre, selon qu'il lui paraîtrait convenable... (1) »

Gaius, auquel ce passage a été emprunté, dit en outre que, dans le cas d'injure atroce, le préteur ayant coutume de fixer lui-même le chiffre de l'estimation, le juge, bien qu'il pût condamner à une somme moindre que celle écrite dans la formule, n'osait le faire le plus souvent, par respect pour le préteur. (2)

Quant aux bases de l'estimation, nous les trouvons dans les circonstances de fait et les considérations de personnes qui atténuaient ou aggravaient l injure, et qui devaient être appréciées *ex æquo et bono*. « *Prout quæque res erit animadvertam*, dit le préteur dans son Édit. « *Factum pro qualitate sui arbitrio judicis æstimatum, congruentis pænæ supplicio*

---

(1) Inst. *De inj*. § 7.
(2) Gaii Inst. com. III, § 221.

vindicatur, (1) » dit Paul en ses Sentences! La préoccupation
de la loi était, on le voit, que la condamnation fût propor-
tionnée à la gravité du délit.

C'était d'ailleurs au moment de l'injure qu'il fallait se placer pour en apprécier le caractère et la portée, et pour éva-
luer le préjudice causé à l'offensé : « *Injuriarum æstimatio,*
dit Javolenus, *non a l id tempus quo judicatur, sed ad id
quo facta est referri debet.* (2) »

Ces principes sont de toute raison, et étaient d'une application facile lorsque l'offensé était un homme libre; mais ils
présentaient plus d'une difficulté, lorsqu'il s'agissait d'un esclave commun. En pareil cas, en effet, comment l'estimation
devait-elle être faite? Était-ce en raison de la part de propriété de chacun des maîtres, ou en raison de la personne
de chacun d'eux? — En raison de la personne, car c'est eux
qui sont injuriés, répondent les Instituts : « *Æquum est non
pro ea parte qua dominus quisque est, æstimationem injuriæ
fieri, sed ex dominorum persona, quia ipsis fit injuria.* (3) »
Nous pensons que cette décision doit être restreinte au cas où
l'injure faite en la personne de l'esclave rejaillit sur ses maîtres, et où ceux-ci ont une action en leur propre nom. En
pareil cas, il est juste de dire avec les Instituts: « *Ipsis fit
injuria* » et de proportionner l'estimation de l'injure à la dignité de chacun des maîtres.

Que si, au contraire, il s'agit d'une injure s'arrêtant à la
personne de l'esclave, et que chacun des maîtres exerce non
pas *suo nomine*, mais *nomine servi*, nous pensons qu'il est
juste de tenir compte non plus de la dignité personnelle, mais

(1) *Loco citato.*
(2) D g. *De inj.* Loi 21.
(3) Inst. *De inj.* § 4.

de la part de co-propriété de chacun d'eux. C'est ainsi que nous expliquons un passage de Paul, rapporté au Digeste dans la loi XVI, et qui semble au premier abord en contradiction avec le § 4 de notre titre aux Instituts; « *Sed non esse æquum, pro majore parte, quam pro quâ dominus quisque est, damnationem fieri Pedius ait: et ideo officio judicis portiones æstimandæ erunt.* (1)

Des auteurs d'une grande autorité interprètent d'une toute autre façon le texte de Paul; d'après eux, il n'y aurait pas même l'apparence d'une contradiction entre cette loi XVI D. — et le § 4 des Instituts, ces deux textes ayant un objet absolument différent. En effet, disent-ils, dans la loi XVI il ne s'agit pas de savoir si l'estimation de l'injure se doit faire *ex persona dominorum* ou *pro portione dominica*, (ce point est réglé exclusivement par le § 4 des Instituts,) mais bien si chacun des maîtres de l'esclave injurié peut poursuivre l'offenseur pour le tout *in solidum*; et à cette question, le jurisconsulte Paul répond qu'il est de toute justice que chaque maître ne poursuive que pour sa part. En conséquence le juge devra, avant de rendre sa sentence, estimer la part de co-propriété des poursuivants, sans s'inquiéter de la dignité de la personne (2).

Assurément, nous sommes d'avis que chacun des co-propriétaires ne peut pas exercer l'action d'injures *in solidum*, mais seulement pour sa part et portion. Mais est-ce bien à cela que se rapporte le texte de Paul? Nous hésitons à le croire, et nous préférons la première version qui est celle

_____

(1) Dig. *De inj.* Loi 10; — En ce sens T. M. Demangeat, loc. cit. t. II p. 108.

(2) Sic. Pothier, t. III, p. 433, note 2; Heinius, Lib. IV, t. IV, § 4. — De Ferrière, Inst. de Just. L. IV, 4, § 4 etc.

de Cujas, de du Courroy, et aussi celle de nos savants professeurs, M . Ortolan et Demongeat. (1)

Il n'y a pas que dans le cas d'un esclave commun, qu'une
même injure pourra donner lieu à des estimations diverses.
Les textes nous en offrent d'autres exemples.

Ainsi Paul nous dit que si un fils de famille a été insulté,
il ne faudra pas faire la même estimation de l'injure, en tant
qu'elle touche le père, et en tant qu'elle touche le fils. Si, en
effet, le fils est revêtu de quelque dignité, l'injure pourra
donner lieu à une estimation supérieure, en ce qui le concerne. (2)

Notre action d'injures prétorienne s'éteint par la prescription annale, ainsi qu'il résulte de la loi v au code *de injuriis*. (3) Le point de départ du délai est le jour où l'on a eu
connaissance de l'injure : telle est, du moins, l'opinion commune. Le délai est d'une année utile, et il s'applique à toutes
les espèces d'injures, réelles, verbales ou écrites. (4)

---

§ III. — ACTIONS D'INJURES DE LA LOI CORNELIA.

La loi Cornelia, rendue sous la dictature de Cornelius
Sylla, pour réprimer la licence que les guerres civiles
avaient portée à son comble, contenait trois chefs principaux qui nous ont été transmis par les Instituts et le Digeste.
« *Lex itaque Cornelia ex tribus causis dedit actionem : quod
quis pulsatus, verberatusve, domusve ejus vi introita sit. (5)* »

---

(1) Cujas, loc. cit. t. 1, col. 211 ; — Ortolan, Demangeat, du Courroy
au titre *De inj.* des Inst. expliqués.

(2) Dig. *De inj.* Loi 30, § 1 et 31. Voy. également la loi 18, § 2 Paul.

(3) Voy. aussi L. 35 pr. D *De act. et oblig.*

(4) V. Demangeat, 11, p. 601.

(5) Dig. *De inj.* Loi 5, pr.

Ulpien, après avoir rapporté les termes de la loi, s'applique à en donner le sens : « *Verberare*, dit-il d'après *Ofilius*, *est cum dolore cœdere; pulsare, sine dolore.* (1) » Je crois qu'on aurait tort de prendre cette explication à la lettre ; mais il est facile d'en démêler l'esprit : *pulsare* indique une violence légère, fût-elle même douloureuse; *verberare* indique une violence plus grave. L'une et l'autre expression désignent d'ailleurs des voies de fait, et nous pouvons dire que toutes les voies de fait tombent ainsi sous le coup de la loi Cornelia. « *Apparet igitur omnem injuriam quæ manu fiat, lege Cornelia contineri.* » Mais la subtilité romaine rendait très importante la distinction entre les faits qui constituaient la *verberatio* et ceux qui n'étaient qu'une *pulsatio*; car, si celui qui avait été battu, se plaignait d'avoir été poussé, il n'était pas réputé avoir assez précisé l'objet de sa demande.

Le troisième chef de la loi Cornelia était la violation de domicile : « *domum vi introitam.* » Que désignait proprement l'expression *domus*? Les Instituts nous le disent : « La loi entend la maison qu'on habite, soit qu'on en soit propriétaire ou locataire, soit qu'on y ait été reçu gratuitement ou par hospitalité. (2)

La loi exige-t-elle l'habitation réelle et actuelle du propriétaire? Ne s'applique-t-elle qu'au domicile et non à la simple résidence? A ces questions, Labéon répondait dans le sens le plus étroit ; mais Ulpien était d'un avis contraire. « *Ego puto ad omnem habitationem in quâ pater familias habitet, pertinere legem. licet ibi quis domicilium non habeat.* » Par exemple, poursuit-il, le citoyen que l'intérêt de ses études appelle à Rome, n'y a point son domicile, et pourtant, si sa

---

(1) Ibid. § 1.
(2) Inst. Just. § 8, *De inj.* sir. Dig. Ibid. Loi 5, § 2.

demeure y est violée, il faut dire qu'il aura l'action de la loi Cornelia (1) »

L'action de la loi Cornelia appartient naturellement à la personne même qui a été insultée : « *Competit ei qui injuriarum agere volet ob eam rem, quod se pulsatum, verberatumve, domumve suam vi introitam dicat.* (2) »

Mais dans le cas où la maison est habitée par un locataire, à qui est donnée l'action ? au propriétaire de la maison ou au locataire ? Au locataire, dit Ulpien : « *Si dominus fundum locaverit, inque eum impetus factus sit, colonus aget, non dominus.* (3) » En effet, l'injure s'adresse plus directement au locataire qui habite, qu'au propriétaire qui n'habite point la maison violée.

Une particularité distingue l'action de la loi Cornelia de l'action prétorienne d'injures, c'est que le fils de famille qui a été injurié a l'exercice de l'action, à l'exclusion de son père. « *Illud quæritur*, nous dit Ulpien, *an pater, filio, familias injuriam passo, ex lege Cornelia injuriarum agere possit? ET PLACUIT NON POSSE; de qua re inter omnes constat. Sed patri quidem prætoria injuriarum actio competit, filio vero legis Corneliæ.* (4) » Et le jurisconsulte ajoute au paragraphe suivant, que le fils de famille qui agit en vertu de la loi Cornelia, n'a pas besoin de fournir au défendeur la caution de rato, *id est ratam rem patrem habiturum.* (5)

Pothier et Accurse n'ont pas accordé à ces textes une portée aussi grande. D'après eux, sans doute le père de famille n'a point *suo nomine* d'action en vertu de la loi Cornelia;

(1) Dig. ibid. Loi 5, § 5.
(2) Ibid. Loi 5 pr.
(3) Dig. ibid. Loi 5, § 4.
(4) Dig. ibid. Loi 5, § 7.
(5) Ibid. § 3.

mais s'il était présent, il pourrait exercer l'action qui appartient à son fils en vertu de cette loi. Si, disent-ils, le père de famille n'a pas d'action de son chef, c'est que la loi Cornelia n'en donne qu'à la personne même qui a subi l'injure, « *qui se pulsatum, verberatumve, domumve suam vi introitum dicat,* » et que dans notre espèce, le fils seul a été outragé. Ulpien n'a rien dit de plus; en refusant une action personnelle au père, il n'a point parlé de *l'exercice* de l'action du fils : cette question n'ayant point été touchée doit être réglé par le droit commun. Or, il était de principe à Rome que les actions du fils fussent exercées par le père de famille; il n'y a donc pas de raison de décider autrement ici. Cette manière de raisonner, assurément fort spécieuse et fort subtile, ne saurait prévaloir, selon nous, contre les textes si clairs et si formels que nous avons cités ci-dessus. Aussi croyons nous devoir la repousser. (1)

La loi Cornelia donna't naissance à une action civile aussi bien qu'à une poursuite criminelle : la loi 37, § 1 ¹ de notre titre au Digeste, laquelle est de Marcien, nous l'apprend en ces termes : « *Etiam ex lege Cornelia injuriarum actio civiliter moveri potest, condemnatione æstimatione judicis facienda.* » De ces derniers mots nous pouvons induire que l'action civile de la loi Cornelia devait être soumise aux mêmes principes que l'action civile prétorienne.

Quant à la poursuite criminelle, on se demande si elle constituait un *judicium publicum* ou une *cognitio extraordinaria.* Cette question ne peut pas faire de doute pour ceux qui pensent que la loi *Cornelia de injuriis* était la même que la loi *Cornelia de Sicariis,* car celle-ci est formellement citée au nombre des *judicia publica,* tant dans le titre du Digeste que

---

(1) En ce sens M. Demangeat, loc. cit. t. II, p. 412.

dans celui des Instituts. Telle est l'opinion de M. Ortolan : il est très-probable, dit-il, (1) « que cette loi n'est autre que la loi *Cornelia de Sicariis*... qui fut portée sous la dictature de Cornelius Sylla, et qui, quoique relative principalement aux meurtres, statuait aussi accessoirement sur certaines injures violentes. » La loi *Cornelia*, dit Théophile, n'eut garde de passer sous silence les injures (2). « Mais pour ceux, et c'est la généralité des auteurs, qui pensent que la loi *Cornelia de injuriis* est une loi particulière, distincte de la loi *Cornelia de Sicariis*, la question demeure entière. Les uns, comme Cujas, Voët, Ligonius, etc., tiennent que l'action criminelle de la loi *Cornelia de injuriis* est un *judicium publicum* ; les autres, comme Vinnius, soutiennent l'opinion contraire.

Sans entrer dans la discussion, nous nous contenterons de dire ici que l'affirmative nous semble mieux fondée : arguments tirés de la loi 7, § 1er, *in fine, hoc titulo*, au Digeste ; loi 12 *in fine de accusationibus* au Digeste.—Pour la négative, arguments tirés de la loi 42, § 1, Digeste, *de procuratoribus* ; loi 7, Code, *de injuriis* ; *Pauli sent.*, lib. v, tit. iv, § 8, etc.

La loi Cornelia, par une disposition particulière, veillait à ce que le juge ne fût point le parent des parties à un degré trop proche. « *Qua lege cavetur*, dit Ulpien, *ut non judicet, qui ei qui agit gener, socer, vitricus, privignus, sobrinusve, propiusve eorum quemquam ea cognatione affinitatere attinget; quive eorum ejus, parentisve cujus eorum patronus erit* (3). »

Quant à la nature des peines encourues, on ne peut, en l'absence de textes à cet égard, se livrer qu'à des conjectures :

(1) M. Ortolan, Inst. expl. iii, p. 442.
(2) Inst. de Theoph. trad. de M. Frégier, p. 356, *De inj.* § 8.
(3) Dig. ibid. Loi 5, pr.

peut-être n'étaient-ce, comme le pense Voët, que de simples amendes (1). »

Lorsque le défendeur niait l'injure, la loi *Cornelia* permettait au demandeur de lui déférer le serment. Cette disposition, spéciale d'abord à la loi Cornelia, fut étendue dans la suite aux actions d'injures prétoriennes : « *Et ita res se habet*, » nous dit Ulpien (2).

Quant à la prescription, nous pensons que, conformément aux principes communs, elle était de trente ans pour l'action civile, et de vingt ans pour l'action criminelle.

---

§ IV. ACTIONS D'INJURES POUR LIBELLES DIFFAMATOIRES.

Les Libelles diffamatoires, comme toutes les autres espèces d'injures, *ut omnia quæ infamandi causa fiunt*, donnaient

(1) Voët *De Inj.* § 16. Il y a toutefois aux sentences de Paul, un passage qui semble indiquer le contraire : Énonçant à quelles personnes la loi Cornelia donde une action d'injures, il dit : «.... *vel cujus domus introitur ab his qui vulgo* DIRECTARII *appellantur; in quos extra ordinem animadvertitur, ita ut prius ingruentis consilium pro modo commentæ fraudis pæna vindicetur exsilii aut metalli aut operis publici.* »

Mais on pense q e ce passage a été altéré, qu'il n'es. qu'une interpolation de l'auteur du Bréviaire d'Alaric. D'après Ulpien, en effet, (Loi 7. Dig. *De extraord. crimin.*) on appelle DIRECTARII ceux qui pénètrent par effraction ou escalade dans une maison, non pour faire violence, mais *furendi animo.* Et c'est contre eux que les peines portées sont l'exil, la déportation, ou les travaux à temps. Aussi M. l'éditat a-t-il cru pouvoir corriger le texte de *Paul*, ainsi qu'il suit : «.... *vel vi cujus domus introitur,* NON *ab his qui vulgo directarii appelantur; in quos extra ordinem animadvertitur...* » (*Manuale juris synopt.* p. 8.2)

Remarquons en passant, que si le passage de Paul, tel que nous l'avons donné d'abord, était exact, il serait un argument irréfutable en faveur de ceux qui pensent que l'action criminelle de la loi Cornelia ne constitue pas un *judicium publicum.* Il est dit formellement, en effet, que contre les *Directarii* on procède *extra ordinem.*

(2) Dig. *De injur.* L. 5, § 8.

naissance à l'action d'injures prétorienne ; nous n'avons plus rien à en dire ici.

Mais elle donnait également lieu à une poursuite criminelle, et c'est de cette poursuite que nous devons dire quelques mots. Elle pouvait avoir lieu par un *judicium publicum* ou par une *cognitio extraordinaria*. La poursuite des auteurs de libelles et de leurs complices par voie de *judicium publicium* avait été organisée par un sénatus-consulte, dont nous ne pouvons pas préciser la date. La peine portée était la déchéance du droit de tester et d'être témoin. « *Si condemnatus sit qui id fecit*, dit Ulpien, INTESTATIBILIS *ex lege esse jubetur.* (1) »

Ces mots de jurisconsulte : « *ex lege,* » ont fait élever la question de savoir de quelle loi il s'agissait. Quelques interprètes ont pensé qu'Ulpien entendait parler de la loi *Cornelia de injuriis.* ; d'autres y ont cru voir une allusion à la loi *Julia majestatis.* Mais, sans compter que rien, dans les textes, n'autorise à faire une semblable supposition, la suite de la loi 5 porte à croire qu'il s'agit ici d'un sénatus-consulte particulier rendu pour assurer la répression des libelles diffamatoires, en faisant la poursuite accessible à tous les citoyens. En effet, le jurisconsulte continue en ces termes : « *Eadem pœna ex* SÉNATUSCONSULTO *tenetur is qui..... produxerit* » La loi 6 qui vient ensuite, et qui est de Paul, commence par ces mots : « *Quod* SENATUSCONSULTUM *necessarium est.....* etc. (2) Le même Paul, au livre V, titre IV de ses Sentences, nous dit que l'auteur d'un *carmen famosum* est condamné à la déportation « *in insulam deportatur* EX AUCTORITATE AMPLISSIMI ORDINIS, (3)» faisant ainsi allusion à un acte législatif émané du

(1) Iz. ibid. Loi 5, § 9.
(2) Voy. supra. p
(3) Pauli sent. Liv. v, tit. IV, § 15.

S nat « *amplissimus ordo.* » Ainsi pa tout nous voyons apparaître l'idée d'un sénatus consulte : c'était d'ailleurs l'avis de
Cujas et de Pothier.

Au moyen de la poursuite *extra ordinem,* l'auteur d'un
carmen famosum ou son complice pouvait être condamné à
la relégation dans une île : « *In insulam deportatur... extra
ordinem usque ad relegationem insulæ vindicatur,* dit Paul(1).
Suivant Pothier, cette proc dure *extra ordinem* aurait succédé
à la poursuite par *judicium publicum* et l'aurait définitivement remplacée. « *Publicæ quæstioni hoc senatusconsulto in-
troductæ,* dit-il, *successit extraordinaria (2).* »

Enfin la constitution des empereurs Valentinien et Valens
qui forme la loi unique du titre *de famosis libellis* au Code
de Justinien, frappe l'auteur d'un libelle ou celui qui l'a di-
vulgué de la peine capitale. Cette constitution est la seule
qui ait été conservée par Tribonien parmi les dix constitutions
rendues sur cette matière, et qui figuraient au Code Théodosien. L'une de celles-ci, la dernière, porte que la peine capitale prononcée contre les libellistes est la décapitation : *gladio
feritur.* » Néanmoins quelques commentateurs ont hésité devant une peine si grave, et ils ont prétendu que la peine capitale dont parle la constitution de Valentinien et de Valens,
désigne toute peine emportant *capitis deminutio.* C'est là, selon nous, une conjecture que rien n'autorise à faire, et que
combat au contraire tout ce que nous savons des idées romaines en fait de libelles. Effrayés jusqu'à l'excès de l'importance des injures commises par cette voie, les législateurs
romains y ont répondu en tous temps par des peines d'une rigueur exemplaire. N'était-ce pas la peine de mort que pronon-

(1) Paul sent. loc. cit.
(2) Pothier, pand. *De injur.* LXXV.

çait contre les libellistes la loi des XII Tables ? Pourquoi s'é-
tonner dès lors que les constitutions impériales où cette pénalité se rencontre à chaque pas, l'aient appliquée au délit qui
nous occupe ? Elles n'inventaient pas, elles ne faisaient que
rééditer.

Quant à la prescription, elle devait être pour la poursuite
per quæstionem publicam comme pour la *cognitio extraordinaria*
de vingt ans (1).

---

§ V. — DES POURSUITES CRIMINELLES POUR INJURES
AUTRES QUE LIBELLES DIFFAMATOIRES ET CELLES PUNIES
PAR LA LOI CORNELIA.

En dehors des poursuites dont nous venons de parler, il y
en avait d'autres qui avaient été organisées dans des cas spé-
ciaux par des constitutions impériales, ou des Sénatus-con-
sultes.

Nous avons au Digeste un texte de Marcien d'après lequel
les constitutions ordonnaient d'effacer et de faire disparaître
les outrages gravés sur des monuments publics. « *Constitutio-
nibus principalibus cavetur, ea quæ infamandi alterius causa
in ... publico posita sunt, tolli de medio (2). »*

Un Sénatus-consulte défend de porter le portrait de l'empereur en haine de quelqu'un, et prononce contre tout con-
trevenant la peine de l'emprisonnement. « *Senatusconsulto
cavetur, ne quis imaginem imperatoris in invidiam alterius
portaret. Et qui contra fecerit, in vincula publica mittetur.(3)»*
Cette loi qui est tirée du jurisconsulte Scævola, (l. b . rega-

---

(1) Ste. Voët. L. n. col ad. leg. Cornel. *De falsis.*
(2) Dig. *De inj.* Loi 37.
(3) Ibid. Loi 39.

larum) fait allusion à un usage particulier aux Romains. L'image du prince était considérée comme une égide qui rendait sacré l'individu qui la portait. Quiconque eût fait injure au citoyen couvert de cette espèce de palladium eût été censé faire injure au prince lui-même, et se fût rendu coupable du crime de *lèse-majesté*. Voici donc ce que le sénatus-consulte suppose : c'est un citoyen qui affecte de porter le portrait de l'empereur « *in invidiam alterius*, » comme pour se protéger contre la fureur de Titius. En agissant de la sorte, il fait injure à Titius. Ce dernier pourra le poursuivre criminellement et le faire condamner à la prison. (1)

Une constitution des Empereurs Arcadius et Honorius qui forme la loi 10 au code *de episcop. et cleric.*, portait la peine de mort contre quiconque entrait dans une église pour y faire injure aux prêtres et autres ministres de la religion. (2)

Enfin, Cujas paraît supposer, d'après un passage de Salvien, que l'injure faite à des *viri illustres*, donnait ouverture à une instance publique (3).

Pour toutes les injures dont la répression n'avait pas fait l'objet de lois spéciales, Justinien nous apprend qu'on avait une action criminelle aussi bien qu'une action civile : DE OMNI INJURIA, *eum qui passus est posse* VEL CRIMINALITER *agere, vel civiliter* (4). » La poursuite se faisait *extra ordinem*, cela ressort des passages suivants : « *in autem criminaliter, officio judicis* EXTRAORDINARIA POENA *reo irrogatur* (5) » et « *de injuria nunc* EXTRA ORDINEM *ex causa et persona statui*

(1) En ce sens voy. Pothier, pand. *De inj.* n° LXXVI, note.
(2) Cod. Inst. Loi 10. Liv. 1. t 3.
(3) Cujas. loc. cit. t. 11, col. 610.
(4) Inst. Just. *De injur.*, § 10.
(5) Inst. Just. loc. cit.

solet... (1) « Quant aux peines qui étaient prononcées, nous trouvons quelques renseignements au Digeste et dans les Sentences de Paul. Après avoir dit que la peine varie suivant la gravité de l'injure et la dignité des personnes, la loi 15 de notre titre au Digeste continue en ces termes : « Les esclaves sont rendus à leurs maîtres, après avoir été fouettés de verges ; les hommes de basse condition subissent la bastonnade ; les autres sont punis de l'exil temporaire ou de la privation de certaines choses : *interdictione certæ rei coercentur.* (2) D'après Paul, les outrages aux mœurs sont punis de la peine de mort ou de la déportation dans une île, suivant qu'ils ont été ou non consommés. « *Qui puero prætextato strupum aliudve flagitium, abducto ab eo vel corrupto comite, persuaserit, mulierem puellamve interpellaverit, quidve corrumpendæ pudicitiæ gratia fecerit, domum præbuerit, pretium ve quo id persuadeat dederit, perfecto flagitio capite punitur, imperfecto in insulam deportatur. Corrupti comites summo supplicio afficientur.* (4) » Et ailleurs, le jurisconsulte nous dit : » L'esclave qui s'est rendu coupable d'une injure grave, est condamné aux mines ; pour une injure légère il est fouetté de verges, et mis pendant un certain temps aux fers, avant d'être rendu à son maître. (5) »

Remarquons, en terminant, que dans toutes les poursuites criminelles pour injures, les parties devaient être présentes et ne pouvaient pas se faire représenter. (6) Toutefois une exception fut admise par une constitution de l'empereur Zénon en faveur des *viri illustres* et des personnes d'une distinction

(1) Dig. *De injur.* Loi 15 ; *adde* Pauli sent. v, iv, §§ 11 21...
(2) Dig. Ibid.
(3. Pauli sent. Lib. v, t. iv, § 14.
(4) Ibid. § 22.
(5) Ibid. § 12.

supérieure, qui purent dès lors accuser ou défendre *per pro-curatorem* (1).

APPENDICE.

Il nous reste à examiner si les deux modes de poursuite pour injures pouvaient se cumuler ou s'ils s'excluaient l'un l'autre. En d'autres termes, la victime d'une injure pouvait-elle poursuivre au criminel son insulteur, après avoir eu recours contre lui à l'action civile ?

La négative ne saurait faire doute : en effet, les deux instances civile et criminelle n'ont qu'un seul et même objet juridique qui est l'application d'une peine. Ce résultat une fois obtenu, le droit du demandeur est éteint : *non bis in idem*. A la vérité, l'action civile n'aboutit qu'à une peine pécuniaire, l'*æstimatio injuriæ*, peine privée dont le demandeur tire un profit personnel : mais ceci n'est qu'une considération secondaire et inférieure qui n'empêche point la condamnation d'être prononcée contre le défendeur à titre de *vindicta*, comme dit M. de Savigny (2), et nullement à titre de dommages-intérêts.

Mais si le cumul des deux actions d'injures était impossible, n'était-il pas permis d'exercer à raison du même fait des actions de diverse nature ? Ici, la réponse doit changer : il arrive souvent, en effet, que le même délit offre des aspects bien différents, ou pour parler plus clairement, qu'un seul fait réunit les caractères de plusieurs sortes de délits,

---

(1) Inst. Just. *De injur.* § 10.
(2) Savigny. *Droit Romain.* V. p. 220.

et, par suite, donne naissance à plusieurs sortes d'actions. Ainsi, par exemple, une violence grave faite à l'esclave d'autrui constitue à la fois pour le maître de cet esclave une *injuria*, et un *damnum injuria datum* donnant ouverture à l'action d'injures et à l'action de la loi *Aquilia*. L'exercice de l'une de ces actions s'opposera-t-il à l'exercice de l'autre? Pas le moins du monde. Les deux actions n'ont pas, en effet, le même objet juridique, l'une tendant à la peine du délit d'injure, *ad vindictam*; l'autre à la réparation du dommage causé, *ad damnum*. « *Si quis servo verberato injuriarum egerit*, dit Ulpien, *deinde postea damni injuria agat; Labeo scribit eamdem rem non esse : quia altera actio ad damnum pertinet culpa datum, altera ad contumeliam.* » (Loi 15, § 46 *hoc titulo.*) On peut joindre à ce texte la loi 25 du même titre au Digeste qui est aussi d'Ulpien, et surtout la loi 130 de *regulis juris*, du même jurisconsulte, et qui est ainsi conçue : « *Nunquam actiones, præsertim pœnales, de eadem re concurrentes, alia aliam consumit.* » Ce texte, qui a été inséré aux Instituts, et qui semble affirmer le système définitivement en vigueur sous Justinien, exprime une opinion qui avait été contestée autrefois. C'est ainsi que Modestin pensait qu'un seul fait ne pouvait donner lieu qu'à une seule action. (1). Paul était d'avis que, de deux actions nées du même fait, la seconde ne pouvait être introduite après l'exercice de la première qu'autant qu'elle devait produire au profit du demandeur quelque chose de plus que celle-ci et seulement dans les limites de cet excédant (2). Mais au témoignage d'Hermogénien, ce fut l'opinion d'Ulpien qui prévalut; voici, en effet, ce que nous dit ce jurisconsulte,

---

(1) Dig. *De oblig.* et act. Loi 53.
(2) Dig. ibid. Loi 34, pr.

le plus jeune de ceux cités au Digeste : « *Cum ex uno delicto plures actiones nascuntur, sicut evenit cum arbores furtim cæsæ dicuntur,* OMNIBUS EXPERIRI PERMITTI, POST MAGNAS VARIETATES OBTINUIT (1). »

(1) Dig. *De oblig. et act.* Loi 32.

CHAPITRE III.

Des exceptions et moyens de défense du prévenu d'injure, et en particulier de la preuve du fait diffamatoire.

Pour que le juge prononçât la condamnation du prévenu d'injure, il fallait qu'il fût bien établi : 1° que le fait injurieux avait été réellement commis ; 2° qu'il l'avait été par l'homme que l'on poursuivait devant lui. C'était une conséquence même de la rédaction de la formule d'action : « *Si paret A. Agerio a N. Negidio mala percussa esse... condemna ; si non paret, absolvito.* » Et, selon les principes du droit commun, le fardeau de la preuve incombait au plaignant : « *Actori incumbit probatio.* » En conséquence, le prévenu d'injure qui niait soit le fait même de l'injure, soit sa participation à ce fait, et contre lequel le plaignant n'apportait pas de preuves suffisantes, échappait naturellement à la condamnation. Il pouvait même, s'il parvenait à établir que son adversaire n'avait agi que dans une intention calomnieuse, « *per calumniam,* » le faire condamner *extra ordinem* à l'exil, à la relégation ou à la dégradation. « *Extra ordinem damnatur : id est, exilium aut relegationem, aut ordinis amotionem patiatur.* (1) » Nous pensons d'ailleurs que, malgré la bonne foi de sa poursuite, le demandeur débouté pouvait être condamné à des dommages intérêts envers le défendeur auquel sa poursuite aurait porté préjudice.

(1) Dig. *De Inj.* Loi 43, Gaius.

Mais telle n'est pas l'hypothèse dans laquelle nous devons nous placer. Nous devons supposer que le fait injurieux n'est point contesté par le défendeur qui s'en reconnaît en outre l'auteur : en pareil cas, la condamnation devra-t-elle toujours suivre? Assurément non. Le défendeur pourra en effet, tout en reconnaissant les faits matériels et en avouant la part qu'il y a prise, contester quelque élément essentiel à l'existence du délit d'injure. Ainsi nous avons établi dans la première partie de cette thèse qu'il n'y avait pas de délit d'injures en l'absence de l'*animus injuriandi* chez l'auteur du fait outrageux : celui-ci pourra donc faire insérer dans la formule, sous forme d'exception, qu'il n'a point commis le fait qu'on lui reproche dans une intention injurieuse; il alléguera, par exemple, qu'il était ivre, ou en état de folie ou de démence, ou que la faiblesse de l'âge l'empêchait d'être *doli capax*. Mais, d'après les principes communs : *reus in excipiendo fit actor*, ce sera à lui de faire la preuve des faits qu'il oppose comme motifs d'exception à l'action. Qu'il établisse donc son ivresse, sa folie ou son impuberté, s'il ne veut pas se voir justement condamné.

Nous avons vu aussi avec Ulpien (1), que le badinage, la plaisanterie excluait l'idée d'injure. Le défendeur pouvait donc aussi alléguer que les choses qu'il avait dites ou faites, il les avait dites ou faites *per jocum*. Mais à qui la preuve? — On distingue : les faits reprochés sont-ils injurieux de leur nature, c'est au défendeur à prouver qu'il les a commis sans intention injurieuse ; et cela se conçoit sans qu'on ait besoin d'y insister. (2) Au contraire, les faits reprochés sont-ils innocents de leur nature, et ne deviennent-ils coupables

(1) Dig. *De inj.* Loi 3. § 3.
(2) Loi 5, Cod. Just. *De injuriis*.

que par suite de l'intention mauvaise qui les a inspirés, c'est évidemment au demandeur à faire la preuve de cette intention qui ne saurait se présumer. Et même, en pareil cas, le défendeur n'aurait aucune exception à faire insérer dans la formule, l'exception de bonne foi, lorsque cette bonne foi est dans la nature des choses, étant toujours sous-entendue.

La légitime défense excusait-elle l'injure? Sans aucun doute. Et nous avons à citer un texte formel d'Ulpien, loi 17, § 8 de notre titre au Digeste. Il s'agit d'un esclave qui commet une injure : Si c'est pour défendre son maître, dit le jurisconsulte, il a la raison pour lui, et on lui donnera une exception à opposer à l'action. « *Plane si defendendi domini gratia aliquid fecerit, rationem ei constare apparet : inque eam rem, adversus agentem exceptio objicienda erit.* »

Mais quand se trouve-t-on dans le cas de légitime défense? Celui qui commet une injure pour en repousser une autre doit-il être considéré comme agissant pour sa défense légitime? Perezuis, Julius Clarus, And. Gaill, D. Godefroy, Cujas, etc., l'ont pensé et ils ont appuyé leur opinion sur des textes nombreux et concluants(1). Tous s'accordent, du reste, pour laisser au juge, en cette matière, un large pouvoir d'appréciation (2).

Nous arrivons à une question fort importante et fort débattue tant dans l'ancien droit que de nos jours, et dont la solution pourrait fournir plus d'un enseignement utile aux législateurs qui voudraient changer notre droit en matière de diffamation.

Loi 18, pr; Loi 17, § 8, Loi 3. Dig. *De inj: — L. 11, § 6, De bon. libert. D; — L. 52, 1. Dig. ad leg Aquil.* etc.

(2) Il va sans dire que le défendeur pouvait toutes les fois qu'il y avait lieu, opposer la prescription.

Le prévenu de diffamation pouvait-il échapper à la condamnation requise contre lui, en prouvant la vérité des faits
diffamatoires?

Cette question qui se restreint, on le voit, aux injures verbales ou écrites, ne semble pas avoir été résolue dans le même
sens à toutes les époques de la législation romaine. Aussi de-
vons-nous passer en revue les différentes périodes de l'histoire
de Rome, en indiquant les variations qui se sont produites
sur cet intéressant sujet. C'est d'ailleurs le moyen d'aller plus
vite dans l'exposition de la question.

La loi des Douze-Tables, dont nous avons donné les dispositions relatives aux injures, était muette sur la question de
la preuve du fait diffamatoire. Faut-il conclure de ce silence
que la preuve n'était point permise, ou que du moins l'influence de cette preuve était nulle dans le débat?

Telle est la conclusion à laquelle conduit naturellement la
raison, si l'on songe que les décemvirs allèrent puiser leurs
inspirations en Grèce, et que la loi de Solon affranchissait de
toute peine le diffamateur qui prouvait la vérité de ses imputations : « *Qui de alio detraxerit, ni probaverit rerum esse
quod objecit probrum, mulctatur* (1). » Leur silence, à cet
égard paraît donc significatif, et il est difficile de penser qu'ils
ne se fussent pas positivement expliqués, s'ils avaient entendu admettre la distinction que l'on faisait à Athènes entre
la calomnie et la médisance.

Mais si nous n'avons que des probabilités et nulle certitude
à cet égard, il est indubitable que la preuve des faits diffamatoires ne fut pas toujours interdite. Nous n'avons, il est
vrai, qu'un seul témoignage, — et encore n'est-ce pas celui
d'un jurisconsulte, — mais c'est celui d'un poète satirique

(1) Voy. Jean Petit. *Leg. attic.* p. 651, édit. de Wesseling.

qui connaissait à merveille le droit de son pays, et qui affirme d'ailleurs l'opinion que nous avançons comme un principe incontesté de son temps. Nous faisons allusion à un passage d'Horace, dans lequel l'auteur discute avec Trebatius (1) les droits de la satire, et voici quel est leur entretien :

TREBATIUS.

.... Equidem nihil hinc diffingere possum.
Sed tamen, ut monitus caveas, ne forte negoti
Incutiat tibi quid sanctarum inscitia legum :
Si mala condiderit in quem quis carmina, jus est
Judiciumque.

HORATIUS.

Esto, si quis mala ; sed bona si quis
Judice condiderit laudatus Cæsare? Si quis
Opprobriis dignum latraverit integer ipse?

TREBATIUS.

Solventur risu tabulæ : tu missus abibis (2).

Or, quelle que soit la traduction que l'on donne de ces mots : « Solventur risu tabulæ, » qu'il s'agisse de la loi des

---

(1) Le jurisconsulte Trebatius Testa.

(2)
TREBATIUS

« Je n'ai, je l'avoue, rien à répondre. Prends garde, cependant, je t'en préviens, de t'attirer quelque fâcheuse affaire par ignorance de nos saintes lois. Elles sont formelles : *Si quelqu'un compose contre autrui des vers méchants, il y a lieu d poursuite, d jugement.*

HORACE

« Soit, pour des vers méchants ; mais s'ils sont bons, approuvés de César, si le poète n'a fait qu'aboyer aux pervers, étant lui-même sans reproche ?

TREBATIUS

« *Le rire des juges mettra fin au procès, et tu seras absous.* »
(Horace, *Satires,* liv. II, sat. 1re, trad. de M Patin. Tome II, p. 107.)
Voici la traduction un peu libre que J. Janin donne de la réponse de Trébatius :

Douze-Tables, dont les prescriptions seront oubliées sous le rire des juges; ou qu'il s'agisse des juges eux-mêmes qui seront désarmés par le rire, ainsi que le pense J. Bond dans ses notes sur Horace, il n'en résulte pas moins que le passage précité prononce l'acquittement du poète satirique qui, dans ses vers, a châtié un infâme « *opprobriis dignum.* » On pourra discuter sur l'étendue à donner à cette décision, on pourra prétendre que l'imputation, pour être excusable, devait non-seulement s'adresser à un homme méprisable « *opprobriis dignum,* » mais encore provenir d'un homme sans reproches : « *integer ipse.* » Ce qu'on ne peut nier, c'est que le principe existe : en temps d'Horace, la preuve des faits diffamatoires était permise et pouvait, dans certaines limites, motiver l'absolution du diffamateur (1).

Le texte d'Horace est le seul que nous puissions citer depuis la loi des Douze-Tables jusqu'au règne d'Alexandre Sévère. Mais, à cette époque, le jurisconsulte Paul, dans son commentaire de l'Edit du préteur, confirma d'une façon irrécusable la jurisprudence qu'Horace constatait au siècle d'Auguste, dans la décision suivante :

« *Eum qui nocentem infamarit, non esse bonum et æquum ob eam rem condemnari : peccata enim nocentium nota esse et oportere et expedire.* »

Il importe, avant d'aller plus loin, de fixer et de préciser le sens de cette importante décision : « Il n'est ni bon ni équitable que celui qui a diffamé un coupable (*nocentem*) soit condamné pour ce fait, car il est intéressant et utile que les fautes des coupables soient connues. »

_____

« Ma foi! vous m'en dites tant ... vous aurez pour vous les rieurs, et les juges, brisant leurs baguettes, diront : « Le poète est acquitté! »
(J. Janin, p. 201, édition elzévirienne de L. Hachette.)
(1) Horace. Satires. Liv. II, sat. 1.

Nous croyons d'abord, qu'elle est applicable à tous les modes de diffamation, au libelle comme à l'injure verbale, au *carmen famosum* comme au *convicium*. Le verbe *infamare*, dont se sert le jurisconsulte, s'étend dans sa généralité aux imputations de toute nature, capables de porter atteinte à l'honneur et à la considération des personnes (1).

Nous pensons ensuite que la personne diffamée doit être coupable. C'est ainsi du moins que nous expliquons le mot « *nocentem* » dont le sens, un peu large par lui-même, est précisé dans la loi qui nous occupe par les mots qui suivent : « PECCATA *enim nocentium...* » *l'eccatum*, c'est un délit, une faute, ou tout au moins un manquement au droit, que la société a intérêt à connaître : « *nota esse et oportere et expedire.* »

En résumé, du temps de Paul, le diffamateur ne pouvait être renvoyé absous de la poursuite qu'aux trois conditions suivantes :

1° Que le fait imputé par lui fût reconnu vrai ;

2° Que ce fait fût reprochable à celui qui l'avait commis, constituât, en un mot, un *peccatum* ;

3° Que sa divulgation fût utile à la chose publique.

Telles étaient, selon nous, les trois conditions nécessaires, *mais suffisantes*, pour soustraire le diffamateur aux conséquences de l'action d'injures. Cette opinion est celle qu'a soutenue, avec beaucoup de science et de talent, M. Grellet-Dumazeau, dans une étude sur la preuve du fait diffamatoire, parue dans la *Revue de législation* (vol. d'avril 1846).

Mais je dois dire que tous les interprètes du droit romain n'ont pas expliqué ainsi la loi : « *Eum qui nocentem.* » Les uns, comme Bermundus et Jacobi qui professaient à l'école

(1) Sic. Pothier. Pandectes. *De inj.* n° 8, note. — Contra Cujas *ad legem* 18, *De inj.*; J. Godefroy, cod. Theod. lib. IX, tit. XXXIV, Vuët...

6

de Montpellier, au XVe siècle, et qui cherchaient à faire prévaloir dans la jurisprudence de leur temps et de leur pays la maxime : « *Veritas convicii excusat* : La vérité du fait injurieux innocente l'injure, » ont cru voir dans cette loi de Paul la consécration pure et simple de la règle qui leur était chère. Attribuant au mot, « *nocentem* » son sens le plus large, ils pensèrent qu'ils devaient s'appliquer non-seulement aux coupables, mais encore à tous les malheureux affligés d'une infirmité, ou d'une maladie contagieuse dont la révélation intéressait leurs concitoyens. Puis de déductions en déductions, ils en arrivèrent à absoudre le divulgateur des infortunes conjugales d'un mari, pourvu qu'il pût prouver le *fait* de ce mari. « Ainsi, disait Jacobi (1), d'après la loi Lombarde, appeler un homme *cucurbitam* (mari trompé) constitue une injure qui confère le droit d'exiger le duel. Mais si moi qui ai appelé Martin *cucurbitam*, je suis prêt à prouver qu'il l'est réellement, personne ne saurait prétendre que je suis forcé de subir le duel, car « *illo probato di bet cessare injuriam.* » C'était l'avis de mon maître Bermundus. » On le voit, Jacobi et Bermundus avaient bien oublié le point de départ : Car s'il y a un *nocens* dans l'espèce, ce n'est apparemment pas Martin !

D'autres, comme Perezius (2) tombant dans l'excès contraire, prétendent que la loi : « *eum qui nocentem* » n'absout que l'homme, qui, *sans intention de nuire*, a révélé un délit que la société a intérêt à connaître. En cas pareil, disent-ils, comme il n'y a pas d'*animus injuriandi*, il n'y a pas d'injure, et partant pas d'action : c'est tout ce que Paul a entendu dire. Cette explication est aussi inadmissible que la

(1) *Pratica aurea*, p. 607 de l'édit. de Cologne de 1575.
(2) Cod. Justin, *prælectiones*, tit. xxxv. liv. ix, p. 203.

première : en effet, c'est l'intention injurieuse qui fait le délit
d'injures, — nous croyons l'avoir surabondamment prouvé
au commencement de cette thèse, et nous nous sommes ap-
puyés sur le témoignage de Paul lui-même. (1) — Comment
penser dès lors que Paul ait pu présenter comme une particularité dans la loi : « *Eum qui nocentem,* » ce qu'il admettait
ailleurs comme une règle générale et commune à toutes les
injures ? Non. Paul a voulu dire plus : si le fait imputé est un
fait délictueux qu'il importe à la société de connaître, le
diffamateur n'a qu'à en prouver la réalité, et le juge, sans lui
demander compte de ses intentions, sans rechercher s'il a été
inspiré par un désir de vengeance ou par l'intérêt du bien
public, sera tenu de l'absoudre. Le magistrat aura d'ailleurs
un pouvoir fort large pour apprécier si les faits imputés sont
ou non intéressants à connaître (2).

Après le règne d'Alexandre Sévère, le système changea :
en suivant l'ordre chronologique, nous rencontrons un rescrit
des empereurs Dioclétien et Maximien à Victorinus, relatif
aux injures verbales, dans lequel certains commentateurs ont
cru voir une abrogation partielle de la loi *eum qui nocentem,*
et une confirmation de la maxime : *veritas convicii non
excusat.* Nous en donnons le texte sans commentaire, nous
réservant de l'apprécier plus loin : « *Si non convicii consilio
te aliquid injuriosum dixisse probare potes : fides veri a
calumnia te defendit : si autem in rixam inconsulto colore
prolapsus homicidii convicium objecisti et ex eo die annus
excessit : cum injuriarum actio annuo tempore præscripta
sit, ob injuriæ admissum conveniri non potes.* »

---

(1) Voy. Pauli sent. Liv. iv. tit. iv. §§ 1 et 2.
(2) Voyez en ce sens M. Grellet-Dumazeau, loc. cit. — Sic Vionius,
Barthole, Cujas, Corpzovius, Farinacus, etc...

Mais si l'on n'est pas d'accord sur l'interprétation et la traduction de ce texte, il faut reconnaître que quelques années
plus tard, en matière de libelles diffamatoires, la règle : *veritas
convicii non excusat*, fut admise dans les lois d'une rigueur san-
guinaire. Au commencement du IVme siècle, une constitution
de l'empereur Constantin, la constitution : *Si quando famosi...*,
ordonnait que l'auteur d'un libelle diffamatoire fût contraint
d'administrer la preuve des faits allégués, sans que la vérité
de ces faits pût le sauver de la peine capitale : « *Repertus cum
omni rigore cogatur his de rebus quas proponendas credidit,
comprobare : nec tamen supplicio, etiamsi aliquid ostenderit,
subtrahatur.* » Ainsi, on le voit, la vérité des faits imputés
n'empêche pas le diffamateur de subir les peines portées contre les auteurs de libelles, et quelles peines ! Si la preuve des
faits diffamatoires a encore lieu, ce n'est plus dans l'intérêt du
diffamateur, mais dans un intérêt public.

Cette constitution fait partie d'une série de lois toutes animées du même esprit, qui contiennent des maximes fort élevées de charité et de morale chrétienne, mais qui ont le tort
de leur appliquer dès ce monde une sanction dont la rigueur
nous révolte. Il y en a dix qui sont insérées au code Théodosien
et qui punissent du dernier supplice les auteurs de libelles et
leurs complices : et sont considérés comme complices non seulement les éditeurs et vendeurs desdits libelles, mais encore
ceux qui, les trouvant par hasard dans un lieu privé ou public
ne les détruisent pas sur le champ, mais les communiquent à
d'autres personnes, ou en révèlent le contenu, ou les aban-
donnent sur place, de telle façon que d'autres personnes les
puissent trouver après eux, etc etc.

La constitution 7 : « *Famosorum infame nomen...* » qui est
des empereurs Valentinien et Valens, est la plus bénigne et la
plus raisonnable. Après avoir rappelé les pénalités encourues

par l'auteur d'un libelle diffamatoire qui se cache, elle dit que si
le diffamateur ose prendre la responsabilité de ses imputations et parvient à en faire la preuve devant la justice, non
seulement il sera renvoyé absous, mais il méritera de plus les
louanges et les faveurs du prince. Ces dix constitutions nous
mènent de l'année 319 à l'année 406 de l'ère chrétienne.

La législation de Justinien en matière d'injures est consi-
gnée dans les Instituts (533), les Pandectes (533) et le Code
(529 et 534). En ce qui concerne la preuve du fait diffamatoire, les Instituts sont muets ; les seuls textes qui y soient relatifs se trouvent dans les Pandectes et dans le Code. Il y en
a trois : 1° La loi : *Eum qui nocentem...* de Paul, qui forme la
loi 18. *principium* du titre *de injuriis* au Digeste ; 2° la constitution de Dioclétien et Maximien : « *Si non convicii...* qui
forme la loi 5 du même titre au Code, et 3° la constitution de
Valentinien et Valens : « *Famosorium infame nomen...* qui
forme la loi unique du titre *de famosis libellis* au même Code.
Nous avons déjà donné le texte ou l'analyse de ces trois lois :
il nous reste à examiner quel est le système qui découle le
plus naturellement de leur combinaison.

C'est dans la constitution de Dioclétien : « *Si non convicii...*
que l'on trouvera, selon nous, les raisons de décider ; tout dépend, en effet, de la traduction qu'on donnera de cette loi.

Rappelons d'abord, d'après les *Basiliques*, l'espèce qui est
soumise au prince : « Une querelle a eu lieu entre deux personnes. L'une d'elles se plaignant d'avoir été traitée de *meurtrier*, menaçait l'autre de l'action d'injures. Celle-ci s'adresse
au prince et lui expose qu'elle n'a point injurié, et que, au
surplus, un an s'est écoulé depuis la querelle... (1) » Que répond l'Empereur ? « *Si non convicii consilio te aliquid inju-*

(1) Basil. ch. 1, tit. XXI, liv. XL.

riosum diixsse probare potes: fides veri a calumnia te defendit; si autem in rixam inconsulto colore prolapsus homicidii convicium objecisti, et ex eo die annus excessit: cum injuriarum actio annuo tempore prascripta sit, ob injuriæ admissum convenirii non potes (1). » Une première traduction a été proposée: la voici: « Si tu peux prouver que le propos diffamatoire qu'on te reproche n'a pas été proféré par toi dans un esprit d'injure, *la preuve de la vérité du fait que tu as imputé* te met à l'abri de l'action en calomnie. Mais si, entraîné imprudemment dans une rixe par un mouvement de colère, tu as imputé un fait de meurtre, et qu'un an se soit écoulé depuis ce jour, comme l'action d'injures se prescrit par un an, tu ne peux être recherché par la voie de cette action. »

Ainsi expliqué, le rescrit de Dioclétien exigerait, pour que le diffamateur soit excusable, deux conditions: 1° absence d'intention injurieuse, 2° vérité du fait imputé. Mais est-ce bien là la saine traduction du rescrit: « *Si non convicii?*... »

On l'a contesté, et voici la seconde que l'on a proposée à la place: « *Si tu peux prouver que le fait diffamatoire qu'on te reproche n'a pas été proféré par toi dans l'intention d'injurier,* CETTE PREUVE *te met à l'abri de l'action, etc...* » Ainsi entendue, notre loi n'aurait plus, on le voit, d'autre objet que de mettre à la charge de l'inculpé le fardeau de prouver que, s'il a proféré des propos injurieux de leur nature, ce n'est pas dans un esprit d'injure (2); ce qui serait parfaitement conciliable avec l'interprétation que nous avons donnée de la loi: *Eum qui nocentem...*; ce qui répondrait en outre fort exactement aux questions soumises à la décision de l'Empereur, telles du moins que le passage précité des Basiliques nous les

(1) Cod. Just. *De injuriis.* Loi 5.
(2) Conf. *supra*, p. 76.

a fait connaître. On se rappelle en effet que l'inculpé expo-
sait au prince, non pas que le fait de meurtre reproché par
lui était vrai, mais qu'il ne l'avait point imputé dans un esprit
d'injure, « dicens se injuriam non fecisse, » dit la traduction
latine de Cujas. (1) En bref, le système de la législation de
Justinien, sur la preuve du fait diffamatoire, serait donc celui-ci :

I. Si le fait imputé est de telle nature que l'ordre public ne
saurait être intéressé à le connaître, le diffamateur ne peut
échapper à l'action d'injures, qu'en prouvant la pureté de
ses intentions. Cette décision est l'objet de la loi v au Code :
« Si non convicii... »

II. Si, au contraire, le fait imputé est un *peccatum* que la
société a intérêt à connaître, le diffamateur, pour se soustraire
à l'action d'injures, n'a qu'à en prouver la réalité. Le juge
l'absoudra, quand même il aurait diffamé avec intention de
nuire. C'est l'objet de la loi, « eum qui nocentem, » au Digeste, et aussi en ce qui concerne spécialement les libelles, de
la loi unique au code, *de famosis libellis*.

Ce système peut s'appuyer sur deux ordres d'arguments,
des arguments de grammaire et des arguments de raison.

La discussion grammaticale roule tout entière sur les
mots : *Fides veri*, dont se sert le rescrit de Dioclétien. *Fides
veri*, disent nos adversaires, c'est une expression aussi forte
qu'élégante pour désigner la preuve de la vérité du fait imputé. La même locution se retrouve d'ailleurs dans la constitution unique du titre *de famosis libellis*, où tout le monde
s'accorde à lui reconnaître la signification qui est contestée
ici. Et ce qui prouve surabondamment que cette signification
est bien la seule véritable, c'est que *fides veri* est opposé au

---

(1) Basil. loc. cit.

mot *calumnia* : « *Fides veri a calumnia te defendit.* » Or,
qui dit *calumnia* dit imputation d'un fait faux : ce n'est donc
qu'en prouvant la vérité de ses allégations que le diffamateur
peut se disculper de calomnie, et c'est ce que veut dire cette
phrase du rescrit : « *Fides veri a calumnia te defendit.* »

Ce raisonnement ne manque assurément pas de force ni de
logique; cependant il doit, à notre avis, tomber devant des
considérations dont la gravité ne nous paraît pas non plus
contestable : il est très-vrai qu'au IIIme siècle on parlait et
on écrivait encore très-purement le latin à Rome, mais il
n'est pas moins certain que le rescrit de Dioclétien ne
mérite à aucun titre d'être offert comme un exemple de
pureté. La construction de la phrase est singulière, fait
remarquer M. Grellet-Dumazeau : « La traduction littérale
de la première partie du texte est celle-ci : *Si tu peux prouver que tu as dit quelque chose d'injurieux non dans un esprit
d'injure.* Or ce tour est défectueux, car l'obligation de prouver
se réfère directement à l'*intention* et non au *propos injurieux*, et il semble que, pour être conforme au latin de Cicéron, la phrase devrait être ainsi tournée : *si aliquid injuriosum te convicii consilio non dixisse probare potes.* On
remarquera que cette dernière construction est passée dans
le texte des Basiliques (1). Mais, s'il est vrai que l'inversion
que nous critiquons ne soit pas d'un latin irréprochable, nous
ferons observer qu'elle présente au contraire un tour familier
à la langue grecque, qui place toujours la négation après la
conjonction conditionnelle : εἰ, ἐάν, ὅταν (2). »

(1) Dans la paraphrase des Basiliques, le rescrit devrait être entendu
ainsi : « *Si injuriarum nihil animo meditat in neque dixisse probare
po e*, *fides veri a calumnia te defendit.* » Traduc. lat de Cujas.
  Dans le texte grec *fides veri* est traduit : χ μεντ ετι αληθειας
(2) Cet emp'oi de la négation constitue même un idiotisme particulier signalé par les grammairiens. Ainsi ces mots ἐ μὴ ετι ἐρασαι ταυτα ἱδου.

Partant de là, M. Grellet-Dumazeau, auquel nous avons emprunté ce passage, en arrive à penser que le rescrit de Dioclétien a dû être primitivement rédigé en grec et transcrit ensuite en latin, ou au moins qu'il fut écrit en latin par un jurisconsulte grec de la chancellerie impériale : conjecture qui ne manque pas de vraisemblance, quand on se souvient que Dioclétien était un empereur plus asiatique que romain, qu'il ne séjourna que treize jours à Rome, et que la plus grande partie de son règne, un règne de vingt et un ans, s'écoula à Nicomédie, sa résidence favorite.

Or, s'il en était ainsi, l'expression : *calumnia*, qu'on nous oppose, ne serait sans doute que la traduction inintelligente et littérale du grec : συκοφαντία, qui s'appliquait indifféremment à l'injure et à la calomnie. Et alors les mots : *Fides veri*, pris dans le sens littéral de *la foi due à la vérité*, ne nous choqueraient plus en présence du mot *calumnia* ainsi expliqué. En effet, que soutient le plaignant? *Que, s'il a tenu des propos injurieux, c'est sans intention de faire injure.* Que répond l'empereur? *Que la foi due à la vérité (de sa prétention une fois prouvée) le met à l'abri de l'action d'injures.*

Observons d'ailleurs en terminant que, quelque opinion qu'on adopte, le mot *calumnia*, employé par le rescrit à Victorinus, est impropre. « La calomnie chez les Romains, dit M. Grellet-Dumazeau, était une infraction spéciale distincte de l'injure, lors même que celle-ci reposait sur l'imputation d'un fait faux. La calomnie s'entend, dans son sens le plus rapproché de la diffamation, de l'accusation portée en justice sur un crime imaginaire. Or, dans l'espèce de la loi, il ne s'agit point d'un délit de cette nature, mais d'une simple

---

ne signifient pas : *s'ils ne dirent pas que cela était*, mais bien : *s'ils dirent que cela n'était pas.* » (Grellet-Dumazeau, loc. cit. en note.)

injure extra-judiciaire et verbale. » Nous sommes donc, au point de vue purement grammatical, autorisés à maintenir la traduction que nous avons adoptée.

Hâtons-nous d'arriver à un autre ordre d'arguments : le système que nous défendons nous semble seul admissible, parce que, seul, il se concilie avec l'ensemble des textes auxquels la compilation Justinienne a donné force de loi, qu'ainsi tous s'expliquent sans s'exclure, mais plutôt en se complétant les uns les autres. Dans l'opinion contraire, en effet, à quoi arrive t-on ? A ne donner au texte de Paul : *Eum qui nocentem....,* aucune signification sérieuse, ou bien à faire prévaloir contre lui le rescrit : « *Si non convicii...* » Mais alors de quel droit ?

On fait observer qu'à l'époque où ce rescrit fut rendu, bien que le christianisme ne fût pas encore devenu la religion dominante, l'influence chrétienne était néanmoins considérable à la cour de Dioclétien. On rappelle que ce prince avait dans les commencements de son règne une affection toute particulière pour les chrétiens, auxquels il donnait, de préférence, les premiers emplois dans son palais. Dès lors, ajoute-t-on, quoi d'étonnant que le rescrit à Victorinus se soit ressenti de cette influence et ait porté l'empreinte de la maxime toute chrétienne : *Veritas convicii non excusat?* — Ce n'est pas tout. S'il en était ainsi au iiime siècle, alors que les chrétiens devaient encore subir les épreuves d'une terrible persécution, comment pourrait-il en avoir été autrement après Constantin, sous Justinien, alors que la religion du Christ était assise sur le trône, et que la religion de Jupiter, chassée des villes, était réduite à se cacher au fond des campagnes, d'où elle prenait le nom de paganisme?

Nous répondrons d'abord que nous ne sommes pas parfaitement certain de la vérité historique de l'hypothèse que l'on bâtit : si Dioclétien aima les chrétiens, il faut avouer qu'il pratiqua d'une terrible façon le proverbe : « *Qui aime bien châtie bien.* » Qu'on rejette tant qu'on voudra l'idée première de la dixième persécution sur son collègue Maximien, on n'empêchera pas qu'il ne s'y soit lui-même associé, et qu'il n'ait ainsi sa part de responsabilité.

Mais d'ailleurs, en admettant même la réalité de l'influence chrétienne dans les conseils de l'empereur Dioclétien, en admettant que le rescrit à Victorinus ait été le reflet de la règle : *Veritas convicii non excusat,* est-ce une raison pour conclure *a fortiori* qu'il en devait être ainsi au temps de Justinien? Pas le moins du monde. Sans doute, nous comprendrions l'argument, si la législation de Justinien était muette sur le point qui nous occupe, et si nous en étions réduits à des conjectures. Mais nous avons devant nous un recueil de lois : le Digeste et le Code. Qu'y trouvons-nous? Au Digeste, la loi *eum qui nocentem* de Paul, dans laquelle (nous croyons l'avoir prouvé plus haut) il est impossible de voir la maxime : *Veritas convicii non excusat,* et qui serait bien plutôt l'application de la maxime contraire. Au Code, nous voyons figurer la constitution de Valentinien et de Valens, par laquelle les empereurs promettent gloire et récompenses : *laudem maximam et præmium,* » à l'auteur d'un libelle diffamatoire qui consent à poursuivre par la voie ordinaire l'homme coupable qu'il dénonçait dans son libelle, et qui parvient à établir la réalité de ses imputations (1). Et cela, lorsque Tribonien écartait du même coup la constitution de Constantin : *Si quando famosi,* dont nous avons indiqué l'impitoyable rigueur contre les pamphlétaires, et toutes les autres constitutions animées du même esprit qui figurent au

_____

(1) Cod. Just. Loi unique *De famosis libellis.*

code Théodosien. N'est-ce pas la preuve irréfutable que Justinien a abandonné la maxime : *Veritas convicii non excusat*, dont ces constitutions portaient le cachet pour faire retour à la maxime contraire?

Il y a plus : La constitution de Valentinien et de Valens, qui forme à elle seule le titre *de famosis libellis* au Code, est elle-même une application de la règle *veritas convicii excusat* dans le cas de libelles diffamatoires. Eh bien, peut-on croire que ce qui était vrai des diffamations écrites ne l'était pas des diffamations purement verbales, assurément bien moins dangereuses, et aussi bien moins profondément méditées, bien moins coupables? Ce serait une inconséquence à laquelle notre esprit refuse de croire.

Nous ne pousserons pas plus loin cette discussion déjà trop longue. Nous nous contenterons, avant de terminer, de citer les auteurs sur lesquels notre opinion peut s'appuyer.

J. Godefroy reconnaît, tout en le déplorant, que, du temps de Justinien, la règle : *Veritas convicii excusat*, s'applique à tous les cas de libelles diffamatoires (cela résulte pour lui de la loi unique au Code *de famosis libellis*), — et il ne doute pas qu'elle le fût également, et il y applaudit, au cas de diffamation verbale [1].

D'après Cujas, la loi *si non convicii* ne contient qu'une disposition relative à l'intention : « *Tibi incumbit hoc onus* (de prouver l'absence d'intention injurieuse), *quia præsumitur te animo injuriandi hoc dixisse; quia verba sic se habent* [2]. Et lorsqu'il apprécie la loi : *Eum qui nocentem* au Digeste, il répète à plusieurs reprises : « *Injuriæ non tenetur qui nocentem infamat vel judicio vel extra judicium.* » Et il

_____

(1) Cf. Gothofredus. Cod. Théod. liv. ix, tit. xxxiv, loi 1.
(2) Cujas, *in leg. si non convicii*.

pense que les constitutions impériales et notamment la constitution : *Si non convicii*, n'ont rien changé à la signification de cette loi.

Il serait trop long de donner une analyse, même succincte, de tous les interprètes qui ont pensé ainsi. Qu'il nous suffise de nommer Barthole, Mornac, Duaren, Automne, Fachinoeus, Corvinus, Mathæus, Julius Clarus, Schneidewinus, etc. Ces auteurs qui n'arrivent pas tous, il est vrai, à nos conclusions, nous ont fourni néanmoins, en plusieurs points, des bases solides sur lesquelles nous avons étayé notre système.

Nous renvoyons, pour plus amples détails, à l'*Etude sur la preuve du fait diffamatoire en droit romain*, par M. Grellet-Dumazeau, auquel nous avons fait de très-larges emprunts (1). On y puisera, nous n'en doutons pas, cette conviction que la maxime *veritas convicii non excusat*, ne fut jamais la règle du droit de Justinien et qu'elle ne fut introduite qu'au moyen âge par les commentateurs du droit canonique, agissant sous l'influence des idées de charité chrétienne.

(1) *Revue de Législation*, année 1846.

FIN DU DROIT ROMAIN.

APERÇU DE L'ANCIEN DROIT FRANÇAIS.

§ I. —LOIS BARBARES.

Il est fort remarquable que la législation des Germains se soit rencontrée d'accord avec les lois de Solon, en ce qui touche la preuve des faits diffamatoires.

Chez les Visigoths et chez les Francs comme à Athènes, le diffamateur qui prouvait la vérité de ses imputations était à l'abri de toute condamnation. Et ceci n'est pas une pure assertion historique reposant sur des témoignages plus ou moins dignes de foi. Les monuments existent : ce sont, entre autres un texte de l'édit du roi Théodoric, un article de la loi salique, plusieurs textes de la loi lombarde, sans compter deux capitulaires de Charlemagne et de Louis-le-Debonnaire. (1)

L'édit du roi Théoderic, § 50, s'exprime ainsi : « *Occultis secretisque delationibus nihil credi debet ; sed èum qui alicui defert, ad judicium venire convenit, ut si quod detulit non petuerit adprobare, capitali subjaceat ultioni.* (2) « Il ne faut accorder nulle créance aux dénonciations qui redoutent la lumière ; pour celles qui se produisent au grand jour, que leurs auteurs soient sommés d'en faire la preuve en jus-

---

(1) V *Etude sur le Libelle diffamatoire*, thèse pour le doctorat, par M. de la Chassaigne, 1861.

(2) Coden *leg. antiq.* t. 1, p. 219.

tice; à défaut de preuves, qu'ils subissent la peine capitale. »
N'est-ce pas déclarer par là même que le diffamateur, qui
établit la vérité des faits par lui imputés, doit être absous?

La loi salique présente encore plus de ressemblance avec
la loi athénienne, en ce que la peine contre le calomniateur
est non pas le dernier supplice, mais une composition pécuniaire. Voici le texte de sa disposition à cet égard: « *Si
quis alterum cenitum clamaverit, si quis concacatum clamaverit, si quis vulpiculam clamaverit, si quis leporem clamaverit, si quæ mulier ingenua aut vir mulierem* MERETRICEM
clamaverit, et NON POTUERIT ADPROBARE; *si quis alterum*
DELATOREM *clamaverit,* ET NON POTUERIT ADPROBARE, *si
quis alterum* FALSATOREM *clamaverit,* ET NON POTUERIT AD-
PROBARE. (1) Suit le tableau des compositions pécuniaires encourues par le délinquant. — On le voit, la loi salique distingue entre deux espèces d'injures : celles qui consistent
dans une expression outrageante, sans articulation de faits
susceptibles d'être prouvés, celles-là entraînent de plein droit
contre celui qui les a proférées la peine qui correspond à
chacune d'elles dans le tarif des compositions.

Celles, au contraire, qui contiennent l'imputation de faits
portant atteinte à l'honneur des personnes, comme l'expression de « *meretrix* » adressée à une femme, ou celles de « *de-
lator* » et « *falsator* » adressées à un homme, celles-là ne
sont punissables que lorsque celui qui les a proférées ne
peut pas établir qu'elles sont fondées, et par exemple que la
femme est une prostituée, ou que l'homme a commis une dénonciation calomnieuse ou un faux.

Nous trouvons dans la loi lombarde deux textes qui
contiennent des dispositions semblables, et qui sont même

(1) *Lex Salica.* Tit. XXXII. *De conviciis.*

plus explicites sur la procédure et le mode de preuve. Le premier texte prévoit le cas où un homme est traité de « mari trompé. » Si l'insulteur poursuivi déclare, sous la foi du serment, que l'injure lui est échappée dans un moment de colère, mais qu'en réalité il la croit mal fondée, il devra payer l'amende. S'il persévère au contraire dans son dire et qu'il prétende pouvoir le prouver, la loi ne s'y oppose pas. Il a un moyen de faire sa preuve; c'est le duel judiciaire: « *Per pugnam convincat eum si potuerit.* » (De nos jours les choses ne se passent pas mieux) *aut certe componat*, où qu'il paie l'amende! (1) »

Dans la loi 2 *de injuriis mulierum*, il s'agit d'une injure grave (*fornicariam aut strigam*, dit le texte) adressée à une jeune fille ou à une femme ingénue qui est sous le *mundium* de quelqu'un. Si l'insulteur poursuivi manifeste du repentir et déclare avoir été égaré par la colère, qu'il en fasse le serment, assisté de douze co-jureurs, qu'en punition d'un tel outrage il paie l'amende, et qu'il n'y revienne plus. Mais s'il persévère, et s'offre à prouver son dire, c'est au jugement de Dieu que la cause doit être soumise. Qu'il combatte avec un champion de la femme insultée. Sort-il vainqueur du combat la femme convaincue du crime dont elle était accusée, paiera l'amende fixée dans l'Edit. Succombe-t il au contraire, c'est à lui de payer une composition tarifée d'après le rang et la naissance de la femme. « *Widrigild ipsius mulieris secundum nativitatem suam componere compellatur.* »

On le voit, quelque barbares et peu sûrs que fussent les moyens de preuve indiqués par la loi lombarde, il n'en est pas moins indubitable que la vérité des faits imputés mettait

_____

(1) Lomb. lex. L. 1, tit. v *De convíciis.*

le diffamateur à l'abri de toute peine, *veritas convicii excusat*. Telle est la règle qui convenait à la rude franchise germanique.

Mais peu à peu, sous l'influence de l'Eglise, les principes se modifièrent. La preuve de la diffamation fut interdite d'abord en matière religieuse, puis en toute matière. Cependant les coutumes germaniques ne disparurent qu'avec la seconde race de nos rois. Il y a en effet un capitulaire conçu dans le système de la preuve des faits diffamatoires : « *Qui in alterius famam publice scripturam aut verba contumeliosa confinxerit, et repertus scripta non probaverit, flagelletur.* (1) » Mais c'est le dernier monument d'une législation qui s'éteint, et nous allons voir apparaître dans le droit des coutumes un principe tout contraire, principe éminemment noble et élevé, mais qu'il aurait fallu, selon nous, laisser dans le domaine de la morale pure.

§ II. — DROIT COUTUMIER.

C'est dans les canons *cum minister* et *Relegentes* que, d'après Fachinæus, cité par M. Grellet-Dumazeau (2), les commentateurs du moyen âge auraient puisé la maxime : *Veritas convicii non excusat*. Au seizième siècle, c'était une règle admise à peu près partout, et surtout dans les pays de coutumes, où elle avait radicalement remplacée les dispositions de la Loi salique et des Capitulaires. Dans les pays de droit écrit, des jurisconsultes de l'école de Montpellier, Bermundus et Jacobi, avaient soutenu et poussé jusque dans ses plus extrêmes limites la maxime contraire (3); s'ils n'ont pas

(1) 278ᵐᵉ cap. Livre vii.
(2) *Traité de la Diff.* t. i, p. 312.
(3) Voy. *supra*, p.

fait école, il est à peu près certain que dans toute cette partie de la France qui était soumise à l'influence prédominante du Droit romain, on trouvait dans la loi : « *Eum qui nocentem* » de Paul, une raison d'absoudre dans certains cas fort rares le diffamateur qui prouvait la vérité de ses imputations.

Au reste, le mot *diffamation* n'était pas employé pour caractériser le délit, qui s'appelait, comme en Droit romain, *délit d'injure* ou *libelle*.

C'est sous ce titre que Jousse et Dareau en ont parlé, l'un dans son *Traité de Droit du droit criminel en France*, l'autre dans un *Traité spécial des injures*. Ces deux ouvrages nous donnent une idée du système qui régissait la matière avant 1789 dans le ressort du parlement d'Orléans, et dans le ressort du parlement de Paris. Nous n'avons donc qu'à en donner des extraits, et nous le ferons sans commentaires, en nous restreignant principalement à ce qui concerne la preuve du fait diffamatoire et la diffamation envers la mémoire des morts.

« L'injure (1), comme on l'entend ordinairement, est une offense faite au prochain par un motif de mépris, et dans le dessein de l'insulter... Elle peut se faire de trois manières : 1° *par paroles*, en proférant contre quelqu'un des discours injurieux qui blessent son honneur et sa réputation; 2° *par écrit*, en publiant ou semant des libelles diffamatoires ou écrits injurieux; 3° *par effet*, c'est-à-dire par gestes, menaces ou voies de fait.

» La peine des injures est arbitraire et dépend de la nature de l'injure, des circonstances qui l'accompagnent, du

_____

(1) Tout ce qui suit entre guillemets est textuellement tiré du tome III du *Traité d'instruction criminelle en France*, tit. XXIV.

lieu et de la qualité de la personne injuriée, etc... toutes choses que le juge doit prendre en considération.

» Les injures par écrit sont toutes celles qui se font dans des écrits, comme lettres, chansons, libelles et autres écritures semblables. — Non-seulement ceux qui sont les auteurs des écrits injurieux peuvent être poursuivis criminellement pour cette espèce d'injure; mais aussi ceux qui les publient, dans le dessein d'offenser ceux contre qui ils sont composés.

» Il n'est pas permis de dire des injures en plaidant ni dans les factums et autres écritures des procès, et lorsque cela arrive, et que la personne injuriée en demande la réparation, on a coutume d'ordonner que les paroles injurieuses seront rayées et biffées. — Mais on ne regarderait pas comme une injure de dire en plaidant, que la partie adverse produit des témoins vils et subornés, ou qu'elle allègue des faits faux et controuvés.

» Une injure ne peut être regardée comme telle, lorsqu'elle est proférée contre une personne incertaine, et non désignée... Mais, quoique la personne ne soit pas nommée, ni désignée, néanmoins, si les circonstances font voir à qui l'injuriant s'adresse, l'offensé pourra intenter l'action d'injure. N° 110.

» Une injure ne peut être regardée comme telle, lorsque celui qui l'a commise n'a pas eu dessein d'offenser... surtout s'il l'a fait pour répondre à une demande qui lui était faite par un ami, ou en confidence. N°s 112-113.

» Il est vrai que, dans la règle générale, celui qui a fait l'injure, et qui prétend qu'il n'a pas eu dessein d'offenser la personne injuriée, doit prouver le fait, et que dans le doute ce dessein d'offenser se présume toujours (1). Mais, lorsqu'on

_____

(1) L. *si non convicii*, ni princ. Cod. *De injuriis*.

prouve en effet qu'on a agi de bonne foi, sans aucun dessein d'offenser, on cesse d'être coupable, suivant le texte de la même loi; ce qui a lieu pareillement lorsque, par les circonstances du fait et de la qualité des personnes, il paraît que la personne dont on se plaint, a agi sans aucun dessein de nuire. (Voy. *Farinacius*, qu. 105, n° 121). N 114.

« La peine des injures n'a pas lieu à l'égard de celui qui étant injurié, répond par une autre injure, pourvu qu'elle soit de même nature que la première, et entre personnes d'égale condition. N° 116. »

« C'est une grande question agitée par les auteurs qui ont traité des matières criminelles, de savoir si la vérité de l'injure excuse celui qui l'a proférée; mais pour la résolution de cette question, il faut faire avec Farinacius (qu. 105, n° 247, 251) les distinctions suivantes :

» Ou l'offense est faite en jugement, ou hors de justice.

« Si elle est faite en jugement, comme sont les accusations de crimes, récusations, reproches, inscriptions de faux, requêtes et mémoires envoyés aux ministres, aux procureurs-généraux, etc.; il est constant que si ces accusations sont vraies, elles excusent celui qui les propose.

» Si les injures sont faites hors de justice, il faut encore distinguer entre les libelles diffamatoires et les injures verbales.

» Quand il s'agit de libelles diffamatoires, la jurisprudence assez généralement reçue est que la vérité des injures qui y sont contenues, n'excuse jamais celui qui en est l'auteur, suivant la loi 1, Code, de *famosis libellis*, et la loi *cum qui nocentem*, Dig. *de injuriis*; (1) quoique quelques auteurs pensent le contraire.

(1) Nous avons interprété ces lois d'une façon un peu différente. Voy. *supra.* p.

» Mais, lorsqu'il s'agit d'injures verbales, il faut encore distinguer si celui qui profère l'injure, le fait pour repousser une injure qui lui a été faite, ou s'il l'a proférée sans avoir été attaqué le premier.

» Dans le premier cas, on ne peut douter que l'injure ainsi prononcée en défendant, ne soit excusable, si elle est vraie.

» Mais dans le second cas, l'injure n'excuse point, si elle est proférée dans le dessein d'injurier; quand même il s'agirait d'un crime qu'il serait de l'intérêt public de connaître, et quand même l'injurié, par sa mauvaise conduite, se serait rendu coupable de l'injure (1) qui est proférée contre lui, et que cette mauvaise conduite pût donner lieu à intenter contre lui une accusation en justice. (Farinac. qu. 103, n. 250. *Ita etiam* Covarruvias var. résol., lib. 1., cap. 2., n. 6. Voy. aussi Domat, supplément au Droit public, liv. 2, tit. II, nᵒ 13.)

» D'Argentré, conformément à l'art. 627 de la nouvelle coutume de Bretagne, et sur cet article, dit qu'il n'est pas permis de dire à quelqu'un injure, quoique vraie, offrant d'en prouver la vérité, *v. g.*, qu'il a été condamné et fouetté publiquement; et qu'il en a vu plusieurs punis par des réparations, et condamnés aux dépens, pour avoir ainsi injurié en pareil cas.

» Si au contraire, cette injure est proférée dans aucun dessein d'injurier, alors la vérité de l'injure excuse celui qui en est l'auteur.

» Suivant ces principes, il a été jugé par arrêt du 19 avril 1670, que l'injure de *faussaire* reprochée à un greffier, était punissable, quoique véritable, et qu'il eût été condamné en des amendes, comme faussaire. L'injuriant fut condamné aux dépens, et en vingt sols d'amende.

(1) Lisez : *Du fait injurieux.*

» Autre arrêt du 15 décembre 1679, qui condamne un particulier pour en avoir appelé un autre *banqueroutier* (quoique l'injure fût véritable) à demander pardon à l'offensé en sa maison; et à déclarer en présence des six marchands des amis du demandeur, du syndic des marchands et du juge, que mal à propos il l'avait calomnié et offensé, et qu'il le tenait pour homme de bien et d'honneur, (1) N° 120-121.

» Mais on peut reprocher à quelqu'un le crime dont il est convaincu. (Lo*icum qui nocentem*. D. *De injuriis*, ce qui est confirmé par la loi *in fine* D. ad *leg. Jul. majestat.*) Suivant cette maxime, par arrêt du 8 octobre 1610, rapporté par Bouval, tome 2, au mot *injures*, qu. 2, un particulier qui avait reproché à un autre que son père avait été pendu, a été renvoyé hors de cour et de procès, parce que la chose était véritable.

» *Nec obstat quod veritas convicii non excusat:* car il faut distinguer entre une chose jugée et non jugée. Quand la justice a fait subir à un criminel une peine infamante, elle le livre au reproche du public; mais il n'en est pas de même quand le crime reproché n'a pas été puni en justice. Je trouve cependant de la difficulté dans l'arrêt qu'on vient de citer,

---

(1) Les principes qui précèdent (n° 120-121) sont le développement de la maxime : *Veritas convicii non excusat* que Jousse atteste un peu plus loin en toutes lettres. L'acquittement du diffamateur n'est en effet prononcé que si *l'intention de nuire* fait défaut. C'est-à-dire que Jousse le déclare à l'abri de toute peine, lorsque l'injure qu'il a proféré est la réponse à une précédente injure. Au reste, nous voyons par les exemples que Jousse donne à l'appui de sa thèse, que son système n'était pas exempt de contradiction : Ainsi il nous dit qu'appeler *faussaire* un greffier qui a été effectivement condamné pour faux, c'est proférer une injure, et un peu plus loin nous allons voir qu' « on peut reprocher à quelqu'un le crime dont il est convaincu. »

rapporté par Bouvat, parce que le reproche n'était pas fait à celui qui le méritait, mais à un de ses enfants.

» A l'égard des personnes viles et infâmes, elles n'ont pas l'action d'injures.

» Lorsque celui qui a commis quelque crime, en a obtenu la grâce du prince, il n'est pas permis de reprocher au coupable le crime dont la peine lui a été remise... (1)

» Au reste, pour s'excuser d'une injure, on ne serait pas reçu à prouver qu'elle est véritable; parce que cette preuve tendrait à diminuer la réparation de l'injuriant. (Coutume de Bretagne, art. 672; et il a été jugé ainsi par arrêt du 14 juillet 1570;) à moins qu'il n'y eût quelque circonstance particulière qui dût engager le juge à admettre cette preuve.

» Mais quand la vérité de l'injure est notoire ou prouvée par écrit, les juges doivent y avoir égard. » Nᵒˢ 124 et 125. (2)

» Des injures entre amis et entre proches parents souvent ne se punissent pas, ou du moins on les punit légèrement ; ce qui est fondé sur ce qu'on ne présume pas que ceux qui se sont ainsi injuriés, l'aient fait dans le dessein d'offenser leur ami ou leur parent. Nᵒ 129.

» L'action d'injure est de deux sortes : l'action *civile* et l'action *criminelle*... Celui qui a été injurié peut intenter en général l'une ou l'autre à son choix.

---

(1) Il est étrange qu'il y ait injure à reprocher à qu'elqu'un un crime dont la peine a été remise par la grâce du prince, alors qu'on pourrait lui reprocher ce crime, s'il l'avait réellement expié en subissant sa peine toute entière. Où est la raison de cette différence? Je ne l'aperçois pas.

(2) Les juges doivent tenir compte de la notoriété du fait imputé; mais dans quelle limite? Je ne pense pas que Jousse leur reconnût le pouvoir d'acquitter en pareil cas, mais seulement « de diminuer la réparation de l'injuriant. »

» Les personnes qui peuvent demander la réparation d'une injure par l'action criminelle sont :

» 1° Celui qui a été offensé en sa personne, lequel peut agir lui-même pour la réparation de cette injure.

»..... 9° Lorsque l'injure faite à un parent offense toute la famille, il est permis à tous ceux de la famille de poursuivre la réparation de cette injure. Ainsi, par arrêt du 12 janvier 1582, une femme qui avait appelé un particulier *ladre* et *race de ladre*, fut condamnée à se dédire en jugement, en présence des parents de l'injurié ; et ordonné qu'elle déclarerait et reconnaîtrait la famille exempte de tout soupçon de lèpre, et qu'elle se repentait d'avoir dit et proféré telles injures contre l'honneur de cette famille.

» Dans tous les cas où l'injure faite à une personne est censée faite à d'autres, de manière que plusieurs personnes peuvent agir pour raison de cette injure, une chose importante à observer, c'est que l'action intentée par un de ceux qui y ont intérêt, n'empêche pas qu'elle ne puisse aussi être intentée par les autres, suivant la loi 1-59. D. *de injuriis.* N° 150.

» L'héritier de l'offensé peut-il poursuivre l'injure faite à celui dont il est l'héritier? — Les lois romaines disent expressément que *actio injuriarum, neque heredi neque in heredem datur, nisi fuerit lis contestata.*

» La coutume de Bretagne, art. 180, a aussi là-dessus une disposition, mais qui est moins générale. Elle porte « que l'action d'injures verbales ne passe point à l'héritier de l'injuriant, ni de l'injurié, en principal, dépens, ni autre accessoire, s'il n'y a contestation. » « La raison pour laquelle cette action ne passe point à l'héritier de l'injurié, c'est que, dans cette espèce d'action, il s'agit moins de réparer un

dommage reçu que de venger un affront ; et que celui qui
est mort sans se plaindre, est censé, par son silence, avoir
remis l'offense qui lui a été faite.

» Mais si les héritiers de l'offensé souffrent un tort direct
par cette injure faite au défunt, et sont offensés eux-mêmes,
ils pourront agir contre l'offensant en leur propre nom, quoiqu'ils ne puissent le faire du chef de l'offensé. » Nos 151 et
152.

— « Pour poursuivre la réparation de l'injure, on a le
choix entre la voie civile et la voie criminelle.

» Si l'on prend la voie criminelle, la plainte doit être
donnée devant le juge du lieu du délit. (Ordonnance de 1670,
tit. I, art. 1.)

» La preuve de l'injure se fait, comme toutes les autres,
ou par témoins, ou par la confession de l'accusé... Il n'est
pas permis de se servir des lettres missives pour établir une
preuve, lorsque celui auquel elles sont écrites ne peut les
mettre au jour sans manquer à la bonne foi, et qu'elles renferment des confidences. » No 191.

— Les *libelles diffamatoires*, sont toute composition par
écrit faite contre l'honneur de quelqu'un, et que l'on répand
à cet effet dans le public. Les livres, les lettres, les placards,
les chansons, les historiettes, les pasquinades et les vers diffa-
mants sont de ce nombre, ainsi que les portraits, peintures
et gravures qui se font contre la réputation et en dérision
d'autrui... Ce crime est très-grave ; parce que c'est une
espèce d'homicide que d'attaquer la réputation et l'honneur
de quelqu'un qui souvent sont plus chers que la vie même.
L'ordonnance de Moulins, art. 77, enjoint à tous ceux qui
ont de ces sortes de libelles, de les brûler incessamment, sous
peine d'amende arbitraire. Nos 197 et 198.

» Les ordonnances du royaume ont établi des peines particulières pour cette espèce de crime.

» La déclaration du 17 janvier 1561, art. 13, veut que *tous imprimeurs, semeurs et vendeurs* de placards et libelles diffamatoires, soient punis, pour la première fois, du fouet, et pour la seconde de la vie. N° 200.

Des lettres-patentes du 10 septembre 1563, l'ordonnance de Moulins, art. 77, des édits d'avril 1571, septembre 1577, janvier 1626 et janvier 1629, etc., etc., prononcent des peines plus ou moins graves contre les *auteurs, compositeurs* et *imprimeurs,* etc., qui participent dans une mesure quelconque à la publication des libelles.

» L'art. 10 de la déclaration du 10 mai 1728 porte que les *imprimeurs, protes, correcteurs* et *compositeurs de libelles,* seront condamnés pour la première fois au carcan, même à plus, s'il y échet, et, en cas de récidive, aux galères pour cinq ans. — Contre ceux qui ont *composé et fait imprimer des libelles,* ensemble de ceux qui les ont distribués et colportés, pour la première fois le bannissement à temps hors le ressort du parlement où ils ont été jugés; et, en cas de récidive le bannissement perpétuel hors du royaume.

Signalons une recrudescence de sévérité dans la déclaration du 16 avril 1757, et concluons en terminant que cette matière de la diffamation et des injures était singulièrement confuse et mal réglée dans notre ancien droit, et qu'elle laissait une bien grande place à l'arbitraire des juges.

DROIT DU CODE PÉNAL

de 1810.

Après la Révolution de 1789, l'ancienne législation en matière d'injures se maintint à peu près intacte, sauf quelques légères modifications nées sous le besoin du moment qui ne firent qu'aggraver la confusion. (Voy. const. du 3—4 sept. 1791; — Code pénal de 1791; — décret du 6 floréal, an II.)

Le Code pénal de 1810 vint enfin fixer d'une manière claire et précise le droit sur ce point. Au titre des *délits contre les particuliers*, il renferme une section consacrée spécialement aux *délits contre l'honneur des personnes*, dont le § II est relatif à la *calomnie* et aux *injures*. Les dispositions qui y sont contenues, se peuvent ramener à ces trois points : détermination et division des délits; — pénalité; — influence de la vérité légalement établie des faits imputés.

I. *Détermination et division des délits.* — Le Code en reconnaît trois espèces : 1° le délit de calomnie; 2° le délit d'injure grave; 3° l'injure simple.

1° Le délit de *calomnie* consiste dans l'imputation publique, de faits qui, *s'ils existaient*, exposeraient celui contre lequel ils sont articulés à des poursuites criminelles ou correctionnelles, ou même l'exposeraient seulement au mépris ou à la haine des citoyens. » (Art. 367.)

La publicité de l'imputation peut résulter : *a*, de ce qu'elle a été proférée dans des lieux ou réunions publiques, — c'est la *calomnie verbale* ;

b, de ce qu'elle s'est produite « soit dans des actes authentiques et publics, soit dans des écrits imprimés ou non, qui ont été affichés, vendus ou distribués, » — c'est la *calomnie écrite*. (Même art. 367.)

2° « Les expressions outrageantes qui ne renferment l'imputation *d'aucun fait précis*, mais celle d'un *vice déterminé*, si elles sont proférées dans un lieu ou dans une réunion publics, ou insérées dans des écrits imprimés ou non, qui auraient été répandus ou distribués, » (art. 375.) constituent le *délit correctionnel d'injures*.

3° « Toutes autres injures ou expressions outrageantes, *qui n'ont pas ce double caractère de publicité ou de gravité*, ne donnent lieu qu'à des peines de simple police. »(Art. 376.)

II. *Pénalité.* —Contre la calomnie, « si le fait imputé est de nature à mériter la peine de mort, les travaux forcés à à perpétuité ou la déportation, » la peine est un emprisonnement de deux à cinq ans, et une amende de 200 francs à 5000 francs ;—dans les autres cas, l'emprisonnement est de un à six mois, l'amende de 50 à 2,000 francs. (art. 371.)

Contre le délit d'injure : une amende de 16 francs à 500 francs. (Art. 376.)

Contre l'injure simple : les peines de simple police. (art. 376.)

III. *De la preuve des faits calomnieux*. — L'ancien droit consacrait la maxime : *Veritas convicii non excusat*; c'est la maxime contraire qui est au fond du système du Code pénal. Le nom même qui caractérise le délit, en est un signe manifeste : c'est la *calomnie*, c'est-à-dire l'imputa-

tion d'un fait faux, que le Code réprime. (Art. 367 et s.)
Sans doute, il reste encore à savoir à quelles conditions un
fait sera réputé *vrai* aux yeux de la loi; mais le principe est certain : « Lorsque le fait imputé sera *légalement
prouvé vrai*, l'auteur de l'imputation sera à l'abri de
toute peine. » (Art. 370, 1er alinéa.) En quoi consiste la
preuve légale? Le second alinéa nous le dit : « *Ne
sera considérée comme preuve légale, que celle qui
résultera d'un jugement ou de tout autre acte authentique.* »

C'est dans l'antithèse des deux alinéas de cet article que
se résume toute la théorie du Code en fait de preuve. Et ne
dirait-on pas vraiment que le législateur de 1810, effrayé
du principe qu'il proclamait, s'est empressé de l'embar-
rasser de telles entraves, que son application devint à peu
près impossible? Ainsi, c'est en vain que l'auteur de l'imputation alléguerait, pour son excuse, que les pièces ou
faits qu'il publie, sont *notoires*, ou qu'ils sont extraits de
papiers étrangers, ou d'autres écrits imprimés ou non; en
vain offrirait-il, pour sa défense, de faire la preuve de ces
faits; si cette preuve : « ne résultait pas *d'un jugement
ou de tout autre acte authentique*, » il ne serait pas
admis à la produire et encourrait les peines de la calomnie.
L'art. 368 prononce en termes formels sa condamnation :
« Est réputée fausse toute imputation à l'appui de laquelle
la preuve légale n'est point rapportée. »

Ce système dans lequel la preuve des faits diffamatoires
n'était ni franchement admise, ni franchement repoussée,
devait forcément amener des conséquences qui le discrédi-
tèrent d'abord, et qui aboutirent bientôt à son abrogation.
En effet, il était inhumain : les seules imputations permises
étant celles à l'appui desquelles on pouvait produire un
jugement ou un acte authentique, il en résultait que l'on

pouvait impunément et chaque jour reprocher une faute durement expiée, à un malheureux qui ne demandait souvent qu'un peu d'oubli au monde pour réparer le passé par une vie de repentir et d'honnêteté. A côté de cela, on voyait punir comme calomniateurs, de courageux citoyens qui, les mains pleines de preuves, dénonçaient au public les actes arbitraires d'un préfet despote, ou les agissements équivoques d'un braconnier delinance, parce qu'il leur manquait cette preuve rare, introuvable, appelée *la preuve légale* : un acte authentique ou un jugement !

Aussi M. de Serre se faisait-il l'écho de l'opinion du pays quuand il traçait, dans le passage suivant, les vices du système du Code. « Le terme de *calomnie*, disait-il, dans son sens vulgaire, qu'il est impossible d'effacer de l'esprit des hommes, emporte avec soit l'idée de la fausseté des faits imputés. Une publication n'est donc réellement calomnieuse que lorsque les faits qu'elle contient sont faux. Cependant, tous les législateurs ont senti qu'il était impossible d'autoriser tout individu à publier sur le compte d'un autre des faits dont la publication causerait à ce dernier un dommage réel, fussent-ils d'ailleurs vrais. Pour remédier à cet inconvénient, ils ont attribué au mot *calomnie* un sens légal autre que son sens naturel et vulgaire, en déclarant que quiconque ne pourrait fournir par acte authentique la preuve des faits par lui attribués à autrui, serait réputé calomniateur ; *mais, comme en attribuant aux mots un certain sens, on ne change pas celui qu'ils ont réellement dans le langage, il est souvent résulté de là, entre le droit et le fait, une discordance fâcheuse... »*

Une réforme sur ce point était donc impatiemment désirée et attendue, elle vint en 1819, en même temps que la liberté de la presse. Les deux réformes étaient accomplies par les mêmes lois du 17 et du 26 mai : la popularité de l'une devait rejaillir sur l'autre. Et au fond, il est incontestable que le système des lois de 1819, en fait de diffamations, marquait, sous certains rapports, un progrès réel sur celui du code de 1810. En voici le résumé en quelques mots :

La vérité des faits diffamatoires est sans effet, *veritas convicii non excusat :* tel est le principe Ce qui constitue le délit, ce n'est point la fausseté des faits imputés, c'est « *l'atteinte portée à l'honneur ou à la considération* de la personne ou du corps auxquels les faits sont imputés, » jointe à la *publicité de l'imputation* et à *l'intention de nuire* de l'agent. En conséquence, le délit cesse de s'appeler *calomnie,* et prend le nom de *diffamation* (1), et de lequel n'indique que l'atteinte à la réputation d'autrui, sans rien préjuger quant à la réalité des faits imputés.

« La diffamation, disait M. de Serre, n'implique pas nécessairement la fausseté des faits, elle dénote seulement, d'une part, l'*intention de nuire,* et de l'autre le *dommage causé.* Ainsi une publication qu'il y aurait une sorte de contre-sens à déclarer calomnieuse, pourra fort bien et très-justement être condamnée comme *diffamation,* »

Toutefois, le principe n'est absolu qu'en ce qui touche les faits de la *vie privée :* quant aux actes accomplis dans l'exercice de ses fonctions « par un agent ou dépositaire de l'autorité, ou par toute personne ayant agi dans un caractère public, » l'imputation en est permise, lorsqu'on en peut prouver la vérité. (Art. 20 de la loi du 26 mai 1819. L'intérêt du pays à contrôler la conduite de ceux qui gèrent ses affaires, a motivé cette dérogation à la règle prohibitive de la preuve des faits diffamatoires.

Et voici en quoi consiste le progrès de la loi de 1810 sur

(1) *De dis* et *De fama.*

8

le code de 1810 ; tandis que le code n'admettait comme moyen de preuve qu'un acte authentique ou un jugement aussi bien contre les fonctionnaires que contre les particuliers, la loi de 1819 permet ici la preuve par tous les moyens, même par témoins; (art. 20). De plus, la juridiction compétente est la cour d'assises.

Cette loi était donc, au point de vue politique, une loi réellement libérale, tant en matière de diffamation qu'en matière de presse. On s'en aperçut bien aux époques de réaction, et le système qu'elle consacrait eut à subir de rudes atteintes en 1822, et en 1852. Ce système doit bientôt nous être intégralement rendu par la nouvelle loi *sur la poursuite des délits de presse et des délits politiques*, aujourd'hui pendante devant le Sénat. C'est un signe du temps que nous sommes heureux d'enregistrer.

Au reste, le système des lois de 1819 n'a jamais varié sur le point spécial qui nous occupe à savoir la diffamation contre les particuliers. Ce sont donc encore ces lois qui forment la législation actuelle en cette matière ; c'est à l'examen détaillé de leurs dispositions que sera consacrée la dernière partie de cette thèse.

LÉGISLATION ACTUELLE

INTRODUCTION.

Il n'y a de lois durables que celles qui s'appuient à la fois sur la raison, le sentiment public et les mœurs. Les autres ne sont que des lois transitoires et d'exception. Il est donc nécessaire, avant d'aborder l'étude de la loi positive, que nous recherchions quel est, en matière de diffamation, le système de législation le plus rationnel et le plus normal : c'est le moyen de juger sainement les lois de 1819 et d'en apprécier les mérites ou les vices.

Et d'abord écartons les hypothèses qui ne sont pas sérieusement discutables : la calomnie, c'est-à-dire le fait de porter une accusation injuste contre un honnête homme, est-elle un délit? Qui en doute? L'homme n'a pas qu'un patrimoine d'argent, il a aussi un patrimoine d'honneur; quiconque l'amoindrit par ses propos ou par ses écrits mensongers, commet un vol : c'est un larron d'honneur aussi coupable que le voleur vulgaire. Cette soustraction frauduleuse de la bonne réputation devrait même être plus sévèrement réprimée que la soustraction d'un autre genre, car elle entraîne des conséquences souvent irréparables. Un jugement peut nous faire rentrer dans la possession d'un objet matériel qui nous avait été ravi; un jugement peut-il éteindre à jamais la calomnie qui nous a salis? Convaincra-t-il de notre innocence tous ceux qu'elle avait égarés sur notre compte? Effacera-t-il la tache dont elle nous avait souillés? Beaumarchais l'a dit : « *Calomniez! calomniez! il en restera toujours quelque chose!* » Cela n'est

malheureusement que trop vrai, et les *Basile* de notre
époque le savent bien ! La calomnie doit donc être punie au
même titre que le vol et l'escroquerie.

Mais est-ce commettre un délit que révéler au public une
tache qui existe, que lui dénoncer une infamie qui se cache
sous les dehors hypocrites d'une pureté immaculée? Notre
raison nous répond : non. Celui qui, dans de pareilles
conditions, dévoile des turpitudes ignorées, celui-là fait
plutôt une œuvre de justice qu'une œuvre délicieuse. On
peut discuter l'opportunité qu'il y avait à montrer au public
des hontes qu'il ignorait, mais de quel droit punir celui
qui les a dévoilées?

Est-ce au nom de sa victime? Mais elle n'a que ce qu'elle
mérite. L'honnête homme calomnié a juste raison de se
plaindre, mais le coquin démasqué ne saurait implorer la
protection de la justice. Que lui a-t-on ravi? Son honneur?
Il n'en avait que l'ombre. Sa bonne réputation? C'était une
réputation usurpée. Ce sont en somme des biens qui ne lui
appartiennent point légitimement, dont il jouissait indû-
ment, et dont la loi ne doit pas, en conséquence, lui garantir
la propriété.

Est-ce au nom de l'intérêt social? Mais le premier
intérêt de toute société, c'est d'avoir des citoyens honnêtes,
moraux et vertueux. Et il ne lui suffit pas d'un vernis
d'honnêteté, breveté et garanti contre la vérité par des lois
répressives de la parole et de la presse; ce qu'il lui faut
(ce qu'il nous faudrait, à nous!), ce sont de bonnes mœurs
à l'épreuve de la lumière, des probités solides ne s'effarou-
chant pas de la discussion, parce qu'elles savent qu'elles
n'y peuvent que gagner. Or, sans compter qu'il n'est pas
bien encourageant pour les hommes vraiment honnêtes
d'être confondus dans cette estime de convention avec des

gens vicieux et corrompus (1), pense-t-on que ce soit le moyen d'élever le niveau de la probité sociale que de couvrir sous un silence imposé les exploits de ces gens méprisables dont la vie se passe à côtoyer le Code? — On objectera peut-être que tout ce que la loi ne défend pas est permis. — Sans doute. Mais est-ce à dire que tout ce que la loi permet ou tolère soit moral? L'affirmer serait pousser le matérialisme plus loin que de raison. Or, ce sont précisément ces actes qui ne troublent point assez violemment l'ordre social pour mériter une répression légale, qu'il faut laisser à la conscience publique le soin de juger et de condamner. La punition naturelle de ces sortes de fautes est le mépris des honnêtes gens; pourquoi les y soustraire?

C'est ici que l'on cherche à nous attendrir par un argument plus chrétien que juridique : il ne faut pas, dit-on, fermer au pécheur toute voie de retour vers le bien en le mettant au ban de l'opinion publique! J'avoue que cette raison est touchante, car la société a certainement intérêt à l'amendement des coupables : mais encore ne faudrait-il pas se laisser aveugler par cette considération, et sous prétexte de protéger le repentir d'un coupable (ce qui est toujours désirable), encourager le vice par la garantie d'une sorte d'inviolabilité légale ! Or c'est à cela, croyons-nous, qu'aboutit forcément le système qui frappe la médisance à l'égal de la calomnie.

Admettons, en effet (ce qui est la réalité en France), qu'une loi flétrisse, sous le nom de *diffamation*, toute im-

---

(1) Molière fait dire au Misanthrope :

.... il n'est point d'âme un peu bien située
Qui veuille d'une estime ainsi prostituée;
Et la plus glorieuse a des regals peu chers,
Dès qu'on voit qu'on nous mele avec tout l'univers.

(Acte I, Scène 1re.)

putation, *vraie ou fausse*, qui porte atteinte à l'honneur
ou à la considération d'autrui ; savez-vous quel raisonnement vont se faire les gens de mauvaise foi, décidés à
exploiter la crédulité et la confiance publiques? « Marchons
fièrement et la tête haute, se diront-ils; faisons, devant
ce peuple qui ne nous connaît point, grand fracas de notre
probité et de nos talents : que craindrions-nous? Qu'un
insolent nous jetât à la face un passé véreux, des actes
d'indélicatesse et de déloyauté? Mais nous avons pour nous
une loi qui fera rentrer la *Vérité* dans son puits, et au
besoin le téméraire en prison. Quelques-uns se diront peut-
être qu'il n'y a point de fumée sans feu; mais le plus
grand nombre croira à notre honneur défendu par un jugement... » — Et ne pourrions-nous pas citer, à l'appui de
ce que nous énonçons, des preuves navrantes et irrécusables? Il suffirait d'interroger les journaux financiers, et
de faire appel à la mémoire des actionnaires de ces sociétés
sans nombre qui se fondent de notre temps. Combien de
désastres, combien de duperies qui eussent été évités s'il
avait été possible d'édifier le public sur la moralité de
messieurs les directeurs et administrateurs !

On nous dira peut-être que toutes les imputations n'ont
pas le caractère d'intérêt public qui distingue celles auxquelles nous faisons allusion. Il y a, en dehors de cet ordre
de faits, une quantité d'autres à la révélation desquels la
société n'est point intéressée; il n'est guère de famille qui
ne soit affligée de quelques plaies douloureuses et cachées,
comme disait M. de Serre : Faut-il supporter que la malveillance vienne les étaler en public? On voit bien qui en
souffrirait; mais, en vérité, à qui cela profiterait-il, si ce
n'est à cette troupe de gens avides de scandale, qui cherchent partout et à tout propos une occasion d'assouvir une
curiosité malsaine? Il faut donc dire que *si la vie privée*

n'était pas hermétiquement murée à ces investigations
odieuses, l'existence serait intolérable.

Faisons d'abord remarquer qu'il y a, dans l'objection
qu'on nous oppose, une concession au moins apparente en
faveur de l'intérêt public, dont nous pourrons plus tard
tirer parti. Quant à cette espèce de faits d'un ordre essentiellement privé derrière lesquels on se retranche, et qui
ne sont, dit on, que « des faiblesses, des ridicules, des
vices, quelquefois des malheurs, rien de plus (1), » nous
avouons que nous ne verrions que des avantages à leur
révélation, nous dirons bientôt dans quelle mesure. Il y
aurait là, en effet, un contrôle de chacun par tous qui
nous semble éminemment moralisateur, chacun se trouvant
intéressé à ne point froisser la conscience publique. — Mais,
dit-on, le repos des familles va être incessamment troublé,
la sécurité de la société menacée! c'est la discorde et la
guerre en permanence! — Est-il bien vrai? Mais si l'imputation est au fond insignifiante, ou si l'individu qui la profère n'est pas digne de foi, quel est donc l'homme de bon
sens qui ne s'élèvera au-dessus de l'insulte et de l'insulteur,
plutôt que d'aller assourdir de ses plaintes l'oreille des
juges? L'indifférence et le mépris ne sont-ils pas, même
sous la législation qui nous régit, la meilleure réponse à
faire à certaines injures? Que s'il s'agissait, au contraire,
de faits blessant la morale universelle ou les idées d'honneur
généralement admises, l'homme véritablement pur trou-
verait un immense avantage à demander la preuve au diffamateur : son innocence n'en apparaîtrait que plus éclatante
au sortir d'un pareil débat. Pour l'homme qui serait
convaincu des faits reprochés, nous avouons qu'il ne nous
inspire aucun intérêt : nous le verrions sans déplaisir remis

(1) M. Grellet-Dumazeau, 1, p.

à sa place, et nous croyons qu'il y aurait tout profit pour la société.

Cela est tellement incontestable que M. de Serre lui-même, l'illustre promoteur des lois de 1819, en faisait publiquement l'aveu dans l'exposé des motifs du premier projet de loi : « *Le système de la preuve*, disait-il, *est, dans le vrai, le seul qui soit capable de satisfaire pleinement l'honnête homme calomnié.* Le calomniateur, défié inutilement de prouver ses imputations, n'a plus la ressource de ses subterfuges ordinaires ; il ne peut plus dire qu'il a cédé trop inconsidérément à la force de la vérité, à un juste sentiment d'indignation, et que, si le jugement devait dépendre de l'exactitude des faits, il lui serait facile de montrer son innocence en prouvant beaucoup plus devant les juges qu'il n'a avancé contre la partie qui le poursuit... En un mot, forcé dans son dernier retranchement, la justice éclatante et non équivoque de sa condamnation répare entièrement l'honneur de l'offensé, au lieu d'y porter atteinte, comme il arrive trop souvent dans ces sortes de causes. »

Et il faisait de ce système le plus bel éloge qu'on en puisse faire, éloge bien précieux à recueillir de sa bouche : « *Avouons-le, Messieurs, ce système suppose des mœurs plus fortes, plus mâles, de véritables mœurs publiques, enfin.* » Quelle était donc la considération qui faisait renoncer M. de Serre à un système auquel il accordait d'ailleurs tant de mérites ? Apparemment la faiblesse et la timidité des mœurs de l'époque, qui s'effrayaient de la publicité ! Et, cédant à cette influence que subissaient les esprits les plus libéraux du temps, il déclarait avec Royer-Collard que la vie privée devait être *murée*, oubliant que si les lois doivent s'appuyer sur les mœurs, c'est pour les guider vers le bien et non pour les suivre servilement dans la voie de l'erreur et des préjugés! Quoi qu'il en soit, c'est parce qu'il croyait le système de la preuve impossible en France, qu'il refusait de l'admettre, car, immédiatement après les paroles que nous venons de citer, il disait : « Un pareil système serait-il admis par un peuple doué d'une susceptibilité jalouse sur tout ce qui touche à l'honneur et à la considération? par un peuple qui aime la liberté, mais qui abhorre le scandale? »

Puis, l'illustre garde des sceaux ajoutait : « Supporterions-nous l'idée de mettre au jour notre vie privée, de dévoiler nos relations les plus intimes, souvent nos plaies les plus douloureuses et les plus secrètes, à la première parole offensive? *Ne verrions-nous pas là un appât présenté à la médisance, une arène ouverte à la licence et à la malignité?* » Ceci est, en effet, une autre objection que l'on fait au système de la preuve. On nous dit : Voulez-vous donc faire les affaires de cette catégorie de personnes haineuses et jalouses, espèce de policiers bénévoles, dont l'intelligence s'épuise à chercher, dans la vie privée de leurs voisins, ce qui peut s'y rencontrer d'impur et de troublé, et qui s'en viennent l'étaler en public pour assouvir une soif de scandale condamnable, une détestable malignité ou un sentiment de basse vengeance? — Assurément non : et nous ne prétendons pas qu'on leur doive l'impunité. Mais à chacun selon ses œuvres! Punissez les lâches diffamateurs qui n'ont pas un mobile pur et désintéressé, mais laissez encourir, à ceux qui les ont réellement accomplis, la responsabilité des actes répréhensibles qui leur sont imputés. C'est dans la conciliation de ces deux principes que l'on trouvera, selon nous, le nœud de ce difficile problème. C'est de là que nous essayerons d'en dégager la solution ; mais, auparavant, peut-être n'est-il pas sans intérêt de passer rapidement en revue les principales législations contemporaines sur ce point.

Angleterre et États-Unis d'Amérique. — En Angleterre, on distingue entre les imputations verbales (*slanders*) et les imputations par écrit (*libels*). Cette distinction est capitale en ce qui concerne la preuve : en effet, la diffamation ou l'injure verbale ne donne lieu qu'à une action civile en dommages-intérêts, appelée *per quod.* Cette action est fondée sur le préjudice éprouvé par la victime de l'imputation, et ce préjudice doit être matériel, la loi anglaise ne reconnaissant pas de préjudice moral, si ce n'est à Londres, dans le ressort de la Cité, où cela constitue un privilége spécial. Ainsi, une calomnie *verbale* « accusant d'incontinence et de prostitution une femme modeste et honorable (1) » ne pourrait, hors du ressort de la Cité de Londres, faire l'objet d'aucune poursuite. Au contraire, un commerçant attaqué dans son crédit par une diffamation verbale, pourrait, dans tous les ressorts, intenter un procès à son diffamateur. En ce cas, la preuve de la vérité de l'imputation est toujours admise; et, si cette preuve est faite, aucune condamnation ne peut suivre ; il n'y a plus qu'un *damnum absque injuria,* pour lequel la loi n'accorde aucune réparation.

« Quant aux libelles en général, lisons-nous dans Blackstone (2), il y a, comme en divers autres cas, deux remèdes différents, l'un, par voie d'accusation au criminel, l'autre par action au civil; le premier à raison de l'offense publique, car tout libelle peut amener une infraction à la paix publique, en provoquant à des voies de fait la personne

(1) M. Chassan. Délits de la parole de la presse, de l'Écriture, t. I.
(2) Blackstone. Loi anglaise, trad. de M. Chompré, avec notes de M. Christian, tome v. p. 208-209.

outragée; et, en point de loi, il y a lieu à accusation dans
ce cas, que l'exposé du libelle soit faux ou qu'il soit vrai;
en sorte que le défendeur, s'il est traduit devant un grand
jury pour avoir publié un libelle, n'est point admis à alléguer, pour sa justification, que le libelle ne contient que la
vérité (5 rep. 125).

» Mais, quant au recours par une action sur l'espèce particulière pour obtenir des dommages intérêts en réparation
de l'injure, le défendeur peut alléguer et prouver la vérité
des faits, comme lorsqu'il s'agit d'offenses en paroles seulement, et établir qu'il n'a pas fait injure au plaignant. »
(Hob. 253.)

Cette distinction des injures d'après leur mode d'accomplissement et non d'après leur nature, est assez peu scienti-
fique, mais ne doit pas nous étonner de la part d'un peuple
éminemment pratique qui s'attache surtout à l'effet produit.
Or, il est indiscutable que le libelle laisse une trace bien
plus profonde qu'une injure proférée dans un moment de
colère, recueillie par un petit nombre d'auditeurs, et qui
souvent s'évapore en naissant. *Verba volant, scripta ma-
nent.* Aussi, est-ce comme troublant la paix publique que
le libelle est poursuivi criminellement, et à ce point de
vue, il importe peu que les faits imputés soient vrais ou
faux, « puisque c'est la *provocation* et non la fausseté qui
est punissable au criminel (1). »

Toutefois, depuis que Blackstone écrivait ces lignes, une
jurisprudence contraire s'est introduite, et tend tous les
jours à donner une plus grande influence à la vérité des
faits diffamatoires. Voici en effet ce que dit M. Christian
dans ses notes sur le jurisconsulte anglais : « Quoiqu'on ait
tenu pour constant, depuis deux siècles, que la vérité d'un

---

(1) Blackstone, loc. cit. p. 449.

libelle n'est pas un moyen de justification au criminel, cependant cette circonstance est considérée en divers cas
comme atténuant l'offense; *et la Cour du Banc du roi
s'est prescrit, comme règle générale, de ne pas admettre
une accusation pour un libelle, à moins que celui qui
l'intente n'affirme, par déclaration sous serment, directe
et spécifiée, qu'il est innocent de ce que lui impute le libelle,....* » Et un peu plus loin : « D'après un statut du
roi Georges III, intitulé : *Acte pour faire cesser tous les
doutes relativement aux fonctions des jurés dans le cas
de libelles,* le jury peut donner un verdict général de *coupable* ou *non coupable,* sur l'ensemble de ce qui est en
question, et le juge ne peut le requérir ou lui prescrire de
déclarer le défendeur coupable, sur la preuve seule de la publication de l'écrit accusé d'être un libelle, et du sens attribué à cet écrit dans l'acte d'accusation produit au
greffe (1). » En conséquence, le jury fait dans la déclaration de culpabilité ou de non culpabilité du prévenu, la part
qu'il lui convient à la vérité des faits imputés, et l'on peut
dire qu'aujourd'hui, en Angleterre, l'imputation d'un fait
diffamatoire *vrai* n'est que bien rarement l'objet d'une
condamnation.

La même législation est, croyons-nous, en vigueur dans
la majeure partie des Etats de l'Union américaine.

ESPAGNE. — Le Code pénal espagnol de 1850 prévoit
deux espèces de délits contre l'honneur : la *calomnie* et
l'*injure.*

« La *calomnie* est l'imputation d'un délit qui donne lieu
à une poursuite d'office. » Art. 375. « L'accusé de calomnie est exempt de toute peine, s'il prouve le fait criminel
qu'il avait imputé. » Art. 378.

(1) Blackstone. Loc. cit. p. 419, en note.

Le délit *d'injure* a un champ plus vaste : il comprend
« toute express on proférée ou action exécutée *en vue de*
déshonorer, discré liter ou faire mépriser une autre
personne. » Art. 379. C'est là, on le voit, que nous pouvons faire rentrer la plupart des imputations que les lois de
1819 frappent sous le nom de diffamations. La question de
la preuve est d'ailleurs résolue comme chez nous : « Le prévenu d'injures, porte l'art. 383, ne sera pas admis à la preuve
de la vérité de ses imputations, *si ce n'est lorsqu'elles au-*
ront été dirigées contre des fonctionnaires publics, à l'oc-
casion de faits relatifs à l'exercice de leurs fonctions.
— En ce cas, le prévenu sera absous, s'il prouve la vérité
de ses imputations (1). »

Prusse. — Dans le code pénal prussien de 1851, le délit
de *calomnie* consiste dans « la propagation ou l'affirmation
de *faits faux* exposant à la haine ou au mépris des citoyens la personne à laquelle les dits faits sont imputés. § 156.

Cette définition implique la possibilité de prouver les faits
imputés, et c'est ce qu'établit le §. 157 : « La preuve de
la vérité des faits pourra être fournie par tous les moyens
qu'admet la procédure criminelle. — Toutefois, la preuve
testimoniale ne sera admise que dans le cas où le prévenu,
ayant précisé les faits dont il offre la preuve, le tribunal
aura, par une définition particulière et préalable, reconnu que la preuve de ces faits, si elle est fournie, doit
exclure ou diminuer la culpabilité. »

Quel est l'effet de la preuve? « La preuve de la vérité
des faits imputés, n'exclut pas l'offense, quand l'intention

(1) Nous devons ces renseignements à l'obligeante communication de
M. Ricardo Alzugaray, avocat à Madrid. — Cf. aussi Laget. Valdeson.
Théorie du code pénal espagnol.

d'offenser résulte de la forme ou des circonstances dans lesquelles l'imputation a été faite. » § 158. L'auteur de l'imputation qui a agi dans l'intention d'offenser, est par suite
passible des peines portées contre le délit d'offense publique par le § 152.

Mais la loi prussienne fait des réserves en ce qui concerne les « appréciations critiques de travaux scientifiques,
artistiques ou industriels, les allégations faites pour la
poursuite ou la défense d'un droit, les admonitions ou les
réprimandes adressées par des supérieurs à leurs subor-
donnés, les avis officiels ou les résolutions émanées de
fonctionnaires. » Dans ces divers cas et autres semblables
« ahnliche Fälle » (§ 154), l'intention d'offenser est dif-
ficilement présumée, et veut être établie par des preuves
irrécusables (1).

On remarquera que le code prussien, comme la législation anglaise et américaine, ne fait aucune distinction entre
les faits concernant la vie privée et les faits relatifs à
l'exercice de fonctions publiques. Il considère comme
principal élément du délit l'intention qui a dicté l'imputation, et si une intention pure se trouve réunie à la vérité
des faits imputés, l'auteur de l'imputation est à l'abri de
toute peine : système qui nous paraîtrait parfait s'il laissait
un peu moins de place à l'arbitraire du juge.

ITALIE. — D'après le nouveau code pénal italien (2), la
preuve des faits diffamatoires n'est pas permise. Art. 575 :
« L'auteur de l'imputation ou de l'injure ne sera pas admis
à demander, pour sa défense, à faire la preuve des faits
imputés, et ne pourra alléguer comme moyen d'excuse
que les pièces ou faits sont notoires, ou extraits de feuilles
étrangères ou d'autres écrits imprimés. » Telle est la règle.

(1) Code pénal prussien de 1831, traduit par M. J. Nypels.
(2) Promulgué et mis à exécution dans le cours de l'année 1865.

Cette règle souffre deux exceptions : 1° lorsque les faits sont punissables selon la loi ; 2° lorsqu'il s'agit d'imputations contre des agents ou dépositaires de l'autorité ou de la force publique, pour des faits relatifs à leurs fonctions.

Dans le premier cas, (art. 576) il est sursis, durant l'instruction et la poursuite criminelle ou correctionnelle des faits punissables, au jugement du prévenu de diffamation. Dans les deux cas, la preuve des faits imputés peut être faite par tous les moyens, et si elle est satisfaisante, elle met l'auteur de l'imputation à l'abri de toute peine. (Art. 576, 578, 579.)

Ces deux exceptions ne sont pas nouvelles pour nous, puisqu'elles sont écrites aussi dans la loi du 26 mai 1819, art. 20 et 25. Mais voici qui est tout à fait nouveau, et qui est particulier à loi pénale italienne : la règle de l'interdiction de la preuve des faits diffamatoires est portée uniquement contre le diffamateur ; quant au diffamé, c'est une faveur à laquelle il a le droit de renoncer quand il lui plaît.

Art. 577. « En tous cas, le diffamé peut faire instance, pour que le procès qui s'instruit contre l'auteur de l'imputation ou du libelle diffamatoire, soit étendu à la preuve de la vérité ou de la fausseté des faits imputés... » Alors, il y a lieu de surseoir au jugement du prévenu de diffamation jusqu'à ce qu'il ait produit ses preuves : si la vérité de l'imputation est reconnue, il sera à l'abri de toute peine ; si au contraire, c'est la fausseté des faits qui ressort de sa tentative de preuve, il sera condamné aux peines de la diffamation, ou même de la calomnie, s'il n'avait aucun motif sérieux de croire les faits vrais. (Art. 577 et 576 combinés.)

Ce système est fort séduisant, car il offre à l'honnête homme calomnié, le moyen de faire justice des odieuses

9

accusations dont il a été l'objet, et de laver entièrement
son honneur outragé. Toutefois, peut-être n'est-il pas sans
danger, car il crée deux classes de plaignants : ceux qui
demandent la preuve et ceux qui ne la demandent pas. Or,
n'est-on pas porté à voir dans le fait de ces derniers une
sorte d'aveu de leur part? S'ils ne réclament pas une
preuve à laquelle ils ont droit, n'est-ce pas qu'ils reconnaissent la vérité des faits qui leur sont imputés? Dans de
pareilles conditions, la poursuite du diffamateur, au lieu de
réparer l'outrage ne fera que l'aggraver, car elle ajoutera
plus de vraisemblance à l'imputation. Certes, nous n'y verrions aucun inconvénient, s'il nous était démontré que
ceux-là seuls ne demanderont pas la preuve, qui au fond
se sentent coupables ; mais n'y aura-t-il pas des âmes ti-
mides qui reculeront devant la pensée de laisser fouiller
dans leur vie intime, et qui cependant, désireuses d'une
répression que la loi met à leur disposition, n'auront pas la
force de renoncer à toute poursuite?

Toutefois, nous avouons que nous avons pour ce système
les plus grandes sympathies, et si l'expérience nous mon-
trait que les dangers que nous redoutons sont imaginaires,
nous serions heureux de le voir introduire en France.

Belgique — Le nouveau Code pénal belge (1) a laissé
subsister le délit de *calomnie* qui se trouvait dans le code
de 1810, à côté du délit de *diffamation* dont il a emprunté
le nom à notre loi du 17 mai 1819.

Les deux délits consistent dans l'imputation à une personne « d'un fait précis qui est de nature à porter atteinte à
l'honneur de cette personne, ou à l'exposer au mépris public. » (Art. 443) L'imputation prend le nom de *calomnie*

_____

(1) Promulgué le 8 juin 1867, publié le 9 juin, et mis à exécution le
15 oct. 1867.

quand la preuve du fait imputé admise par la loi n'est point rapportée par le prévenu; elle s'appelle *diffamation*, lorsque la loi n'admet pas cette preuve. (Art. 443.)

Quand la preuve est-elle permise? Art. 447. « Le prévenu d'un délit de calomnie pour imputations dirigées, à raison de faits relatifs à leurs fonctions, soit contre les dépositaires ou agents de l'autorité, ou contre toute personne ayant un caractère public, soit contre tout corps constitué, sera admis à faire, par toutes les voies ordinaires, la preuve des faits imputés, sauf la preuve contraire par les mêmes voies.

« S'il s'agit d'un fait qui entre dans la vie privée, l'auteur de l'imputation ne pourra faire valoir pour sa défense aucune autre preuve que celle qui résulte d'un jugement ou de tout autre acte authentique. »

Ainsi, lorsqu'il s'agit de faits de la vie privée, la seule preuve permise est la *preuve légale* du Code de 1810 : pour les actes de la vie publique, au contraire, la preuve peut être faite par tous les moyens.

Quel est l'effet de la preuve? Art. 449. « Lorsqu'il existe au moment du délit une preuve légale des faits imputés, s'il est établi que le prévenu a fait l'imputation sans aucun motif d'intérêt public ou privé et dans l'unique but de nuire, il sera puni comme coupable de divulgations méchantes, d'un emprisonnement de huit jours à deux mois, et d'une amende de vingt-six francs à quatre cents francs ou de l'une de ces deux peines seulement. (1) » (Comp. avec le § 158 du Code pénal prussien.)

Art. 450. Les délits de calomnie, de diffamation et d'injures « ne peuvent être poursuivis que sur la plainte de la personne qui se prétend offensée. »

_____

(1) Ce sont les peines de l'injure, art. 448.

« Si la personne est décédée sans avoir porté plainte ou sans y avoir renoncé, ou si *la calomnie ou la diffamation a été dirigée contre une personne après son décès*, la poursuite ne pourra avoir lieu que sur la plainte de son conjoint, de ses descendants ou héritiers légaux jusqu'au troisième degré inclusivement. » — Cette dernière disposition résout dans le sens de l'affirmative une question encore bien débattue en France, (1) celle de savoir si la diffamation contre la mémoire des morts est punissable; et elle indique par quelles personnes la poursuite pourra être intentée. Il est fort à désirer qu'un texte formel vienne de même chez nous substituer son autorité à celle toujours variable de la Cour de cassation, et nous pensons que sur ce point nos législateurs n'auraient, pour bien faire, qu'à copier la loi belge.

Nous bornons là cette revue des législations contemporaines. Nous n'avons cité que les plus voisines et les plus intéressantes; elles ont toutes une date plus ou moins récente, et l'on peut voir que toutes, sauf peut-être l'espagnole, font à la preuve des faits imputés une part plus large que celle qui lui est reconnue par nos lois de 1810. C'est que, dans nos sociétés modernes, la *publicité* devient plus qu'un besoin, c'est une impérieuse nécessité. Dans le commerce, où les affaires se traitent si rapidement, on a besoin d'être éclairé sur la probité, la valeur et les ressources des négociants avec lesquels on est mis en rapport (2). En politique, où la plupart des institutions reposent sur le principe élec-

(1) Voy. *infra*, p. 162 et s.

(2) « Dans le monde des affaires, la première loi est la responsabilité complète, la vie au grand jour. Soit qu'un homme administre la fortune publique ou privée, soit qu'il en soit simplement dépositaire, ses mœurs, son caractère, sa droiture, ses relations mêmes sont la plus sûre garantie des intéressés..... Il faut qu'ils aient le droit de lui demander compte de

tif, où l'autorité, puisée dans la souveraineté du peuple, ne s'exerce avec légitimité que lorsqu'elle s'appuie sur la confiance des citoyens, il est nécessaire que les gouvernés sachent à quoi s'en tenir sur la probité et les mœurs des gouvernants, les mandants sur la valeur et l'intégrité de leurs mandataires. Que devient dès lors cette distinction que fait notre loi entre la *vie privée* et la *vie publique?* « Est-ce qu'on coupe un homme en deux? demande avec beaucoup de raison Humbug au docteur Smith (1). Est-ce qu'on est un coquin dans la vie privée, et un Fabricius dans la vie publique? » S'il y a une distinction à faire, elle n'est donc pas là. « La vie privée ne doit pas être murée : *c'est une doctrine d'abaissement et d'énervation!* » disait en 1808 M. Jules Simon, à la tribune du Corps législatif.

« Dans une société forte et pure, écrivait dans la *Revue de législation* en 1844, un de nos plus illustres criminalistes, M. Faustin-Hélie, la vie privée devrait être ouverte aux regards aussi bien que la vie publique, car les actions de chaque membre de la cité appartiennent à tous, puisque d'une manière directe ou indirecte, secondaire ou immédiate, elles influent sur le bonheur et la sécurité de la cité entière. S'il a failli, malheur à lui, il subira la peine de sa faute; cette peine sera la publicité que chacun aura le droit de lui infliger; si l'imputation, au contraire, est une calomnie, le calomniateur seul sera puni.

« Je ne prétends pas, ajoutait M. Faustin-Hélie, que dans nos mœurs que la publicité effraye encore, que dans notre société faible et craintive, ce système soit applicable,

sa vie passée et présente, non seulement de ses actes, mais de ses affaires personnelles. Si vous ôtez cela, vous ôtez la sûreté et la garantie de toutes les transactions. » (Discours de M. Jules Simon au corps législatif, séance du 6 mars 1808).

(1) V. *Paris en Amérique*, par M. E. Laboulaye, page 90.

je dis seulement que *le principe de la preuve est au fond de la matière de la diffamation, qu'il est dans ses entrailles, et qu'il en sort dès qu'on les presse un peu.* »

Ce principe, est-il temps « de l'en faire sortir » aujourd'hui, d'une façon définitive et complète? Nous ne savons si telle est l'opinion de l'honorable magistrat; quant à nous, c'est notre sincère conviction.

Concluons : une bonne loi sur la diffamation devrait, à ce qu'il nous semble, reposer sur la conciliation de principes divers que nous croyons pouvoir, après les développements qui précèdent, formuler dans les quelques propositions suivantes :

Tout homme libre et raisonnable doit répondre de ses actes tant devant la loi morale que devant la loi positive.

De là, deux sortes de responsabilité : l'une effective, ayant pour sanction les peines édictées par la loi positive; l'autre purement morale, ayant pour sanction la mésestime publique, ou le mépris infligé par la conscience publique à tout acte qui la froisse.

Il est juste et utile que cette responsabilité ne soit pas un vain mot : la crainte de l'opinion est, en effet, un moyen de retenir dans le devoir l'homme qui ne puise pas dans sa conscience la force d'y demeurer fidèle, alors que la loi positive est muette.

En conséquence, la preuve des faits imputés doit toujours être possible, quand la personne à laquelle ils sont imputés en est *moralement responsable.* Cette personne ne doit avoir qu'un moyen d'éviter la preuve, c'est de ne pas poursuivre l'imputation.

Le dénonciateur, qui ne révèle les faiblesses ou les fautes cachées d'autrui que par vengeance, malice ou méchanceté, ne mérite pas plus de faveur que celui qu'il diffame; il en peut mériter moins. Il est donc juste de le punir.

Mais s'il s'agit de faits que la société a un intérêt tout particulier à connaître, on ne doit pas demander à celui qui les révèle, compte de ses intentions, pas plus qu'on demande à celui qui dénonce un vol, s'il le fait en haine du voleur ou dans un intérêt public.

— En partant de ces principes, on pourrait arriver à formuler une loi claire, nette, et qui tiendrait tout entière en quelques articles dans le genre de ceux-ci :

Art. 1. Le délit de calomnie consiste dans l'allégation ou l'imputation publique de faits ou de vices qui, s'ils étaient constants, exposeraient la personne à laquelle ils sont reprochés, à une poursuite criminelle ou correctionnelle, ou seulement à la haine, au mépris ou à la risée des citoyens.

Art. 2. La *publicité* résulte des divers modes de publications énumérés à l'art. 1ᵉʳ de la loi du 17 mai 1819.

Art. 3. Peines de la calomnie verbale, peines de la calomnie écrite, celles-ci plus fortes que celles-là.

Art. 4. La calomnie envers tout corps constitué sera punie de la même manière que la calomnie dirigée contre les individus.

Art. 5. La preuve des faits pourra toujours être fournie, et ce par tous les moyens, sauf la preuve contraire par les mêmes moyens.

La preuve des vices pourra de même être fournie, lorsque le prévenu articulera devant la justice certains faits précis, susceptibles d'être prouvés et se rapportant aux vices imputés. Dans le cas contraire, l'imputation de vices ne sera punie que des peines de l'injure.

Art 6. La preuve de la vérité des faits ou vices imputés, mettra le prévenu à l'abri de toute peine :

1° Quand les faits sont punissables selon la loi.

2° Quand il y a un intérêt public reconnu à la divulgation des faits ou vices imputés, encore que ces faits ou vices ne soient pas punissables selon la loi.

Art. 7. Dans tous les autres cas, la vérité des faits ou vices imputés ne mettra pas l'auteur de l'imputation à l'abri des peines de l'injure, s'il a agi dans l'intention d'injurier.

Il n'y a d'intention d'injurier que lorsque le but principal et dirigeant de l'auteur de l'imputation a été d'exposer la personne ou le corps par lui désigné à la haine, au mépris ou à la risée des citoyens. Cette intention ne sera jamais recherchée dans les ouvrages historiques ou critiques, lorsqu'ils n'auront énoncé que des faits vrais.

Art. 8. Sont des injures tous termes de mépris, invectives ou expressions outrageantes, et toutes imputations de vices physiques, ou de faits dont la personne désignée n'est pas moralement responsable, mais qui sont de nature à porter atteinte à son honneur, sa considération, ou à froisser sa délicatesse.

Art. 9. La preuve des imputations n'est pas admise en fait d'injures, mais elles peuvent se compenser.

Art. 10. Peines des injures, plus ou moins élevées, suivant que les injures sont publiques ou non publiques.

Art. 11. En matière de calomnie et d'injures, il y a lieu à l'admission de circonstances atténuantes.

Art. 12. La poursuite ne pourra avoir lieu que sur la plainte de la personne qui se prétendra calomniée ou injuriée.

Si la personne est décédée sans avoir porté plainte ou sans y avoir renoncé, ou si la calomnie ou l'injure a été dirigée contre une personne après son décès, la poursuite ne pourra avoir lieu que sur la plainte de son conjoint, de ses descendants ou de ses héritiers légitimes jusqu'au troisième degré seulement. ·

Art. 13. La juridiction compétente est le jury, sans distinguer entre les délits commis par la voie de la presse et ceux commis autrement.

— Tel est, en somme, le projet de loi qui nous paraît répondre le mieux aux données de la raison, en même temps qu'il satisfait à toutes les exigences de la paix publique. Nous n'avons certes pas la prétention d'en avoir donné la formule définitive, et peut-être pourrait-on y apporter quelques modifications utiles sur des points de détails. Mais nous serions dans tous les cas heureux (là se borne notre ambition) d'avoir marqué la voie dans laquelle le législateur français nous semble devoir entrer, et où il entrera bientôt, nous en avons l'espoir.

DE LA DIFFAMATION

ET

DES INJURES

ENVERS LES PARTICULIERS

(Commentaire de la loi du 17 mai
et de la loi du 26 mai 1819.)

OBSERVATIONS PRÉLIMINAIRES

Étudier quels sont, aux termes de nos lois, les caractères des délits de diffamation et d'injures; indiquer la pénalité qui s'y rapporte, tracer les règles de la procédure des actions auxquelles ces délits donnent lieu, tel sera l'objet de ce travail.

Une *première partie* sera consacrée à la *détermination des délits de diffamation et d'injures.*

Dans la *seconde partie* nous traiterons de la *Poursuite et de la Répression des délits.*

PREMIÈRE PARTIE

DE LA DÉTERMINATION DES DÉLITS

CHAPITRE PREMIER

Des Éléments constitutifs de la Diffamation.

Nous les trouvons dans le chapitre V de la loi du 17 mai 1819 intitulée : *De la diffamation et de l'injure publiques.* à l'article 13 ainsi conçu :

» *Toute allégation ou imputation d'un fait qui porte atteinte à l'honneur ou à la considération de la personne ou du corps auquel le fait est imputé*, est une diffamation. »

De ces termes et de la rubrique du chapitre nous concluons qu'il faut, pour constituer une diffamation, les cinq condititions suivantes :

1° Une allégation ou une imputation ;

2° Un fait précis, objet de l'allégation ou imputation ;

.3° Une atteinte à l'honneur ou à la considération d'une personne ou d'un corps auquel le fait est imputé ;

4° Une désignation non équivoque de cette personne ou de ce corps ;

5° Une certaine publicité donnée à l'allégation ou à l'imputation,

A ces cinq éléments matériels du délit de diffamation, il en faut ajouter un sixième, élément purement moral que la loi de 1819 n'a pas expressément indiqué parce qu'il est essentiel à tout délit : l'*intention de nuire*.

C'est dans le détail de ces différentes conditions que nous devons entrer, pour nous rendre compte de ce qu'est dans la législation française le délit de diffamation.

§ Ier — DE L'ALLÉGATION OU IMPUTATION

Les deux termes dont se sert la loi ne sont pas une pure redondance. Une légère différence les sépare, et c'est dans le rapport même de M. de Courvoisier à la Chambre des députés que nous la trouvons ainsi précisée : « *Alléguer*, c'est annoncer sur la foi d'autrui ou laisser à l'assertion l'ombre du doute ; *imputer*, c'est annoncer sur la foi d'autrui (1). » Ces quelques mots indiquent à merveille l'esprit de la loi, et c'est en s'y reportant que l'on pourra sûrement décider s'il y a imputation ou allégation dans les espèces diverses en présence desquelles on se trouvera placé.

Parcourons-en quelques-unes :

L'expression d'un *soupçon* constitue-t-elle une allégation ? — Assurément. En effet, quand on exprime un soupçon, on porte sur la personne qui en est l'objet un jugement véritable, tout en reconnaissant qu'on manque de preuves. Il n'y a entre le soupçon et l'affirmation pure et simple qu'une différence : c'est que l'affirmation exclut le doute, tandis que le soupçon lui laisse une place. Or n'est-ce pas en cela même que M. de Courvoisier fait consister l'allégation ? (1).

Faudrait-il en dire autant d'une assertion qui emprunterait la forme d'un jugement hypothétique et conditionnel ?

(1) En ce sens V. M. Chassan, Grellet-Demazeau, Dalloz Rep. alphab. ; V. Presse n° 86.

Nous ne le pensons pas ; et c'est avec raison que la Cour
de cassation a refusé de voir un délit dans les paroles suivantes échappées à un sieur Chevalier : « *Si M° Loisel-
Prévost et les frères Toutain ont dit cela, ce sont des
coquins, des brigands,.* etc...,» — Crim. Cass, 20 mars
1817 (1). — Si même on veut aller au fond des choses, on
s'assurera que, loin d'être blessante pour les personnes ainsi
désignées, la forme conditionnelle indiquerait plutôt que
celui qui l'emploie les croit incapables de l'action qu'il caractérise et qu'il juge.

Alléguer, avons-nous dit, c'est annoncer sur la foi d'autrui : en conséquence, celui qui se ferait l'écho de méchants
bruits serait malvenu à prétendre pour se justifier qu'il n'a
fait que répéter ce qu'il avait ouï dire. En vain même of-
frait-il de citer ses auteurs : il n'en serait pas moins condamné, comme l'a été en 1835 M. Sarrans, rédacteur d'un
journal de Toulouse qui avait publié des propos outrageants
pour M. le duc de Broglie. (Arrêt de Toulouse des 26-27 oct.
1835 ; — même sens, crim. cass. 4 nov. 1831 (2).

La loi anglaise diffère sur ce point de la nôtre, en ce que
le prévenu de diffamation verbale peut, en nommant la personne de qui il tient les propos diffamatoires, échapper à
toute condamnation. Mais cette disposition ne se retrouve
pas en matière de libelles. — Il faut reconnaître qu'à cet
égard la loi française est plus logique et plus sage que loi
anglaise : en effet, celui qui colporte un bruit en prend en
quelque sorte la responsabilité (3); bien plus, il lui imprime
l'autorité de son nom, de son caractère, alors que peut-être

(1) Dalloz, loc. cit, n° 817 note 2.
(2) Dalloz. Pér od. 1831, t, 335.
(3) Voët disait en ce sens : « *Cum ita nihil aliud agat quam quod
socium participemque injuriæ prodat.* (Comm. ad pand. Lib. 47, tit. 10,
n° 9.

le monde n'y eût attaché aucune importance dans la bouche qui l'avait fait circuler à l'origine. Sans compter qu'il y aurait là un moyen facile d'éluder les dispositions de la loi, en rejetant sur des hommes sans consistance et sans moralité, n'ayant d'ailleurs plus à craindre la flétrissure d'une condamnation, la responsabilité de ses propres diffamations (1).

Il n'est pas nécessaire que l'allégation ou l'imputation ait lieu par voie directe; elle peut se cacher sous la forme de l'ironie, de l'allusion, etc.; il suffit que le sens des paroles prononcées soit assez clair pour qu'on ne puisse se méprendre ni sur le fait imputé ni sur la personne à laquelle il est imputé. Les vieux auteurs sont pleins d'exemples de semblables diffamations : tel serait, pour n'en citer qu'un, le fait de dire devant un homme condamné comme faussaire : « *Ego non fui condemnatus de falso : moi je n'ai pas été condamné pour faux* (2). »

L'imputation peut encore se produire autrement : ainsi il a été jugé que c'était diffamer quelqu'un que de lui attribuer un poème absurde. Et il est certain qu'en publiant une œuvre littéraire sous le nom d'une personne qui y est étrangère, c'est la désigner publiquement comme son auteur, c'est, en d'autres termes, lui en imputer la paternité. Si donc la composition est de nature à jeter sur son auteur le ridicule, la déconsidération ou le mépris, on devra reconnaître qu'il y a là une diffamation parfaitement caractérisée.

Cependant il a été jugé, sur les conclusions du procureur général Merlin, en 1812, que le fait d'attribuer à une per-

(1) Voy. en ce sens, MM. Chassin, t. I, p. 339; — Grellet-Dumazeau, t. I, p. 11.
(2) Julius Clarus, Sens, p. 792.

sonne une lettre de nature à porter atteinte à son honneur
et à sa considération constituait, non une imputation calomnieuse, mais le crime de *faux* en écriture privée, de la
compétence des cours d'assises, et passible des peines
prononcées par l'art. 150 du Code pénal. (En ce sens,
voir M. de Grattier, t. 1, p. 186; — *contra*, M. Chassan,
I p. 390.)

Mais il y aurait imputation diffamatoire si la lettre était
réellement de la personne désignée, pourvu d'ailleurs
qu'elle fût de nature à porter atteinte à l'honneur ou à la
considération de son auteur, et que la publication en eût
été faite à dessein de nuire. — Ainsi jugé de la lecture faite
méchamment, dans un cabaret, d'une lettre adressée par
une jeune fille à son amant (Voy. arrêt de rejet du 15 décembre 1859) (1).

§ II. — DU FAIT IMPUTÉ

La deuxième condition exigée par l'art. 13 de la loi du
17 mai 1819, c'est que l'objet de l'imputation soit un fait
précis et déterminé. Cela ressort avec évidence des termes
déjà cités de son premier alinéa : « Toute allégation ou
imputation *d'un fait*... est une diffamation, » et cela résulte
e contrario du second alinéa, qui est ainsi conçu : « Toute
expression outrageante, terme de mépris ou invective *qui
ne renferme l'imputation d'aucun fait*, est une injure. »

Cette distinction, fondée sur le plus ou moins de précision
de l'imputation, existait déjà dans le code pénal de 1810
entre la calomnie et l'injure, comme on peut s'en convaincre

(1) D. P., 1859, § 299.

en se reportant aux articles 367 et 375 de ce Code (1). La loi de 1819 n'a fait que transporter dans le domaine de la diffamation ce qui formait précédemment le domaine de la calomnie, sans étendre ni restreindre le champ des injures. Les rédacteurs du Code, comme les législateurs de la Restauration, sont partis de cette idée, que plus un fait est précis, plus l'imputation est grave; car la précision même de l'imputation a pour effet d'enlever au public toute espèce de doutes, en même temps qu'elle lui donne les moyens d'en vérifier l'exactitude. Au contraire, l'imputation d'un vice, quelque honteux qu'il soit d'ailleurs, laisse toujours, dans l'esprit des auditeurs qui la recueillent, l'idée d'une accusation légèrement portée, d'un jugement sans preuves dont il ne faut pas tenir un compte exagéré. C'est là une observation juste, puisée dans la nature même des choses, et qui, ainsi que le fait remarquer très-judicieusement M. Grellet-Dumazeau, est attestée par le sentiment public : « Il n'est pas rare, dans les altercations populaires, d'entendre répondre par ces mots insidieux à des qualifications injurieuses : *Dis donc ce que j'ai volé. — Dis donc quel faux j'ai commis. — Dis donc qui j'ai assassiné.* — Le peuple est loin de se douter, lorsqu'il tient un pareil langage, qu'il rend hommage à la sagesse de la loi, et qu'il prouve la justesse de ses définitions (2). »

(1) Code Pénal. art 367 abrogé : « Sera coupable du délit de calomnie celui qui, soit dans des lieux ou réunions publics, soit....., aura imputé à un individu *des faits* qui, s'ils existaient, exposeraient celui contre lequel ils sont articulés..., etc. »

Art. 375 abrogé : « Quant aux injures ou expressions outrageantes *qui ne renfermeraient l'imputation d'aucun fait précis, mais celle d'un vice déterminé,...,* la peine sera d'une amende de 16 fr., à 500 fr.

(2) Grellet-Dumazeau. Diffamation I, p. 21.

Mais fallait-il attribuer à cette observation une telle
portée? Je ne le pense pas. En effet, entre l'imputation d'un
fait et l'imputation d'un vice, il n'y a que la différence du
plus au moins; l'une et l'autre ont cet effet commun de
porter atteinte à l'honneur et à la considération des personnes : dès lors, pourquoi en faire des délits différents? Il
eût été plus rationnel et il eût suffi de permettre au juge de
se mouvoir sur une échelle pénale assez étendue pour pouvoir proportionner la peine à la gravité du délit.

Cela eût été surtout bien plus prudent, car l'on va voir,
par quelques exemples tirés du répertoire de Dalloz, combien il est difficile, dans certains cas, de faire cette distinction que la loi consacre et de décider s'il y a, dans l'espèce,
imputation d'un fait précis ou seulement d'un vice déterminé.

Ainsi, traiter une personne d'*assassin*, de *voleur*, est-ce
lui imputer un fait précis ou un vice, c'est-à-dire une manière d'être, une habitude mauvaise? C'est lui imputer un
vice, dit M. Dalloz, et avec lui la majorité des auteurs : il
n'y a donc là qu'une injure et non une diffamation. Tel
n'est point le sentiment de la Cour de cassation qui, par
arrêt de rejet du 4 novembre 1861, a vu une diffamation
dans le fait d'avoir, notamment dans des explications
publiques devant le juge de paix, traité un individu de
voleur, de *coquin*, *d'homme de mauvaise foi, prenant
le chemin du bagne* (1). »

D'autre part il a été jugé qu'il n'y avait qu'une injure
dans des qualifications de *lâches* et de *faux-témoins* données spécialement à des gendarmes. (Rouen 27 avril 1827,
arrêt cité par Me Grellet-Damazeau.) « Dans le sens opposé
on avait dit que ces expressions supposent nécessairement

(1) Crim. reg. 4 nov. 1861. D. P. 66, 1, 361.

des faits de lâcheté et de faux-témoignage, et qu'en conséquence l'auteur de ces injures devait être puni comme coupable de diffamation. Mais c'était là une erreur manife-te, (v. en ce sens M. Grellet-Dumazeau, t. I. page 21.) car il est n'est presque pas de qualification injurieuse qui à l'aide de ce procédé, ne pût être convertie en diffamation, ce qui effacerait complétement la démarcation que la loi a tracée entre les deux infractions (1). »

« Il a été jugé dans le même sens : que dire à un avocat, dans une explication qui a lieu au sujet de propos offensants qu'on lui impute d'avoir proférés dans sa plaidoirie de la veille, « *qu'il s'est écarté de la ligne d'un honnête homme,* » sans autre précision de faits, ce n'est pas commettre un délit de diffamation, mais le simple délit d'injure. (Crim. rej. du 8 juillet 1843.)

».... Que l'articulation publiée contre un maire, consistant à dire *que son élection est le résultat d'une ambition effrénée, qu'elle est une insulte pour la ville, qu'elle doit exciter contre lui l'animadversion des citoyens, qu'il s'impose à eux comme un proconsul, qu'il n'offre aucune garantie morale pour son administration,* etc... constitue une injure grave étrangère aux fonctions de celui qui en est l'objet. (Crim. rej. 23 juin 1846. Aff. Pauger. D. P. 46, 1, 225.)

» Mais il est bien évident, et c'est ce qui a été jugé, que le fait de dire d'un individu « *qu'il a été marqué des lettres T V et T F,* » constitue le délit de diffamation et non pas simplement celui d'injure. (Crim. cass. 30 nov. 1854, D. P. 54. 1. 590.) (2).

(1) Dalloz. Rép. loc. cit. n° 821.
(2) Dalloz ibid, n° 822.

Il en faudrait dire autant de l'imputation à un individu « d'avoir *fait des prêts usuraires.* » (Nancy, 28 août 1850. D. P. 51. 2. 176.)

Ont été condamnés comme diffamatoires les imputations suivantes : « D re de quelqu'un *qu'il est un reste de prison et qu'il y rentrera encore.* (Crim. cass. 15 fév. 1828.)

Appeler « *vieux forçat* » un individu qui a été réellement condamné autrefois aux travaux forcés. (Seine, 17 déc. 1831.)

Dire d'un homme marié qu'il vit en concubinage avec une femme libre ayant même un domicile séparé. (Limoges, 14 mars 1828.) etc. etc . . . .

Il ne faudrait pas conclure de ce que, dans les exemples qui précèdent, le fait imputé se ramène toujours en dernière analyse à une *action* de la personne à laquelle il est imputé, qu'il n'y a pas diffamation dans l'imputation d'un fait dont elle serait non l'auteur, mais le sujet passif. Ce serait attribuer au mot : *fait* dont se sert l'art. 13 un sens trop exclusif. La loi n'a voulu dire qu'une chose, c'est que l'articulation doit être enfermée dans des limites parfaitement précises et arrêtées. Ainsi une imputation vague, quelqu'outrageante qu'elle soit, ne suffit pas pour constituer une diffamation ; il faut une scène, si je puis ainsi dire, avec indication du temps, du lieu, des personnages et du rôle que chacun d'eux y a joué : au reste, il importe peu que le rôle joué par la personne diffamée soit actif ou passif. Est-il de nature à porter atteinte à son honneur ou sa considération ? Là est le point essentiel à résoudre.

Sans doute il est vrai de dire que l'honneur et la considération ne sont atteints d'ordinaire que par l'imputation de faits dont on est l'auteur, parce que ce sont les seuls dont on soit responsable. Mais ne peut-il pas arriver que nous soyons gravement frappés dans notre considération sinon dans notre honneur, par des actes dont nous avons été les victimes? N'est-ce pas outrager une jeune fille dans ce qu'elle a de plus cher et de plus précieux que de publier qu'elle a été *violée* dans des circonstances dont on fait le récit? Croit-on que la considération d'un mari n'ait point à souffrir de la publication de ses infortunes conjugales? Eh bien, nous ne doutons pas que l'imputation de pareils faits ne puisse servir de base à une action en diffamation.

§ 3. — DES FAITS QUI PORTENT ATTEINTE A L'HONNEUR OU A LA CONSIDÉRATION

Le mot *honneur*, d'après le dictionnaire de l'Académie, est susceptible de plusieurs sens. Il signifie :

1° « La gloire, l'estime, la *considération* qui suit la vertu, le courage, les talents. — Exemples : Acquérir de l'honneur.... Vivre sans honneur.... Vous y aurez de l'honneur, etc.;

2° » L'estime, la réputation dont une personne jouit dans le monde. — Exemples : Attaquer, blesser, flétrir, déchirer l'honneur de quelqu'un... Défendre, venger son honneur, etc.;

3° » Il signifie encore : vertu, probité; qualité qui nous porte à faire des actions nobles, courageuses, loyales, etc. — Exemples : C'est un homme d'honneur... L'honneur lui est plus cher que la vie... Faire ce que l'honneur commande. »

Ce n'est certainement pas dans ce dernier sens que le mot *honneur* doit être entendu en notre matière : il désignera toujours l'estime publique dont une personne jouit à raison de sa probité, de sa loyauté, de ses mérites divers. Or, on voit qu'ainsi compris l'honneur se confondrait, aux ermes du dictionnaire de l'Académie, avec la *considé-*

ration, puisque les deux mots sont définis l'un par l'autre.
En est-il ainsi, pourtant, dans la loi de 1819? Il suffit
d'interroger, à cet égard, soit l'exposé des motifs, soit les
discours de M. de Serre, soit le rapport de M. de Courvoisier, pour acquérir la conviction que les rédacteurs de la
loi ne considéraient pas ces mots comme synonymes :
« Quelqu'étendu que soit le sens du mot *honneur*, disait le
garde des sceaux, il est cependant une sorte d'estime publique qu'il ne comprend pas. D'une part, on peut être homme
d'honneur, n'être pas attaqué sous ce rapport, et cependant
l'être comme ayant plusieurs défauts très-considérables.
Un sens du mot *considération* auquel le mot *honneur* ne
répond pas du tout, c'est particulièrement, si j'ose me servir
de ce terme, la *considération professionnelle*, l'estime que
chacun peut avoir acquise dans l'état qu'il exerce, estime
qui fait partie de sa fortune, qui est pour lui un capital
précieux, que la diffamation peut évidemment atteindre,
sans porter atteinte à son honneur : car on peut être
homme d'honneur, ne pas être attaqué comme tel, et l'être
par exemple dans les autres qualités morales qui font un
bon négociant, un bon avocat, un bon médecin (1). »

Et M. de Courvoisier, insistant sur les mêmes idées,
précisait ainsi, dans son rapport, la distinction qu'il fallait
faire, suivant lui, entre l'honneur et la considération : « Tout
ce qui touche à la réputation, à la probité, touche à l'honneur, et l'on peut, sans blesser l'honneur, porter atteinte à
la considération... Dire méchamment qu'un négociant
éprouve des pertes, qu'il gère avec inhabileté son négoce,
annoncer faussement tel ou tel fait à l'appui de l'imputation,
c'est laisser son honneur intact; c'est nuire cependant à la
considération dont il jouit. »

(1) V. *Moniteur* du 19 avril 1819.

Ces paroles indiquent très-clairement l'ordre d'idées dans lequel le législateur de 1810 s'est placé : les mots *honneur* et *considération* désignent certainement l'un et l'autre l'estime publique dont une personne jouit ; mais il y a entre les deux cette différence que l'honneur est le prix de la probité, de la loyauté, du courage et de la vertu, tandis que la considération est la récompense des mérites et du talent que chaque homme déploie dans la profession qu'il a embrassée. Ainsi l'honneur sera invariablement le résultat des mêmes conditions, quelle que soit la position de l'homme, car, dans aucune carrière, une homme ne saurait être dispensé de probité, de loyauté, et, jusqu'à un certain degré, de courage et de vertu ; la considération, au contraire, sera le fruit d'éléments très-variables, souvent même très-opposés. Il est parfaitement certain, par exemple, qu'un commerçant n'aura de crédit qu'au prix de grandes habitudes d'ordre et d'exactitude : en faudra-t-il exiger autant d'un homme de lettres, d'un musicien ou d'un artiste? Au contraire, demanderez-vous à un bonnetier cette fraîcheur d'imagination, cette finesse d'observation sans lesquelles il n'y a ni vrai poète, ni grand auteur dramatique? Cela n'empêchera pourtant pas cet honnête négociant d'être très-grandement et très-justement considéré, s'il possède, d'ailleurs, toutes les qualités qui font un bon marchand de bonnets et de chaussons de lisière.

Le sens des mots ainsi fixé, si nous voulons passer à l'application pratique de la loi, nous verrons que l'interprétation des faits n'est pas sans difficultés. Plusieurs questions se présentent à notre examen. Voyons les plus graves :

1. On sait qu'à côté de l'honneur il existe ce que l'on appelle le point d'honneur, que le dictionnaire de l'Académie définit : « *Ce que l'on regarde comme touchant à l'honneur, comme intéressant l'honneur.* » Cette défini-

tion, qui n'en est pas une, nous oblige à plus de précision ;
à nos yeux, le point d'honneur a des exigences de plus que
l'honneur, tout en se montrant quelquefois indulgent pour
certaines infractions aux règles de l'honneur véritable.
Tandis que celui-ci a pour bases la probité et la loyauté,
l'autre repose surtout sur le courage, qu'il exalte comme la
première des vertus. Sa loi est de ne pas recevoir d'injures
sans en demander réparation par les armes, et cette loi a
pour sanction le dédain. Eh bien, faut-il voir une diffamation dans l'imputation d'un fait qui ne porte atteinte qu'au
point d'honneur?

Le cas s'est présenté : un avocat, Me Salneuve, ayant
été l'objet de voies de fait de la part d'un sieur X..., avait,
sur l'avis du conseil de son ordre, poursuivi l'agresseur en
police correctionnelle, et obtenu contre lui une condamnation tant en appel qu'en première instance. L'arrêt de la
cour n'ayant point spécifié dans ses considérants la nature
des coups portés par X..., celui-ci s'empressa de publier,
dans un journal dont il disposait, que c'étaient des soufflets :
or les soufflets sont précisément de ces injures qui ne peuvent, suivant le point d'honneur, se laver que dans le sang,
si bien que l'homme qui fait appel aux lois de son pays
sans recourir à ce moyen barbare, est placé, aux yeux du
monde, sous le coup d'une présomption de lâcheté. Me Salneuve, se considérant comme atteint dans son honneur,
attaque X... en diffamation : un jugement suit en ce sens,
puis un arrêt confirmatif sur appel ; enfin un pourvoi est
formé par X... devant la cour de cassation. Le demandeur
prétendait qu'en refusant de recourir à un duel, Me Salneuve s'était conformé aux prescriptions de la loi, qui ne
permet pas aux citoyens de se faire justice eux-mêmes, si
ce n'est pour leur défense légitime ; qu'il n'avait ainsi nullement violé la morale, et que, par conséquent, la publi-

cation de ces faits ne pouvait pas être diffamatoire. La cour suprême n'admit point ces raisons, et voici l'un des motifs sur lesquels est fondé le rejet du pourvoi : « Attendu... que si Salneuve, en usant des voies légales pour obtenir la répression des violences dont il avait été l'objet, et *en refusant de recourir à un moyen qualifié crime par la loi*, n'a encouru aucun blâme aux yeux de la loi et de la morale, la cour d'appel, dont l'arrêt est attaqué, a pu néanmoins reconnaître que la publication, faite méchamment et à dessein de nuire, de l'écrit incriminé, avait été de nature à porter atteinte à la considération dudit Salneuve;... rejette... » (Crim. rej. du 24 mai 1844.)

Nous ne pouvons accepter cet arrêt sans protestation : sans doute, à s'en tenir à l'effet matériel de l'imputation qui était déférée à la justice, la considération de Mᵉ Salneuve en avait été atteinte. Mais où et auprès de qui? Auprès des gens qui obéissent aux lois du point d'honneur, dans ce monde où un soufflet ne comporte qu'une réparation : le duel. Or, comment la cour de cassation n'a-t-elle pas vu qu'en rejetant le pourvoi qu'elle avait à juger, elle reconnaissait implicitement (et avec quelle autorité!) que l'opinion publique a raison de condamner ceux qui ne lavent pas un soufflet dans le sang, et accordait ainsi sa haute approbation au duel « *ce moyen qualifié crime par la loi?* »

Cette critique a été très-fortement exprimée par M. Faustin-Hélie dans un article publié en 1844 dans la *Revue de législation* : « La Cour de cassation reconnaît donc, s'écrie l'éminent criminaliste, que des coups portés, qui constituent un délit, peuvent flétrir non celui qui les a portés mais celui qu'ils ont atteint! Elle admet donc que la condamnation prononcée par la justice n'est pas suffisante pour réparer l'injure, que l'injure subsiste encore après le jugement qui la flétrit, et elle donne force au préjugé barbare qui appelle une autre réparation ! »

Tel n'est pas l'avis de M. Gre'let-Dumazeau : selon lui, la cour d'appel et la cour de cassation ont bien jugé. Une seule chose, dit-il, doit être recherchée : Y a-t-il eu atteinte réelle portée à l'honneur ou à la considération? Si oui, vous êtes en présence d'une imputation diffamatoire ; si non, pas de diffamation. On comprend, dès lors, que la solution va être différente suivant les mœurs, les habitudes, les préjugés mêmes du monde auquel appartient la victime de l'imputation. Dire d'un valet de ferme qu'il a reçu des soufflets est un propos sans importance, le dire d'un homme du monde est déjà chose grave, le dire d'un militaire serait à coup sûr l'outrager au premier chef. Nul n'ignore, en effet, que pour le soldat c'est presque une obligation réglementaire de venger dans un duel les injures qu'il a reçues; et cela est tellement vrai que l'officier qui refuserait de se battre verrait le vide se former autour de lui, et serait matériellement forcé de quitter son régiment, l'armée peut-être ! Eh bien, dans ces conditions, faut-il laisser dire impunément d'un soldat qu'il a été souffleté sans s'être battu? N'y a-t-il pas là, au contraire, une atteinte portée à cette *considération professionnelle* dont parlait M. de Serre?

Quelque apparence d'é juité que présentent ces raisons, nous ne pouvons néanmoins nous y rendre, et nous pensons qu'elles doivent s'incliner devant un principe supérieur qui les domine : le respect de la loi répressive du duel. Nous ne croyons pas qu'une autorité judiciaire, si haute qu'elle soit, ait le droit de le mettre en oubli, et nous affirmons que la Cour de Cassation, dans son arrêt de 1844, a proclamé implicitement que l'on pouvait avoir tort d observer la loi.

Nous n'admettons pas davantage les distinctions que

M. Grellet-Dumazeau propose entre le soldat et le simple citoyen. Il faut que l'on sache que la loi est faite pour tous et que chacun lui doit respect et obéissance. Voilà ce que les magistrats ont avant tout le devoir d'affirmer dans leurs sentences. Il n'y a pas d'ailleurs, il ne doit pas y avoir un honneur militaire distinct de l'honneur civil : *l'honneur* et le courage ne sont pas le privilége du soldat, ce sont des vertus que doit posséder tout bon citoyen. Et si la société demande accidentellement au soldat plus d'abnégation, de dévouement, de sacrifices, c'est une raison pour lui de se souvenir qu'il doit réserver son sang pour le service de sa patrie avant de le dépenser à la réparation d'une injure personnelle.

II. Peut-il y avoir atteinte portée à l'honneur ou à la considération par l'imputation d'un fait impossible, et par suite une telle imputation peut-elle renfermer une diffamation ?

« Cette question, dit M. Grellet-Dumazeau, nous est suggérée par le souvenir d'un procès bizarre porté en 1828 devant le Tribunal correctionnel d'Epinal. Une fille, nommée Anne Charton, s'étant présentée devant le Maire de la commune de Vers, déclara à ce magistrat qu'elle était enceinte, et que l'auteur de cette grossesse était Marguerite Lambert, fille comme elle, et habitant le même village. Cette fable extravagante se répandit bientôt dans le pays, et Marguerite Lambert ne tarda pas à devenir un objet de risée, de mépris même et surtout d'importune curiosité. Elle voulut sortir de cette position intolérable et crut ne pouvoir plus sûrement y parvenir qu'en portant plainte en diffamation contre Anne Charton et deux autres personnes qui avaient colporté ce bruit avec complaisance. Cette cause singulière fut plaidée avec une sorte de solennité. Le défenseur des prévenus soutint que l'imputation d'un fait absurde ne saurait présenter les caractères de la diffamation, et à l'appui de cette opinion, il demandait si l'on condamnerait comme diffamateur celui qui imputerait à autrui le fait d'avoir volé les tours de Notre-Dame.

» Le tribunal ne trouva pas cet argument péremptoire, car il condamna les prévenus : « Attendu que l'imputation » d''un fait impossible n'en est pas moins une diffamation, » s'il est de nature à porter atteinte à l'honneur ou à » la considération de la personne à laquelle il est imputé; » que dans la cause, le fait imputé, tout impossible qu'il » est, a cependant rencontré des crédules parmi les ha- » bitants de la campagne avec lesquels la naissance et l'état » de la fille Lambert la destinent à passer sa vie, et qui » ne la regardent plus qu'avec une sorte d'horreur; que, » près de personnes plus sensées, le fait imputé a fait con- » sidérer la fille Lambert comme déguisant son véritable » sexe; qu'ainsi le fait imputé a réellement porté atteinte » à son honneur et à sa considération. »

» Ce jugement est bien rendu, et résume en peu de mots toute la difficulté (1). »

III. Il n'y a pas que l'imputation de faits contraires à la loi positive qui constitue le délit de diffamation. Il est certain en effet que l'imputation de faits permis par la loi peut porter atteinte à l'honneur et la considération : *Non omne quod licet honestum est.*

C'est donc diffamer que de reprocher à quelqu'un des actes de fraude, de vol, d'immoralité, ou même simplement d'indélicatesse que la loi pénale ne frappe pas. — Ainsi jugé dans de nombreuses espèces. Voy. par exemple :

(1) M. Grellet-Dumazeau I, p. 30. C'est d'après les mêmes principes qu'il a été jugé, avec raison selon nous. que l'imputation de sorcellerie pouvait constituer le délit de diffamation.

Arrêt de Limoges, du 14 mars 1823; — Idem, Nîmes,
14 déc. 1848. — D. P., 50. 5. 372; — Idem, Cassation,
C. crim., 20 mai 1865. — D. P., 65. 1. 407; — C. crim.,
10 août 1865. — D. P., 66. 1. 361.

IV. Suffit-il que l'imputation soit de nature à rendre
un homme ridicule pour qu'elle soit diffamatoire?

Je crois que l'affirmative doit être admise sinon d'une
manière absolue, mais en tenant compte des circonstances
de la cause qui font que, suivant les cas, il y aura ou il n'y
aura pas atteinte portée à l'honneur ou à la considération de
la personne. Ainsi, prendre le nom d'un auteur connu pour
publier un ouvrage burlesque serait à mes yeux une diffamation, car en littérature surtout, le ridicule est le poison
qui tue infailliblement toutes les gloires. J'aurais donc condamné à ce titre M. Cubières-Palmezeaux qui publia méchamment sous le nom du célèbre critique Geoffroy une
tragédie idiote intitulée : *La mort de Caton.* Comment
nier en effet que l'auteur, couvert de ridicule, ne soit ainsi
atteint dans sa considération professionnelle (1) ?

Mais je ne saurais admettre que la critique d'un ouvrage,
quelque sévère, quelqu'injuste même qu'elle fût, pût être
poursuivie comme diffamatoire. L'auteur, le compositeur,
l'artiste qui affrontent le jugement du public doivent s'attendre à exciter d'autres sentiments que de l'admiration ;
leurs oreilles doivent être prêtes à entendre autre chose
qu'un concert de louanges. C'est le sort commun des œuvres d'art d'exciter d'autant plus de jalousies, de colères et
de haines, qu'elles s'élèvent plus au-dessus de la vulgaire
médiocrité, et, comme le dit fort justement et fort élégam-
ment M. Grellet-Dumazeau : « Si l'éloge immérité ne fait

(1) En ce sens voy. Dalloz, loc. cit. n° 421; — M. Grellet-Dum. I,
p. 92. — Contra M. Chassan, I, p. 341 et de Grattier I, p. 186.

pas vivre les mauvais ouvrages, il n'y a pas d'exemples que la diffamation en ait tué un bon. En cette matière, le temps qui, d'ordinaire, renforce la calomnie, ne permet jamais qu'il en reste quelque chose (1). » Que l'artiste demeure donc calme, en présence des attaques dont il est l'objet : la justice se fera à son heure, d'autant plus éclatante qu'elle aura plus tardé à se produire ! Que s'il ne se sent pas la patience d'attendre, je ne lui connais qu'un moyen de désarmer la critique, c'est de faire encore et toujours mieux.

Toutefois, si j'accorde le droit plein et entier de critique à l'égard de l'ouvrage, c'est à la c lition qu'on ne se livrera pas, sous ce prétexte, à des a   es personnelles contre l'auteur. Ainsi, il a été justement décidé que, lorsqu'à propos de l'examen d'une œuvre littéraire, le critique poursuivait d'allégations outrageantes la personne même de l'auteur, en le représentant par exemple, comme privé de raison et échappé d'un hospice d'aliénés, il y avait là une imputation de nature à porter atteinte à l'honneur et à la considération de l'auteur, et par conséquent renfermant la diffamation prévue par l'art. 13 de la loi du 17 mai 1819 (Crim. Cass. 20 nov. 1845. D. P. 46. 48).

D'après les développements qui précèdent, on peut voir que la question de savoir, s'il y a atteinte portée à l'honneur et à la considération est une question de fait pour l'appréciation de laquelle il faut s'en rapporter à la sagesse des tribunaux. Cette appréciation n'est d'ailleurs pas souveraine, et elle peut être réformée par la Cour de cassation. Telle est du moins la jurisprudence courante (2).

---

(1) M Grellet-Dum. loc. cit. 1, p. 87.
(2) Voy. infra, p.

§. IV. — DESIGNATION DE LA PERSONNE OU DU CORPS
CONTRE LEQUEL L'IMPUTATION EST DIRIGÉE.

Il va de soi qu'il n'y a pas de diffamation, si l'imputation
est dirigé·contre un être imaginaire : il faut donc comme
sujet de l'imputation un être *certain*. Cet être sera ou une
personne, c'est-à-dire un individu, ou un *corps*, c'est-à-
dire une collection d'individus. Mais est-il nécessaire que
la désignation de la *personne* ou du *corps* soit nominale ?
La négation est évidemment la seule réponse admissible.
La raison le veut ainsi, car le système contraire fournirait
aux diffamateurs un moyen par trop commode d'éluder
la loi ; et d'autre part, il est facile de reconnaître que tel est
aussi l'esprit de notre législation. (Argument tiré de l'art.
11 de la loi du 25 mars 1822) (1). Il en était de même en
droit romain (Voy. *supra* l'explication de la loi 6 Dig. *de
injur. et fam. lib*). Et c'est au surplus le système consacré
par la jurisprudence. Pour qu'un écrit soit poursuivi comme
diffamatoire, il n'est pas nécessaire que la personne diffamée y ait été désignée par son nom ; « *il suffit*, a-t-il été
jugé, *qu'elle y soit indiquée de manière à ce qu'aucun doute
raisonnable ne soit possible*, ce qu'il appartient aux juges de
décider souverainement. » (Crim. rej. 10 août 1841. —
Voy. dans le même sens : crim. rej. 29 avr. 1858.
D. P. 58. 5. 280) (2).

(1) Cet article accorde le droit de réponse à toute personne *nommée* ou
désignée dans un journal.

Portalis, le père, dans son rapport au Conseil des Anciens sur un
projet de loi relatif aux délits de la presse disait en l'an V. « qu'il ne
faut, en pareille matière, *admettre aucun subterfuge*, et fit supprimer
par cette raison l'art. 6 du projet, où l'on cherchait à définir et à limiter
la *désignation indirecte* des personnes.

(2) Sic. MM. Ch. ssan I, p 392 et s. ; Grattier I, p. 101 ; Grellet-Dumazeau, t. I, p. 50... etc.

Il n'est pas non plus nécessaire que l'imputation soit dans la forme du moins, directement personnelle au plaignant. Et nous ne pensons pas qu'il soit besoin pour l'établir de faire appel aux textes du droit romain et notamment à la loi 1" § 3 au Digeste *de injuriis et famosis libellis*, ainsi que l'ont fait bon nombre d'auteurs. Il y a, en effet, des imputations qu'on pourrait appeler *obliques* ou *par ricochets* qui atteignent du même coup deux ou plusieurs personnes différentes, et qu'on pourrait facilement dédoubler. — Exemple : Jean publie que la fille de Pierre se prostitue dans la maison paternelle. — Cette proposition s'analyse en deux imputations distinctes :

1° La fille de Pierre se livre à la prostitution ;

2° Pierre se rend complice des désordres de sa fille, en les tolérant dans sa maison. Ainsi, Pierre est atteint personnellement comme sa fille, quoique dans la forme, l'imputation paraisse dirigée uniquement contre cette dernière. Il n'est pas douteux que Pierre n'ait une action personnelle contre le diffamateur.

Qu'on examine tous les exemples d'imputations indirectes, qu'on les soumette à la même opération, il n'en est pas qu'on ne puisse de la sorte subdiviser en sous-imputations donnant naissance à autant d'actions qu'il y a de personnes réellement atteintes. C'est là, je crois, la meilleure manière d'expliquer les faits. L'intervention des lois romaines en cette matière est non-seulement inutile mais même dangereuse, à moins qu'on ne les cite que pour montrer l'écart qu'il y a entre elles et notre système français. Cet écart est considérable : on sait en effet que le maître avait une action personnelle pour l'injure grave à son esclave, le père pour l'injure faite à son fils, alors même que cette injure ne rejaillissait ni sur le maître ni sur le père ; il en était de même du mari pour l'injure faite à sa femme. Dans notre droit, au contraire, si l'injure s'arrête à la personne de l'enfant ou de la femme, le père ni le mari n'ont point d'action en leur nom ; ils ne peuvent agir, le mari que comme maître des actions de sa femme, le père comme représentant son enfant, si celui-ci est en minorité.

C'est d'après la même distinction que nous déciderons la question de la poursuite des diffamations contre les morts, et nous voici naturellement conduits à nous expliquer sur cette intéressante controverse, où sont engagés de si grands intérêts : d'une part, le respect dû à ceux qui ne sont plus, et d'autre part les franchises de l'histoire et ce qu'on pourrait appeler le droit des hommes à la vérité !

Posons d'abord, comme un principe certain et au-dessus de toute discussion, que l'héritier qui se sent personnellement touché de l'injure faite à la mémoire de son auteur, peut en poursuivre la répression. En effet, n'est-ce pas lui le véritable diffamé ? Et, lorsqu'il poursuit, n'est-ce pas sa propre affaire qu'il gère ? C'est d'ailleurs un point sur lequel tout le monde est d'accord.

La division naît lorsqu'en fait comme dans l'intention du diffamateur l'imputation s'arrête à la mémoire du défunt, sans atteindre la personne de ses héritiers. Ceux-ci, en pareil cas, pourront-ils demander à la justice de venger la mémoire du mort ? Cela revient à se demander si la loi du 17 mai 1819 a prévu et puni la diffamation contre les morts en même temps que la diffamation contre les vivants.

La Cour de cassation a eu à se prononcer en 1840, dans une espèce où la question était nettement posée en ces termes (1). Elle l'a résolue affirmativement, conformément aux conclusions du procureur général Dupin, et depuis elle a

(1) Voy. aff. Dupanloup, D. P. 60, 1, 601.

11

persisté dans cette jurisprudence (1), malgré l'opposition de la plupart des Cours impériales. Voici, aussi brièvement que nous le pourrons faire, les raisons sur lesquelles s'appuient les deux arrêts de la Cour suprême.

La mémoire des morts est chose trop respectable et trop sacrée, pour que le législateur ait oublié de la défendre contre les diffamations posthumes, les plus lâches de toutes puisqu'elles s'adressent à des êtres qui ne peuvent pas y répondre! A toutes les époques, et chez tous les peuples, on trouve inscrite et garantie dans les lois la protection de ceux qui ne sont plus; et non-seulement la protection matérielle de la cendre et du tombeau, mais du souvenir, de la réputation, de la gloire des morts. (Voy. Loi 1 § 4 au Digeste, *de injuriis et famosis libellis.* Solon même, qui permettait de tout dire des vivants, à condition de le prouver, défendait absolument de dire quoi que ce fût contre les morts.) La loi française aurait-elle failli à ce devoir? Examinons.

Assurément, elle n'est pas, dans son esprit, du moins, indifférente au respect des morts, cette loi qui déclare indigne de succéder l'héritier « qui n'a pas dénoncé à la justice le meurtre du défunt, dont il était instruit; » Art. 727 C. N.

Cette loi qui fait « de l'injure grave à la mémoire du testateur » une cause de révocation des testaments; (Article 1047 C. Nap.)

Cette loi qui, dans les art. 444-147 C. d'inst. crim. prend un soin si jaloux de permettre et de régler la *révision* du procès criminel d'un condamné même après sa mort, lorsque l'erreur de la condamnation devient évidente;

Cette loi enfin qui assure l'inviolabilité de la sépulture (art. 360 C. pén.) et qui a reçu en naissant ce beau com-

(1) Cass. ch. réun. du 1er mai 1867. D. P. 67, 1, 129.

mentaire:« *La loi n'abandonne pas l'homme quand il a cessé de vivre.* »

L'est-elle davantage dans son texte? C'est toujours à l'art. 13 de la loi du 17 mai 1819 qu'il faut recourir pour connaître la véritable pensée du législateur en matière de diffamation. Or voici comment s'exprime cet article : « Est une diffamation, toute allégation ou imputation d'un fait qui porte atteinte à l'honneur ou à la considération d'une personne .... » *Une personne*, dit la loi, et non pas *une personne vivante* : «*Personne* est un mot générique désignant tout être qui a revêtu la personnalité humaine, qu'elle vive ou qu'elle soit morte (1). » Les termes de l'art. 13, loin de faire obstacle au système de l'affirmative, lui sont donc extrêmement favorables.

On objecte, il est vrai, qu'à la Chambre des pairs comme à la Chambre des députés on a été muet sur la question de diffamation à l'égard des morts, et qu'on en eût très probablement parlé, si on avait pensé que la loi en discussion lui fût applicable. A cela, il y a une réponse bien simple : l'ancienne jurisprudence française, se fondant sur les lois romaines, a toujours puni la diffamation contre les morts comme la diffamation contre les vivants. Si tel était l'état de choses préexistant, le législateur de la Restauration n'avait pas à en parler, à moins qu'il ne voulût le modifier : son silence n'a fait que le confirmer.

Mais, dit-on, la loi du 26 mai 1819 exige pour la poursuite des délits de diffamation « la plainte de la partie qui se prétendra lésée. » Art. 5. — Or, les morts ne se plaignent pas, et qui aura qualité de se plaindre pour eux ? Lesquels et jusqu'à quel degré? La loi d'ailleurs leur

---

(1) Rapport de M. le conseil. Plougoulm dans l'aff. Dupanloup. Voy. D. P. 60, 1, 601 et s.

en donne-t-elle le pouvoir? Et s'il ne tiennent pas ce pouvoir de la loi, comment le trouveraient-i's dans la succession du *de cujus*, puisqu'au moment de sa mort, le *de cujus* ne l'avait pas? Il faut donc reconnaître que si la loi avait voulu punir les délits de diffamation contre les morts, elle aurait établi des règles spéciales pour leur poursuite. — A c tte objection voici ce que répondent les partisans de l'affirmative : 1° Si la loi frappe comme un délit la diffamation à l'égard de morts, — et nous croyons l'avoir démontré, — il faut bien admettre qu'à défaut des morts qui ne peuvent l'exercer, le droit de poursuite appartient à quelqu'un: qui veut la fin, veut les moyens. Or, ce droit revient naturellement aux héritiers qui ont succédé non-seulement aux biens matériels, mais à l'honneur et à la réputation de leur auteur, et qui ont le devoir et la mission de défendre les uns et les autres. N'est-il pas d'ailleurs de principe que les héritiers continuent la personne du défunt : « *heredes personam defuncti sustinent?* » Dès lors, ne peut-on pas dire que c'est le défunt lui-même qui a porté plainte par la bouche de ses héritiers?

2° L'art. 5 (loi du 26 mai 1810) qu'on nous oppose, ne dit pas d'ailleurs que la plainte doive nécessairement émaner de la personne *diffamée*, mais de la partie *qui se prétend lésée*. » Or, est ce qu'un héritier ne sera pas toujours lésé au moins moralement, lorsque son auteur aura été l'objet d'une imputation odieuse, alors même que son propre honneur n'en aurait pas été atteint?

Enfin, si l'on objecte que l'affirmative porte atteinte aux droits et aux franchises de l'histoire, les partisans de ce système répondent avec la Cour de cassation « que la limite imposée à la diffamation ne peut, en aucun cas, devenir une gêne pour l'histoire; que le juge saura toujours reconnaître la bonne ou mauvaise foi de l'écrivain, apprécier le but de ses arguments et de ses attaques, ne pas confondre les nécessités et les franchises de l'histoire avec la malignité du pamphlet, et enfin ne trouver le délit que là où il rencontrera l'intention de nuire. » (Arrêt du 24 mai 1850, aff. Dupanloup.)

— Quelle que soit l'autorité qui s'attache aux arrêts de la Cour de cassation, la doctrine que nous venons d'exposer a soulevé de nombreuses protestations qui nous semblent parfaitement fondées et que nous devons faire connaître.

Sans doute, on a raison de mépriser comme les plus vils des hommes ceux qui déversent sur la mémoire des morts l'injure et la calomnie, et tout le monde s'accorde à penser que c'est contre des gens de cette espèce que les sévérités de la loi seraient le mieux justifiées. Mais, de ce que la mémoire des morts est digne de protection, conclure qu'elle a dû être protégée, c'est donner à la loi un témoignage de confiance qui demande à être appuyé sur des raisons solides.

Or, est-ce un argument bien sérieux que de nous opposer des articles tirés de différents codes, pour établir que notre loi n'abandonne pas l'homme qui vient de quitter la vie et qu'elle lui continue une partie de la protection qu'elle ne lui refusait pas de son vivant? On peut répondre d'abord que ces articles sont tout à fait étrangers à la matière et qu'ils ont été inspirés par des motifs particuliers. Mais il y a plus : si le législateur a cru devoir s'expliquer dans les cas des articles 727, 1046 et 1047 C. Nap.; 444-447 C. inst. crim. et 360 C. pén., et s'il n'a rien dit en ce qui concerne la diffamation envers les morts, c'est qu'il n'a pas entendu réprimer ce dernier délit. Son silence à cet égard emprunte une signification non équivoque à ses dispositions formelles dans les cas des articles précités : *Qui dicit de uno negat de altero.*

Laissons donc de côté ces analogies périlleuses, et venons-en à l'art. 13 qui est le siége de la controverse. On prétend, dans le système que nous combattons, que le mot *personne* est un mot générique et comprend dans son étendue tout être vivant ou mort « qui a revêtu la personnalité humaine. » Nous ne nions pas que le mot dont il s'agit ne puisse se prêter à cette extension; mais nous soutenons que ce n'est pas son sens habituel, et qu'en droit criminel notamment, il désigne toujours un être *vivant*. Cette observation prend encore de l'importance, quand on se reporte à la législation qui a immédiatement précédé celle de 1810, et à l'historique des lois des 17 et 20 mai.

L'ancienne jurisprudence punissait, dit-on, la diffamation contre les morts aussi bien que la diffamation contre les vivants. Nous ne l'ignorons pas, et nous ajoutons que cela était juste et naturel dans une législation qui ne bornait pas les poursuites criminelles à la vie de l'accusé et où l'on faisait des procès à la mémoire : il eût été inique de faire par fiction revivre le défunt, uniquement pour le frapper, jamais pour le défendre. Notre loi, plus matérialiste et plus humaine, ne s'exerce pas contre une ombre, elle veut un *corps* pour frapper, et si le prévenu meurt avant ou durant la poursuite, l'action publique s'éteint avec lui. Dès lors, le principe changeant, les conséquences ne doivent plus être les mêmes.

Au surplus, cette considération mise à part, nous répondrons à nos adversaires que le système de la jurisprudence ancienne ne s'est pas continué sans interruption jusqu'à la loi de 1810 : le lien a été brisé par le Code pénal de 1810. C'est donc le système de ce code qui formait la législation préexistante, l'état de choses ancien : c'est là, par conséquent, qu'il faut chercher la pensée du législateur de 1810, s'il ne s'en est pas catégoriquement séparé.

Or, voici comment l'art. 367 définissait le délit de *calomnie*, le seul qui fût alors puni : « Sera coupable du délit
de calomnie celui qui, dans des lieux ou réunions publics,
soit, etc., *aura imputé à un individu quelconque des faits qui,
s'ils existaient, exposeraient celui contre lequel ils sont articulés à des poursuites criminelles ou correctionnelles, ou même
l'exposeraient seulement à la haine ou au mépris des citoyens.* »
Il suffit de lire cet article pour se convaincre que chacun
de ses termes suppose l'existence actuelle de *l'individu*
contre lequel les faits sont articulés. Et spécialement comment une imputation de faits quelconques pourrait-elle exposer un mort « à *des poursuites criminelles ou correctionnelles,* » puisque notre loi pénale ne poursuit que les vivants? Cependant, les rédacteurs du code n'ignoraient pas
combien sont odieuses les imputations dirigées contre ceux
qui ne sont plus! Et l'on ne peut pas dire qu'ils n'eussent
pas souci de la mémoire des morts, ceux qui ont prononcé
cette belle parole sous l'autorité de laquelle se place le système opposé : « *La loi n'abandonne pas l'homme quand il a
cessé de vivre!* » Voilà pourtant que ces mêmes hommes,
lorsqu'ils définissent le délit de calomnie, ne parlent point
de la calomnie contre les morts, et emploient des expressions telles qu'on n'y saurait faire rentrer en aucune manière ce genre de délit ! Ne serait-ce point qu'ils n'ont pas
entendu le punir?

Les choses étaient en cet état, lorsque fut présenté le
projet de loi sur les délits de la parole, de l'écriture et de
la presse, qui a formé la loi du 17 mai 1819. On sait quels
changements cette loi apportait au régime du code, soit
pour la qualification des délits, soit pour l'admission impossible contre les particuliers, possible contre les fonctionnaires de la preuve des faits diffamatoires. Le moment
était, semble-t-il, bien choisi pour prendre la parole en fa-

veur des morts, et réparer l'oubli regrettable commis en 1810. Personne n'y songea, ni à la Chambre des députés, ni à la Chambre des pairs, ni dans le gouvernement, pas un mot ne les rappela de près ou de loin ni dans la rédaction même des articles, ni dans l'exposé des motifs de M. de Serre, ni dans les rapports faits par les commissions des deux Chambres, ni dans la discussion publique de la loi. Eh bien, en présence d'un silence aussi absolu et dans de pareilles conditions, peut-on sérieusement soutenir que le législateur a entendu comprendre dans le mot « *personne* » de l'art. 13 les morts comme les vivants? Nous ne le pensons pas.

Mais ce n'est pas tout, et la loi du 26 mai 1819 votée à quelques jours d'intervalle de la loi du 17 mai, vient corroborer notre interprétation. Cette loi exige, pour que l'action publique soit mise en mouvement, « la plainte de la partie qui se prétendra lésée. » Art. 5. Or, que faut-il entendre par ces mots : « *la partie qui se prétendra lésée?* » Tout simplement ceci : « *la partie qui se prétendra diffamée;* » et nous le prouvons par les motifs mêmes qui ont conduit le législateur à subordonner l'action du ministère public à la plainte préalable des intéressés. « Nul, sans son consentement, disait le garde des sceaux dans son exposé, ne doit être engagé dans des débats où la justice même et le triomphe ne sont pas toujours exempts d'inconvénients. » Ainsi, le meilleur juge de la diffamation ou de l'injure, c'est la personne injuriée ou diffamée. A elle de décider s'il ne convient pas de laisser s'effacer l'affront qu'elle a reçu sous l'oubli, le pardon ou le mépris, plutôt que d'en poursuivre la réparation dans un procès d'où sa réputation sortirait peut-être plus maltraitée qu'avant. La limite de la lésion, qui sert de fondement à la plainte, sera donc « l'atteinte à l'honneur et à la consi-

dération ; « et voilà comment nous avions raison de dire,
en nous inspirant de l'esprit de la loi, que ces mots :
« *partie lésée* » répondent exactement à ceux-ci : « *partie*
diffamée (1). »

Ajoutons qu'une loi postérieure, la loi du 25 mars 1822,
loi essentiellement politique, et qui n'avait nullement pour
but de changer quoi que ce fût au régime de la diffamation
contre les particuliers, portait textuellement, art. 17 : « Au
cas de diffamation ou d'injure contre un particulier, la
poursuite n'aura lieu que sur la plainte du particulier *qui*
se croira diffamé et injurié. » Il est bien vrai que cette
loi a été abrogée par celle du 8 octobre 1830, et qu'elle
n'a pas été depuis remise en vigueur ; mais elle n'en subsiste pas moins comme un commentaire officiel et authentique de la loi du 26 mai 1819, sur le point qui nous
occupe.

Cela posé, à quel titre un héritier serait-il admis à porter plainte pour une injure faite à la mémoire de son
auteur? Les partisans de l'affirmative nous disent : « L'héritier continue la personne du défunt, » suivant une
maxime de droit que tout le monde admet ; c'est donc, en
quelque sorte, le défunt lui-même qui rend plainte par l'intermédiaire de ses héritiers. — Nous répondons : il est
bien vrai qu'en droit civil « *her. des personam defuncti*
sustinent, » en ce sens que les héritiers purs et simples
succèdent aux dettes et charges du défunt comme à tous

(1) Si d'ailleurs il en était autrement, si la simple *lésion morale* donnait le droit de rendre plainte, il faudrait aller plus loin, et dire que
non-seulement les héritiers peuvent poursuivre la diffamation qui s'a-
dresse à la mémoire de leur auteur, mais encore que les parents d'une
personne vivante peuvent mettre par leur plainte l'action publique en
mouvement, si cette personne reste dans l'inaction en présence d'une
diffamation dont elle a été l'objet. Or, qui oserait aller jusque-là ?

ses droits et actions. Mais cela est radicalement faux en droit criminel où l'héritier ne peut être poursuivi pénalement du chef de son auteur, à moins qu'on ne prétende que représentant le défunt pour la poursuite, il ne le représente plus pour la prévention, et qu'il ne continue sa personne que « *quoties de commodis agitur* » ce qui est inadmissible.

Si, d'ailleurs, on reconnaissait aux héritiers le droit de porter plainte au nom de leur auteur diffamé, dans quelles difficultés inextricables ne tomberait-on pas! Donnerait-on le droit de plainte à tous indistinctement? Ne le donnerait-on qu'aux héritiers du nom au détriment des autres? aux héritiers purs et simples à l'exclusion de ceux sous bénéfice d'inventaire? *Quid*, au cas où l'un des héritiers voudrait agir, l'autre rester dans l'inaction? *Quid*, s'il n'y avait point d'héritiers acceptants? Le ministère public pourrait-il poursuivre d'office? etc., etc. Il y avait là des conflits que la loi n'aurait certainement pas manqué de prévoir et de régler, si elle avait entendu permettre aux héritiers du défunt diffamé de porter plainte en son nom : c'est encore là, pour nous, un motif déterminant de rejeter le système de l'affirmative.

Enfin, nous invoquons, en dernier lieu, à l'appui de notre système, les droits et les franchises de l'histoire, qui dans l'état actuel de la législation sur la preuve des faits diffamatoires, recevraient du système opposé une mortelle atteinte. — Mais, nous disent les partisans de l'affirmative, le véritable historien ne tombe pas sous le coup des prévisions de la loi de 1819. L'histoire loyale, sincère, impartiale, qui ne dit que la vérité et qui la dit avec modération et sans emportement, celle-là sera toujours possible et permise : les pamphlets et les satires tomberont seuls sous les prohibitions légales. » — Nous nous demandons d'abord quelle idée nos adversaires se font de l'histoire! Eh quoi! le devoir et le droit de l'historien s'arrêtent-ils à faire un récit froid et incolore des événements politiques, à dresser une nomenclature sèche et aride des faits et gestes de princes ou hommes d'État d'un siècle ou d'une époque? Ne sera-t-il pas permis à l'écrivain consciencieux et convaincu de flétrir, même avec passion, le crime, lorsqu'il le rencontrera sur sa route, et de livrer à l'impitoyable haine de la postérité le souvenir d'un homme qui a su s'imposer à force d'astuce ou de despotisme à l'admiration ou à la servilité de ses contemporains? L'œuvre d'un Tacite ne serait-elle donc plus possible, sans que l'auteur encourût dix-huit mois d'emprisonnement ou trois mille francs d'amende? Macaulay, Michelet, tous ceux qui ont écrit l'histoire avec la généreuse et ardente passion du vrai et du bien, ne seraient-ils que de vils pamphlétaires? Non, sans doute; et le rôle de l'histoire est plus élevé que ne le prétendent les partisans du système opposé. Ce n'est point avec de froides tablettes qu'on la doit représenter, mais une balance à la main, comme la Justice, car elle aussi doit juger, — c'est une des conditions de l'impartialité; — et, dès là qu'elle juge, il faut lui reconnaître le droit de condamner et de flétrir.

Mais en admettant même la théorie de nos adversaires, nous leur demandons sur quoi ils fondent leur distinction entre l'histoire erronée et calomnieuse et l'histoire véridique? Ce n'est pas apparemment sur la loi de 1819 qui punit indistinctement toute imputation de faits vrais ou faux, dès qu'elle est de nature à porter atteinte à l'honneur ou à la considération des personnes. Eh bien, nous leur dirons : Soyez conséquents avec votre principe! Si la loi de 1819 se réfère, comme vous le prétendez, aux morts aussi bien qu'aux vivants, appliquez-la dans son entier, et n'introduisez pas une distinction qu'elle répudie formellement!

Je sais bien que la Cour de cassation indique une autre
base à la distinction qu'elle fait entre l'histoire permise et
le pamphlet coupable. Cette base, c'est la bonne ou la
mauvaise foi de l'écrivain : « *Le juge saura*, dit l'arrêt
du 24 mai 1860, *apprécier le but de ses arguments et de
ses attaques, et ne trouver le délit que là où il rencontrera l'intention de nuire.* » Mais ce n'est là, croyons-
nous, qu'une erreur de plus à ajouter aux précédentes. En
effet, la Cour nous semble avoir oublié ce qui constitue
d'ordinaire à ses yeux l'intention de nuire en matière de
diffamation. L'intention de nuire consiste simplement,
nous le verrons bientôt, dans la connaissance qu'a le diffamateur de l'atteinte que va causer son imputation à la personne qui en est l'objet, jointe à la volonté de la causer. Or,
nous l'affirmons sans crainte d'être démenti, il ne se pré-
sentera peut-être pas un cas où l'historien n'aura pas agi
sciemment, c'est-à-dire en appréciant le dommage que la
publication qu'il fait était de nature à causer à la mémoire
des personnes par lui désignées.

La concession que la Cour suprême veut bien faire aux
franchises de l'histoire est donc purement illusoire.

Nous préférons le système qu'a présenté dans le tome
II de son *Traité de droit public et administratif*, notre savant professeur, M. Batbie : il est au moins plus logique et
plus juridique.

L'historien peut raconter tous les faits, quels qu'ils soient,
se rattachant à la vie publique d'un défunt, à condition
d'en fournir la preuve, selon la loi. Quant aux faits de la
vie privée, il n'y peut toucher, encore qu'il ait en main les
preuves de la vérité. C'est, on le voit, l'application pure et
simple à la mémoire des morts des dispositions législatives
de 1819 concernant l'honneur ou la considération des vivants. Si ce système est logique, combien n'est-il pas ri-

goureux pour l'histoire! En effet, aux termes du décret du 17 février 1852, la preuve des faits diffamatoires relatifs à une fonction publique ne pouvant se faire que par écrit, ce qui est fort rare, c'est, dans la plupart des cas, fermer la bouche à l'historien sur la conduite politique des hommes publics dont il raconte la vie. Quant aux actes de la vie privée, ils échappent complétement à son domaine. Eh bien! nous le demandons à l'honorable M. Batbie, est-il possible de tracer le tableau fidèle d'une époque, si l'on néglige la partie anecdotique dans laquelle se reflètent les mœurs, les défauts et les vices du temps? N'est-il pas vrai que les erreurs de la vie privée expliquent souvent les fautes politiques des hommes d'Etat? N'est-ce pas quelquefois dans les mœurs corrompues d'une société qu'il faut chercher la cause profonde sinon le prétexte apparent de ses transformations et de ses révolutions politiques?

S'il en est ainsi, il ne faut pas que ce champ soit fermé aux investigations historiques, pas plus que le domaine des faits publics; ici, comme là, l'écrivain ne doit connaître qu'une seule limite, la vérité. Voilà le seul système qui nous paraisse juste à nous qui sommes partisans de la preuve de faits diffamatoires.

Mais en attendant qu'une loi plus rationnelle que celle de 1810 ait donné satisfaction à ce que nous considérons comme les vrais principes de la matière, nous pensons que la diffamation contre la mémoire des morts n'est pas un délit prévu et puni par notre législation; et, en conséquence, nous repoussons comme erronée la doctrine de la Cour de cassation.

En ce sens, voyez MM. Chassan, t. 1, p. 860; — de Grattier, t. 1, p. 100; Grellet-Dumazeau, t. 1, nº 61 et s. — Faustin-Hélie, *Inst. crim.*, t. II., p. 361; — Bonnier, *Traité des preuves*, 3ᵉ édit. (1862), t. 1, p. 92 et s.; —

Paillart, *Les Franchises de l'historien.* — A. Lefebvre-Pontalis, *La Liberté de l'histoire*; Dalloz. Recueil période., 60, I. 60 s. et 67, I. 120. Devilleneuve et Carette, idem., etc., etc... *Contra*: voy. MM. Carnot; — Carré; — Bertin, *Le Droit des 30, 31 janv., et 1ᵉʳ févr.* 1867; — Valette, idem; — Batbie, *Droit public et administratif*, t. II, p. 439 et s.

Jurisprudence la plus récente. En ce sens : Paris, 19 mars 1860. D. P. 60, I, 601; Rennes, 2 nov. 1865; Angers, 28 mai 1866, D. P. 67, I, 129; Trib. corr. de Lyon, 16 nov. 1868. Le Droit, du mois de novembre 1868. — *Contra* : Lyon, 11 décembre 1868. Dev. et Car. 1869, 2, 2.

Cass. ch. crim. du 24 mai 1860 (aff. Dupanloup). D. P. 60, I, 601. Cass. ch. réun. du 1ᵉʳ mai 1867. D. P. 67, I, 120.

Est-ce à dire que l'héritier va se trouver absolument privé des moyens de venger une chère mémoire? Nullement. Il lui reste encore (nous dirons plus loin dans quelles limites) la voie de l'action civile en réparation, fondée sur l'article 1382 du Code Napoléon.

Nous n'avons plus que peu de mots à dire en ce qui concerne la désignation de la personne contre laquelle l'imputation est dirigée. Il n'est pas nécessaire que l'imputation ait été proférée en sa présence pour être punissable. Telle était déjà la doctrine du droit romain en matière d'injures verbales. « *Conviciam non tantum præsenti, verum absenti quoque fieri posse Lab.o scribit.* » Loi 15, § 7, au Dig. *de injuriis.*

« Suivant la coutume de Bourgogne, l'injure verbale prononcée en l'absence de la personne offensée n'était punie qu'autant qu'elle était réitérée. (*Consuet. ducatus Burgundiæ.* Comment. de Chassanée, p. 114.) Mais rien n'indique qu'un pareil principe puisse être invoqué en matière de diffamation. (1) »

L'art. 13 punit non-seulement la diffamation dirigée contre des personnes, mais encore celle qui s'adresse à des *Corps*, c'est-à-dire à des collections d'individus agissant soit dans un intérêt public, soit dans un intérêt privé. De ce nombre sont les différentes sociétés commerciales ou civiles qui se fondent tous les jours pour l'exploitation d'une industrie, ou la mise en rapport d'une agglomération de capitaux, journaux, compagnies d'assurances, maisons de banque, etc., etc. Aussi ne manque-t-il pas d'exemples de procès en diffamation intentés par des sociétés de ce genre soit contre des particuliers, soit contre des sociétés rivales. Voyez notamment : aff. de la comp. d'assurances *le Soleil* contre divers journaux. (Paris, 17 août 1835. *Gazette des tribunaux* du 28;) idem. *Le Constitutionnel*, c. *La Quotidienne* (Paris, 14 mai 1820. *Gaz. des trib. du* 15); idem, la *Société des physionotypes* c. le *Corsaire* (Paris, 24 fév. 1830. *Gaz des trib.* du 25.)

Faut-il ranger les communautés religieuses non autorisées parmi les *Corps*, et dire que le chef de la communauté pourra poursuivre au nom de toute la communauté l'imputation adressée à l'un de ses membres ? Ou bien, n'y aurait-il qu'une action personnelle à la disposition de chaque membre qui aurait été atteint par l'imputation dans son honneur ou sa considération? (Voy. Angers, 21 mars 1822, aff. Les dames du Bon-Pasteur, c. *Le Précurseur de l'Ouest.*)

---

(1) Dalloz, loc. cit. n. 814. — Sie. MM. Grellet-Dumazeau. t. 1, p 83, Chassan, t. 1. p. 378, de Grattier.

§ V. — DE LA PUBLICITÉ.

La publicité est aussi indispensable à la diffamation que l'air à nos poumons : c'est elle qui donne à l'imputation sa vie, sa gravité, qui la consomme enfin. La loi de 1819 n'avait donc pas besoin de dire d'une façon formelle que la diffamation doit être publique; mais au surplus elle le reconnaît implicitement dans la rubrique même de son chapitre V : *De la diffamation et de l'injure publiques*, et dans son article 14 qui renvoie, quant aux moyens de les commettre, à l'article 1er. « La diffamation et l'injure *commises par l'un des moyens énoncés en l'article 1er de la pré sente loi*, seront punies d'après les distinctions suivantes...» Examinons donc, d'après l'article 1er, en quoi doit consister cette publicité exigée par la loi. Voici les termes de cet article :

« Quiconque, soit par des discours, des cris ou menaces proférés dans des lieux ou réunions publics, soit par des écrits, des imprimés, des dessins, des gravures, des peintures ou emblèmes vendus ou distribués, mis en vente ou exposés dans des lieux ou réunions publics, soit par des placards ou affiches exposés aux regards du public, aura etc... »

On le voit, les différents modes de publication, si complaisamment énumérés dans l'article, peuvent se ramener à deux genres principaux : 1o *Publication orale*, 2o *Publication écrite*. Étudions-les successivement.

1. Publication orale. — « *Quiconque, par des discours, des cris ou menaces proférés dans des lieux ou réunions publics...*» Ainsi s'exprime l'article.

Par *discours* il faut entendre non-seulement une composition oratoire de longue haleine, mais généralement un

propos quelconque, une conversation sans pompe et sans
apprêts, un simple récit : le mot doit être pris ici dans son
sens le plus large. Quant aux *cris* ou *menaces*, leur signification est assez précise pour que toute explication nous paraisse superflue.

Il faut remarquer le mot *proférés* dont se sert la loi : c'est
à dessein qu'il a été introduit dans notre article où il ne se
trouvait pas à l'origine, du moins avec l'étendue qu'il a
maintenant. Le projet était en effet ainsi conçu : « Quiconque, soit par des discours *tenus*, des cris ou menaces proférés.....» Or, on fit observer que, si l'on maintenait dans la
rédaction de l'article le mot *tenus*, les tribunaux condamne-
raient pour une confidence surprise dans une conversation
intime, pour des propos émis même à voix basse. Voulait-
on aller jusque-là? Il fallait le déclarer, sinon, il était indispensable d'employer une formule non équivoque, et en
conséquence on proposait de substituer à la rédaction primi-
tive, la suivante : « Quiconque, soit par des discours, des
cris ou des menaces proférés. » L'amendement fut pris en
considération et l'article définitivement adopté avec cette
modification. Concluons-en qu'il n'y a publicité suffisante
pour constituer une diffamation, qu'autant que les propos
ont été prononcés à haute voix, de façon à pouvoir être entendus d'autres personnes que des voisins les plus proches.

« *Proférés dans des lieux ou réunions publics......* » Nous
verrons tout-à-l'heure ce qu'il faut entendre par *lieux publics* et *réunions publiques :* mais, cette question réservée,
on se demande si la loi exige que le diffamateur soit personnellement placé dans les lieux ou réunions publics pour
qu'il y ait *discours proférés*, ou s'il suffit que les discours proférés ailleurs soient parvenus à l'oreille des personnes qui
se trouvaient dans les lieux ou réunions publics. En d'autres
termes et en me servant d'une formule latine tout à fait

propre à rendre ma pensée, les discours doivent-ils être proférés *in loco* ou seulement *in locum?* --- Je ne pense pas qu'il soit nécessaire que les discours aient été proférés *in loco*: cela nous mènerait à des conséquences par trop absurdes. On serait en effet conduit à décider que des propos diffamatoires tenus à haute voix à une fenêtre donnant sur la rue ne sont pas répréhensibles, alors que l'effet produit serait le même que s'ils avaient été proférés sur la voie publique. Mais j'admets volontiers que l'individu qui aura proféré dans sa maison des discours diffamatoires entendus de la voie publique doive être couvert par une présomption de bonne foi. On supposera donc, à moins de preuves évidentes du contraire, qu'il n'avait pas l'intention d'être entendu du dehors lorsqu'il tenait dans l'intérieur de sa maison les propos diffamatoires qu'on relève contre lui.

Des lieux publics. D'une manière générale, un lieu public peut-être défini : *celui qui est accessible au public.* Si l'on descend au détail, on verra que les uns sont accessibles au public constamment et à chaque instant, et les autres momentanément seulement. Les premiers ont été très-justement appelés *publics par nature* et les seconds *publics par destination.*

Du nombre des premiers sont : les rues, les places, les routes, les chemins; parmi les seconds, nous compterons : les théâtres, les églises, les écoles, les bibliothèques publics, etc., etc.

Les rues, les places, les chemins, etc. ne cessent jamais d'être publics, même quand il ne s'y trouve personne, même la nuit (1). Au contraire, les théâtres, églises, temples, écoles, etc. ne sont publics que lorsqu'ils servent à l'usage

(1) Dalloz, loc. cit, n° 535.

auquel ils sont destinés : dès que cet usage cesse, ils redeviennent privés.

Il arrive quelquefois que des lieux privés de leur nature,
et dont la destination habituelle est de demeurer privés,
sont affectés cependant à un usage public : telle serait
une maison privée louée pour un banquet, pour un bal ou
pour un spectacle publics. M. Chassan appelle ces lieux
publics par accident. Toute la différence qu'il y a entre eux et
les bibliothèques, temples, églises, etc. c'est que la destination publique de ceux-ci est *permanente,* tandis que celle
des premiers est purement *accidentelle et passagère.* Au reste
les mêmes règles sont applicables aux uns comme aux
autres ; ils ne deviennent publics que lorsque par suite de
cette destination permanente ou accidentelle, ils sont accessibles au public. Dès que l'accès en est interdit au public,
ils redeviennent privés, et les propos outrageants qui y
sont proférés, ne sauraient constituer une diffamation.

Cela posé, suffit-il, pour que les propos outrageants deviennent diffamatoires, qu'ils aient été proférés dans des
lieux publics, sans se préoccuper du plus ou moins grand
nombre d'auditeurs qui les ont recueillis? En autres termes
la publicité du lieu suffit-elle à constituer la publicité de
l'imputation? MM. Chauveau et Faustin-Hélie, Dalloz......
répondent négativement. Il faut, d'après ces auteurs, que
les discours aient été proférés en présence *d'un certain nom-*
bre de personnes : de combien? Ils ne le disent point, mais
une seule ne suffirait pas (1). M. de Grattier, d'accord en
cela avec M. Chassan et M. Parant est d'un avis opposé :
selon lui, dès qu'une personne a entendu le propos diffamatoire proféré dans un lieu public, ce propos a reçu la pu-

(1) Chauveau et Hélie. Théorie du code pénal IV, p. 210; Dalloz,
loc. cit., n° 535.

blicité nécessaire et suffisante pour le rendre punissable (1).

« Si les propos ont été proférés dans un lieu public, dit de son côté M. Parant, peu importe qu'ils n'aient été entendus que de deux personnes déjà informées : *le nombre des auditeurs n'y fait rien.* Le délit existe par cela seul que le lieu est accessible à tout le monde, que le coupable a parlé à haute voix, et qu'il a pu dès lors être entendu de quiconque serait survenu (2). » C'est, croyons-nous, la doctrine la plus juridique. Certes, nous n'hésitons pas à reconnaître que l'opinion contraire paraît au premier abord bien plus douce, bien plus humaine, bien plus conforme à la raison et à l'équité. N'est-ce pas en effet la publicité, — mais la publicité réelle s'entend, — qui donne à l'imputation diffamatoire sa force et son danger? Or il n'y a pas de publicité effective sans public, et peut-on sérieusement dire qu'*une seule* personne constitue *un public?* — Voilà l'objection dans toute sa gravité, et elle est grave, nous l'avouons. Mais à cette question nos adversaires nous permettront sans doute, de répondre par une autre. Si *une* personne ne constitue pas un public, combien en faudra-t-il? Est-ce deux, ou dix, ou vingt, ou davantage? C'est ici qu'apparaît le vice radical du système que nous combattons. Singulièrement embarrassés de répondre dans le silence de la loi, nos adversaires se divisent : les uns, comme M. Dalloz, expliquent les mots *lieux publics* par ceux-ci déjà assez difficiles à fixer eux-mêmes : *réunions publiques.* Ce qui revient à dire qu'il faudra, pour qu'il y ait diffamation, que les propos aient été proférés non-seulement dans des lieux publics, mais aussi dans des réunions publiques, ce qui est radicalement con-

---

. (1) De Grattier, I, p. 122.

(2) M. Parant. Loi sur la presse, p. 88. Même sens : M. Grellet-Dumazeau, loc. cit., t. I, p. 103 et s. et p. 108.

traire au texte de l'article 1ᵉʳ : « Quiconque par des discours proférés dans des lieux ou réunions publics... » Les autres s'en remettent à la sagesse des tribunaux du soin d'apprécier suivant les circonstances, s'il y a eu publicité réelle et effective. Conséquence : *tot capita, tot sensus*, c'est-à-dire, l'incertitude et l'inégalité, la cour de Paris décidant que trois personnes suffisent à constituer un public, la cour de Rouen en exigeant douze, la cour d'Orléans quinze ou vingt, c'est-à-dire, en d'autres termes l'arbitraire des tribunaux substitué à l'impartialité de la Loi. Or, s'il est une matière d'où l'arbitraire doit être banni, c'est surtout, on en conviendra, en matière pénale. Que les juges prennent en considération le nombre des auditeurs pour abaisser ou élever la peine, rien de mieux, mais leur permettre suivant l'inspiration du moment, de déclasser un délit, c'est leur attribuer un pouvoir réellement exorbitant, contre lequel nous protestons (1).

Nous devons avouer pourtant que le système opposé est celui de la jurisprudence. (V. notamment un arrêt de rejet du 29 décembre 1865. D. P. 65. I. 192.) Si cette jurisprudence doit se maintenir, la distinction que la loi fait entre les lieux publics et les lieux privés perdrait, il faut bien le reconnaître, une grande partie de son importance. Néanmoins, comme la jurisprudence est chose essentiellement mobile et variable, et qu'elle peut nous surprendre par des retours imprévus, il n'est peut-être pas sans intérêt d'éclairer par quelques décisions pratiques, la distinction théorique que nous avons faite, avec M. Chassan, entre les lieux publics par nature, par destination ou par accident et les lieux privés.

(1) Le Code pénal italien de 1865 (art. 570) exige la présence dans les lieux publics où l'imputation est proférée, d'au *moins deux personnes* : « *Chiunque, con discorsi tenuti in pubbliche riunioni, o alla presenza di due o più persone in luoghi pubblici..... etc.* »

— Sont publics par destination :

Une salle d'audience; (crim. cass. 19 nov. 1820.)

Une classe de collège composée d'internes et d'externes; (crim. cass. 9 nov. 1832.)

Le greffe d'un tribunal; (crim. rej. 4 sept. 1823.)

Les bureaux d'une sous-préfecture; (crim. rej. 4 août. 1832.)

Ceux des employés des chemins de fer dans les stations; (crim. rej. 28 avr. 1843.)

La salle commune d'une auberge; (crim. rej. 1er août, 1845; D. P. 45, I. 415.)

La salle de délibération d'un conseil municipal, *lorsque d'autres personnes que les membres du conseil étaient présentes, et notamment les propriétaires les plus imposés de la commune*; (Orléans, 18 juill. 1836.)

L'étude d'un notaire, *lorsque le public y est appelé, par exemple en cas d'adjudication.* (Bourges, Ch. corr. 22 juillet 1836.)

— Sont des lieux privés :

Un presbytère et la cour de ce presbytère; (crim. cass. août 1816 et 1er mars 1833.)

Le domicile d'un juge de paix, quand ce magistrat ne procède à aucun acte public de son ministère; (Metz 10 oct. 1817; Riom, 24 déc. 1820.)

Un clos de vignes, même appartenant à plusieurs propriétaires, et même un jour de récolte; (Poitiers, 19 déc. 1820.)

L'étude d'un notaire, si ce n'est en cas d'adjudication; (Bourges, arrêt précité.)

La salle des délibérations d'un conseil municipal, lorsqu'aucune personne étrangère n'y est présente, (Riom, 16 juill. 1830. Crim. rej. 17 mai 1845, D. P. 45, 1, 437.)

Un arrêt de la Cour de cassation du 27 août 1831, a décidé qu'il n'y avait pas publicité suffisante dans une diligence faisant le transport des voyageurs d'une ville à une

autre. En poussant logiquement ce système à ses conséquences extrêmes, on déciderait de même pour tout mode
de correspondances, bateaux à vapeur, paquebots, trains
de chemins de fer, etc... Mais il faut dire que si la Cour de
cassation a ainsi jugé dans le cas spécial, c'est qu'il n'y
avait dans la diligence que six personnes ; et nous savons
qu'elle fait du nombre des auditeurs une condition essentielle de la publicité. Dans le système que nous avons adopté,
il va sans dire qu'une diligence publique, accessible à tous,
est un lieu public, quelque faible que soit le nombre de
ses places. A *fortiori* déciderions-nous de même des autres modes de transport de voyageurs où la réunion est plus
considérable. Il est bien évident d'ailleurs qu'il faudra tenir
compte de la difficulté qu'on éprouve à se faire entendre
en pareils lieux, à cause du bruit des roues ; de telle sorte
que des discours qui eussent pu à juste titre être considérés ailleurs comme *proférés*, pourront n'être regardés que
comme *tenus* à voix basse.

Des réunions publiques.—Il ne suffit pas que les propos
n'aient pas été proférés dans un lieu public, il faut encore
qu'ils ne l'aient pas été dans un lieu privé où se tenait une
réunion publique. Il est donc important de rechercher ce
qu'est, au sens de la loi de 1819, une réunion publique.
Malheureusement les éléments de décision nous manquent
absolument, soit dans l'exposé des motifs du projet présenté
par le gouvernement, soit dans les rapports de la commission, soit dans la discussion devant les Chambres. Faut-il
donc entendre par réunions publiques ce que les lois politiques proscrivent ou réglementent en s'attachant au but,
aux efforts communs, à l'organisation des membres qui les
composent? Irons-nous, en un mot, chercher le commentaire
de l'art. 1er de la loi du 17 mai 1819, soit dans l'article
291 du Code pénal, soit dans la loi du 8 juin 1868? Pour

ma part, je ne le pense pas. La raison politique et l'honneur
des personnes n'ont rien de commun ; et l'on peut être aussi
cruellement diffamé dans une réunion qui a pour but le plaisir, que dans une assemblée où l'on discute les affaires et les
intérêts du pays. Faut-il alors s'attacher au nombre des
personnes réunies dans le même lieu, à la nature des relations qui existent entre elles, à leur plus ou moins d'intimité, à la présence des autorités locales, au caractère public
du maître de la maison, etc. etc. ? Je crois, en effet, que
c'est dans cet ordre d'idées qu'il faut se placer pour apprécier justement la pu_'cité de la réunion : c'est une question
de faits, de circons_ _es que, malgré mon dégoût pour
l'arbitraire du juge, j_ suis bien obligé d'abandonner à
ses lumières et à sa sagesse, puisque je n'aperçois pas
d'autre solution possible.

Voici d'ailleurs, pour éclairer ces observations, quelques
espèces dans lesquelles la Cour suprême a vu des réunions
publiques.

Les propos diffamatoires tenus dans une réunion de
créanciers présidée par M. le juge-commissaire, à l'effet
de procéder à un concordat par suite de faillite, ont le caractère de publicité exigé par l'art. 1er de la loi de 1819
(Crim. rej. 1er fév. 1851. D. P. 51. 1. 418).

Un cercle composé d'un grand nombre de personnes, et
dans lequel peut être admis tout individu satisfaisant à certaines conditions indiquées, est une réunion publique.
(Crim. rej. 14 août 1857. D. P. 63. 1. 308.)

C'est parce que le Conseil municipal est considéré comme
une réunion de famille sous la présidence du Maire qu'il a
été décidé à plusieurs reprises, que le propos outrageant
tenu dans son sein manquait de la publicité nécessaire pour
constituer une diffamation. (Voy. les arrêts précités.)

Enfin il faut observer que, si une réunion publique peut

se tenir dans un lieu absolument privé, il peut se faire à
l'inverse qu'une réunion essentiellement privée se tienne
dans un lieu public par sa nature ou sa destination habituelle. En pareil cas, c'est le caractère privé de la réunion
qui prédomine, et le propos outrageant qui y serait proféré
ne remplirait pas la condition de publicité exigée pour qu'il
y ait diffamation. Ainsi jugé, par arrêt de la Cour de Colmar, du 24 janv. 1816 (Sir. T. 16, p. 336), et par jugement du Tribunal de police de Paris, du 19 avril 1836
(Dalloz. Périod. 1837. 3. 52).

II. *Publication écrite.* — Il ne s'agit pas ici seulement
de l'écriture proprement dite, mais de tous les moyens de
frapper l'esprit des hommes par l'intermédiaire des yeux,
et dont l'écriture est le type. Revenons d'ailleurs au texte
de l'art. 1er de la loi du 17 mai 1810 : « Quiconque,...
soit par des *écrits*, des *imprimés*, des *dessins*, des *gravures*,
des *peintures* ou *emblèmes vendus ou distribués, mis en vente
ou exposés* dans des lieux ou réunions publics, — soit par
des *placards* et *affiches exposés au regard du public*,
aura... etc. » Cette disposition a une portée très-étendue.
Elle embrasse sous le mot *écrits*, les manuscrits et les copies
à la main d'œuvres manuscrites ou imprimées; — sous
le mot *imprimés*, tous les produits non-seulement de l'im-
primerie pure, mais des autres modes mécaniques de reproduction de la pensée; — sous le mot *dessins* et le mot
gravures, les différentes compositions plus ou moins artistiques exécutées soit à la main, au crayon ou à la plume,
soit au moyen de planches en bois, en pierre ou en métal,
soit même par la photographie; — sous le mot *peintures*,
non-seulement les tableaux peints à l'huile, mais les aqua-
relles, le pastel, les peintures sur émail, sur verre, sur
toile, sur papier et à fresque; — enfin, sous le mot *emblèmes*,
toutes compositions allégoriques, sculptures, photosculp-

tures, et autres signes propres à frapper la vue. On voit que nous faisons rentrer dans les termes de la loi de 1819 des arts qui n'étaient pas même soupçonnés à cette époque : la photographie et la photosculpture notamment. C'est qu'en effet l'article 1er n'avait pas la prétention d'avoir prévu tous les modes de publication possible, et M. de Serre a même pris la précaution de dire que l'énumération de l'article 1er n'avait rien de limitatif : « On assimilera à la presse *tous* les autres moyens de publication par lesquels un homme peut agir sur l'esprit des hommes; car c'est dans le fait et non dans le moyen que réside le délit. » (1)

Ceci ne constitue d'ailleurs que la première partie des conditions de publicité exigées par la loi : il nous reste à déterminer ce que la législation a entendu par la *distribution,* la *vente,* la *mise en vente* ou l'*exposition dans des lieux ou réunions publics.*

1° *Distribution. Distribution* et *communication* ne sont pas absolument la même chose : *distribuer,* c'est se dessaisir gratuitement d'objets que l'on donne à autrui ; *communiquer,* c'est montrer les objets en les gardant.

Y-a-t-il publication suffisante dans le fait de communiquer un écrit diffamatoire? La loi anglaise punit la simple communication à un tiers tout comme la distribution ou la vente. En France, il a été jugé, et avec toute raison selon nous, « que la *communication confidentielle* faite à quelques personnes, *même dans un lieu public,* ne constitue ni la *distribution* ni l'*exposition* nécessaires pour qu'ily ait diffamation (Bordeaux, 2 Mai 1833).

Toutefois, si la communication cessait d'être confidentielle, s'il était, pour ainsi dire, loisible au premier venu de prendre connaissance du libelle, il est évident qu'il y aurait

(1) V. *Moniteur* du 23 mars 1819.

là une distribution déguisée, une sorte d'*exposition* de l'écrit, en un mot, une publicité suffisante pour motiver l'application de la loi. C'est ce qu'a décidé un arrêt de rejet de la cour de cassation du 23 mars 1844.

Quant à la distribution véritable, il suffira qu'elle ait été faite à un seul individu pour être passible des peines portées par la loi (1). Il n'est pas nécessaire, non plus, qu'elle ait eu lieu dans des réunions publiques (Crim. rej. 17 août 1839, Idem, crim. rej. 23 mars 1844). Cette condition n'est exigée que pour l'*exposition* des libelles, art 1er.

Il a été décidé que la publicité donnée à des mémoires produits en justice, peut constituer une diffamation, si l'on y peut voir une véritable distribution (Crim. rej. 18 oct. 1821. Idem, Paris, 24 avril 1847.)

On a également jugé « que, nonobstant le secret des lettres, il y a publicité suffisante pour caractériser le délit de calomnie, dans le fait d'avoir écrit à quatre personnes des lettres missives contenant des imputations calomnieuses contre une jeune personne. (2)» (Liége, 24 mai 1823.) Cette décision rendue sous l'empire d'un code qui, comme notre code pénal de 1810, ne punit que la calomnie, s'appliquerait avec autant de raison à la diffamation. — Observons, d'ailleurs, qu'il a été décidé et à bon droit, « qu'une plainte en diffamation ou en calomnie ne saurait être basée sur le contenu d'une lettre confidentielle soustraite à la

---

(1) La loi portugaise attache la publicité à la distribution de six exemplaires. — Selon M. Grellet-Dumazeau, t. 1, p. 110, dans le silence de la loi française à cet égard, il y a là « une question de fait ou plutôt d'intention abandonné aux lumières et à la sagesse des tribunaux. » Nous sommes au contraire porté à croire, comme M. J. Dormand, (Etude sur la diff., p. 92) « que le seul fait de se constituer distributeur, n'eût-on placé qu'un exemplaire, suffit pour caractériser le délit. »

(2) Dalloz, loc. cit, n° 867.

personne à qui elle a été écrite, et lorsque cette personne n'a pas consenti à ce qu'il en fût fait usage. » (Amiens, 21 févr. 1839, aff. Cartier.)

2° *Vente.* Il est inutile de dire ce qu'est la vente; mais on peut se demander, si la vente « d'un seul exemplaire et a une seule personne, d'un ouvrage diffamatoire » constitue le délit? M. de Grattier distingue entre le *manuscrit* proprement dit, et l'ouvrage « imprimé, gravé ou reproduit par un moyen quelconque, même par l'écriture. » Dans le dernier cas, il pense qu'il y a publication suffisante dans la vente d'un seul exemplaire; dans le premier, il n'en est pas de même, selon lui. En effet, « la vente d'un manuscrit » peut bien devenir un moyen d'arriver à la publication, mais elle n'est pas elle-même un fait de publication (1). » Toutefois, lorsque le manuscrit aura été imprimé et l'ouvrage publié, le vendeur de ce manuscrit devra être poursuivi comme complice de la publication.

Comme la distribution, la vente n'a pas besoin pour être punissable, d'avoir été faite dans des lieux ou réunions publics. Nous en disons, par avance, autant de la mise en vente, et c'est ce qui a été jugé par arrêt de cassation du 15 août 1833.

3° *Mise en vente.* Pour qu'il y ait mise en vente, il n'est pas nécessaire que l'ouvrage soit exposé aux regards à l'étalage d'une librairie; il suffit qu'il soit offert au public d'une façon quelconque, par des avis insérés dans les journaux, par exemple, et annonçant qu'il *est en vente chez tel ou tel libraire.* En général, le seul fait du dépôt chez un libraire d'un certain nombre d'exemplaires constitue la mise en vente, car on sait bien que les ouvrages déposés en pareils lieux y sont pour être vendus. Aussi, fussent-ils placés dans

---

(1) M. de Grattier. I, p. 125 et s.; sic. MM. Chassan. Dalloz, Grellet-Dumazeau.

le recoin le plus obscur de l'arrière-boutique, il n'y aurait pas moins mise en vente (1). Si la cour d'Amiens a décidé autrement, c'est que dans la cause, le libraire était d'une bonne foi évidente, les caisses saisies dans son arrière-boutique n'ayant pas encore été déclouées, le libraire justifiant de plus qu'il n'en connaissait pas le contenu et qu'il n'en avait, d'ailleurs, pas demandé l'envoi. (Amiens, 8 mars 1823, Sircy, t. 23, p. 169.)

En ce qui concerne les journaux ou écrits périodiques, il y a une formalité qui fait présumer légalement la mise en vente comme la distribution ; c'est le *dépôt* d'un certain nombre d'exemplaires, soit à la préfecture ou à la sous-préfecture, soit au parquet, soit à la mairie, « *au moment même de la publication* » du journal ou écrit périodique, dépôt exigé par l'art. 7 de la loi du 11 mai 1868, relative à la presse.

4° *Exposition*. Cette expression doit être entendue largement. Mais, pour que l'exposition constitue le délit de publication servant de base à la diffamation, il faut qu'elle ait été faite dans des « *lieux ou réunions publiques.* » L'exposition d'écrits diffamatoires dans un lieu privé échappe à la loi (V. en ce sens arrêt de cassation du 22 août 1828. Dalloz, Périod. 1828, 1, 399).

La nomenclature de l'art. 1er se termine par « *les placards* ou *affiches,* » c'est-à-dire ces immenses feuilles de papier qui cherchent à attirer l'œil du passant par la dimension de leurs caractères ou par l'effronterie de leur couleur, et qu'on *placarde* ou qu'on *affiche* sur les murs. Remarquons que la loi n'exige pas que les placards ou affiches soient exposés dans des lieux ou réunions publics, mais simplement qu'ils soient exposés «*au regard du public;*»

(1) Ainsi jugé.

par conséquent, il y aurait publicité suffisante si le placard était exposé sur un mur situé dans une propriété privée, mais parfaitement visible de la voie publique.

Une dernière réflexion nous reste à faire sur l'article 1er : c'est que s'il n'est point limitatif, quant aux procédés matériels et physiques de publication de la pensée, et si, par exemple, nous avons pu faire entrer par extension dans les « *dessins* » ou dans les « *emblèmes* » la photographie et la photo-sculpture qui n'étaient certainement point prévues à l'origine, il est parfaitement restrictif, quant aux moyens de mettre ces procédés en action, si je puis ainsi parler, et qu'il n'admet rien au-delà de la *vente, mise en vente, distribution ou exposition dans des lieux ou réunions publics*. C'est pour ce motif que nous n'avons pas trouvé une publicité suffisante dans la communication confidentielle à un tiers. C'est aussi cette raison qui a inspiré les décisions suivantes :

Une demande en destitution du syndic d'une faillite, adressée au juge-commissaire dans une requête, contenant les faits à l'appui, ne constitue pas le délit de diffamation, si la requête n'a pas été répandue ni distribuée (Crim. rej. 7 mai 1819).

Même décision pour l'imputation contenue dans un acte authentique ; l'authenticité de l'acte ne suffit pas à constituer la publicité de l'imputation (Crim. cass. 7 mars 1823). — En ce sens, (V. MM. Parant, p. 87 ; Chassan, t. I, p. 372 ; De Grattier, t. I, p. 202).

On ne peut non plus considérer comme publics les reproches faits à un témoin et signés sur un procès-verbal d'enquête à laquelle il a été procédé devant un juge de paix (Liége, 25 juin 1813) (1).

---

(1) V. en ce sens M. Chassan, t. I, n° 390.

Il en est de même des imputations calomnieuses ou diffamatoires contenues dans une requête signifiée d'avoué à avoué, lorsque, d'ailleurs, la requête n'a pas reçu d'autre publicité (Crim. cass., 27 août 1818).

Notons, en terminant, que « si le juge saisi d'une poursuite en diffamation est souverain pour constater les circonstances desquelles résulterait la publicité des articulations incriminées, l'appréciation qu'il fait de ces circonstances, et notamment la déclaration qu'elles constituent effectivement des éléments de publicité, tombe sous le contrôle de la cour de cassation. » Telle est, du moins, la jurisprudence la plus récente sur ce point. (Voy. arrêt de cassation du 25 nov. 1859. D. P. 59. 1. 513.)

§ 6. — DE L'INTENTION DE NUIRE.

Il est de principe, en droit criminel, qu'il n'y a ni crime ni délit sans *intention de nuire*. Cette règle de droit commun s'applique donc naturellement à la diffamation, sans que la loi du 17 mai 1819 ait eu besoin de s'en expliquer. Nous savons que les Romains considéraient aussi le « *convicii consilium* » appelé plus tard « *animus injuriandi* » comme une condition essentielle du délit d'injure (1). Nous devons ajouter que la jurisprudence française l'a toujours exigé, avant comme après la loi de 1819. (Cass. 18 messidor an XII ; 10 mai 1821 ; Metz, 22 août 1818 ; Cass. 10 nov. 1826 ; idem, 12 avril 1842 et 26 mars 1850.)

L'intention de nuire, en matière de diffamation, peut se définir *la volonté de causer à l'honneur ou à la considération d'une personne ou d'un corps une atteinte dont on a conscience*. A vrai dire, il est peu de cas dans lesquels l'auteur de l'imputation n'aura pas conscience du préjudice par lui

---

(1) V. *supra*. Loi 3, § I. Dig. *De inj.* et *fam. lib.*

causé. Le plus souvent, l'atteinte à l'honneur et à la considération découle si clairement de l'imputation que l'esprit
le plus borné le comprendra, et qu'il s'arrêtera avant de
proférer le propos, s'il n'est pas réellement poussé par une
pensée coupable. Il y a cependant des cas où l'imputation,
quoique fort préjudiciable, sera produite dans les intentions
les plus pures du monde. Nous en trouvons dans le répertoire de M. Dalloz (v. presse, outrage, publication, n° 877)
un exemple saisissant : c'est un écrivain imprudent qui,
dans la pensée d'appeler sur un négociant la sympathie du
public, publie les lignes suivantes : « Nos lecteurs appren-
dront, comme un malheur digne de tout leur intérêt, que
l'une de nos maisons les plus honorables vient d'être gravement atteinte dans son actif commercial. Le chef de cette
maison, M. T...., avait expédié pour Boston trois navires
chargés de vins. Ils ont péri corps et biens et ils n'étaient
pas assurés ! — Le contre-coup de cette perte énorme ne
pouvait tarder à se faire sentir. Aussi, privé des ressources
que devait lui donner sa liquidation avec le commerce de
Boston, M. T... s'est-il vu dans la nécessité de refuser le
paiement de plusieurs effets qui lui ont été présentés dans
la journée d'hier. » Voilà assurément une imputation de
nature à porter un coup terrible au crédit, c'est-à-dire à
la considération commerciale du négociant désigné ; mais,
comme tout indique chez l'auteur l'absence d'intention coupable, les tribunaux doivent l'absoudre du chef de diffamation. Il est bien entendu, d'ailleurs, qu'il serait responsable envers le négociant du dommage qu'il lui cause, en
vertu de l'art. 1382, C. Nap.

L'intention de nuire est toujours nécessaire pour qu'il y
ait délit, même lorsque l'imputation a été lancée par la voie
de la presse : il y a un nombre infini d'arrêts qui le reconnaissent et le proclament comme une vérité incontes-

table (1). Il y aurait même, en pareil cas, des raisons particulières d'admettre que le journaliste n'a pas agi méchamment : il ne faut pas oublier, en effet, qu'un journal, dont la composition est forcément fort rapide, accepte à peu près indistinctement tous les faits qui semblent devoir intéresser la curiosité de ses lecteurs, sans que le journaliste songe au préjudice que la publication de ces faits peut causer à des personnes qui lui sont, la plupart du temps, absolument inconnues. Aussi a-t-il été jugé :

1° Que ce n'est point diffamer que de rendre compte d'une plainte déposée à l'autorité compétente, quand même la plainte viendrait à être reconnue plus tard calomnieuse (Trib. corr. de Troyes, *Gazette des Tribunaux* du 27 janvier 1837);

2° Qu'il n'y a pas diffamation à faire connaître, sur la foi de procès-verbaux dressés par des officiers de police, des faits imputés à un individu par ces procès-verbaux, et à annoncer son arrestation, alors même qu'il serait plus tard renvoyé des poursuites. (Trib. corr. de la Seine, 4 juin 1833. *Gazette des Tribunaux* du 5 juin 1833.)

Mais il ne faut pas confondre la bonne foi avec l'absence d'intention malveillante : la bonne foi, c'est la croyance à la vérité du fait diffamatoire qu'on publie; l'intention coupable, c'est la conscience du préjudice que l'imputation dont on se fait l'auteur, causera à la personne qui en est l'objet, jointe à la volonté de le causer. Si l'absence d'intention de nuire rend innocent l'auteur de l'imputation, il n'en saurait être de même de sa bonne foi. Ce n'est pas, en effet, la seule calomnie que la loi de 1819 se propose de

---

(1) V. Crim. rej.. 16 mars 1850; D. P. 50, 1, 95; — rej. du 18 oct. 1850. — D. P. 51, 5, 415; —rej. 7 août 1852. D. P. 52, 5. 437; — reg. 17 mai 1858, D. P. 58, 1, 218, etc., etc.

punir, mais aussi la simple médisance dictée par la haine
ou la malveillance. Peu importe donc que les faits imputés
soient, au fond, vrais ou faux; peu importe, dès lors, que
le diffamateur ait cru à leur existence; dans tous les cas, il
y a délit. — Ainsi jugé : Rouen, 30 déc. 1831. — Paris,
4 mars 1837 (1).

Il y a pourtant des espèces nombreuses dans lesquelles
on pourrait attribuer à la bonne foi des prévenus les acquit-
tements qui ont été prononcés par les tribunaux : ainsi, une
personne a été volée; soupçonnant de ce vol une autre personne qui lui est désignée, elle l'en accuse. Celle-ci porte
plainte en diffamation et pourtant se voit débouter de sa
demande. Pourquoi? Est-ce parce que la victime du vol a
de bonne foi cru coupable de ce vol la personne qu'elle en
accusait? parce qu'elle a cru, en un mot, à la réalité du
fait qu'elle lui imputait? En aucune façon; mais seulement
parce que les tribunaux considèrent qu'elle a agi sous l'u-
nique préoccupation de retrouver sa propriété perdue, et
point du tout pour diffamer celle qu'elle accusait de vol.
(Ainsi jugé. Crim. rej. 21 avr. 1864; D. P. 64. 5. 305).

Le but que se proposait le diffamateur ne saurait non plus
le faire absoudre, — quelque noble et élevé qu'il fût d'ailleurs. Ainsi, l'homme qui révèle au public des faits d'indélicatesse d'un *puffiste* qui cherche à usurper sa confiance,
n'en sera pas moins condamné. — La loi ne fait d'exception
que lorsque la victime de l'imputation est un fonctionnaire
ou une personne « *ayant agi dans un caractère public* »
et qu'il s'agit de « *faits relatifs à ses fonctions.* » Loi du
26 mai 1819 art. 20.

Ce ne serait pas une excuse plus admissible, de prétendre
que l'on n'a rien dit que tout le monde ne sût, que les faits

---

(1) En ce sens v. MM. Grellet-Dumazeau, de Grattier, Chassan, etc.

imputés étaient de notoriété publique ou constatés par des
actes authentiques: la notoriété publique, la vérité des faits
même légalement constatés n'empêcheraient pas le diffamateur d'encourir les peines prononcées par la loi de 1819.
Certains auteurs ont pourtant pensé que le juge n'est pas lié
et qu'il a un pouvoir d'appréciation assez large pour acquitter dans de pareilles conditions. Ces auteurs se fondent sur
ces quelques paroles de l'exposé des motifs de la loi du 26
mai : « Le prévenu est traduit devant le jury. Pourra-t-il se
prévaloir de la vérité des faits allégués ? Sera-t-il admis à
en faire la preuve ? Notre législation actuelle (le Code pénal
de 1810) lui en a refusé le droit, sauf le cas infiniment rare
où il est armé de la preuve légale du fait, sorte de preuve
qui ne peut consister, comme on sait, que dans un acte authentique..... Le projet n'a point dû parler ici de la preuve
légale. *Il n'y a point diffamation suivant la loi pénale, à
répéter un fait généralement notoire, et bien moins lorsque
cette notoriété prend sa source dans la publicité des actes
de l'autorité.* »

Assurément, les derniers mots de ce passage signifient,
à n'en point douter, que la loi de 1819 attachait un efffet
important à la notoriété publique et à la constatation légale
des faits imputés. Mais encore faut-il voir à quoi se rattache ce passage. Or, les premiers mots par nous cités l'indiquent : « *Le prévenu est devant le jury,* » c'est-à-dire
qu'il s'agit de diffamation contre un fonctionnaire, auquel
cas la preuve même par témoins est admise et a pour effet
l'acquittement du prévenu. C'est donc à tort que M. de
Grattier a cru pouvoir appliquer ce passage à la diffamation
contre les particuliers (de Grattier, t. 2. p. 178. — *Contra* :
M. Grellet. Dum. t. 1. p. 14 et 15 ; — Dalloz loc. cit. n° 847.

Ce n'est pas à dire pour cela que la vérité des faits imputés soit absolument sans influence sur la criminalité de l'a-

gent : le juge y verra sans nul doute une cause d'atténuation, mais il ne saurait jamais aller jusqu'à l'excuse complète.

Il y a encore d'autres circonstances qui influent sur la criminalité de l'agent, et qui peuvent faire disparaître radicalement ou seulement en partie l'intention de nuire. Ce sont
l'ivresse, la colère, la provocation, etc. Nous y reviendrons
plus loin.

A peine est-il besoin de dire que la folie ou la démence,
et la faiblesse de l'âge rendent tout outrage excusable. Il faut,
comme en droit romain, que l'auteur de l'imputation soit
conscient de l'atteinte qu'il va porter « *doli capax* » pour
être pénalement responsable.

La plaisanterie enlève aussi au propos diffamatoire son caractère coupable. On se passe entre amis certaines libertés
de langage que l'intimité des relations rend sans importance,
et qui seraient fort graves vis-à-vis d'étrangers. Ce sont
même, il faut le dire, ces railleries légères, ces plaisants ba-
dinages qui font en grande partie l'attrait et le charme de
la conversation. Mais il y a des limites à tout, et si la plaisanterie cachait un parti pris de dénigrement et de diffamation, la victime aurait le droit de se plaindre, et le juge
le devoir de condamner. Et ce serait, pensons-nous, au prévenu à fournir la preuve qu'il n'a agi que *per jocum* et sans
intention mauvaise **(1)**.

Ceci nous conduit à nous demander sur qui, en général,
nous ferons tomber le fardeau de la preuve de l'intention ?

La solution qui précède doit faire pressentir notre réponse
sur ce point. Nous sommes d'avis qu'il faut faire une distinction. Fondée sur la nature de l'imputation et sur le sens
ordinaire des mots : « *Sicut se habent verba*, disent les interprètes du droit romain, *ita præsumitur esse animus.* »

_____

(1) V. M. Grellet-Dumazeau, t. 1, p. 161.

(Schneidewinus, *in quart. inst. lib. Comment. p.* '32; *idem* Voët, *Comment. ad pandect. de in. et fam. lib.* n° 20; J. Clarus, *Sent. recept. lib.* 5. *de inj.* n° 12). En conséquence, si les propos relevés, sont de leur nature injurieux et diffamatoires, c'est au prévenu de prouver qu'il ne les a pas proférés dans l'intention de nuire. « *Adeo ut incumbat reo, se non animo injuriandi dixisse.* » Si, au contraire, l'imputation est parfaitement innocente en apparence, la preuve de l'intention mauvaise incombe au plaignant. Dans le doute, le juge doit acquitter. « *Quisque in dubio bonus creditur.* » C'était l'opinion de Portalis le père, ainsi que l'on peut voir par un passage de son rapport au conseil des anciens sur un projet de loi sur les délits de presse : « Nous observerons, dit-il, que quand les écrits sont vicieux et dommageables par leur nature, c'est à celui qui les publie à stifier de son intention ; alors la volonté de nuire est présumée jusqu'à la preuve évidente du contraire (1). »

Au reste, en matière d'intention, les juges du fond ont un pouvoir d'appréciation excessivement étendu: ils puisent dans toutes les circonstances de la cause les éléments de leur conviction, et leur jugement sur la moralité de l'agent est un véritable verdict qui échappe à la cour de cassation. Aussi, n'ont-ils pas besoin d'indiquer dans le jugement les motifs de leur décision sur ce point. C'est ce qui résulte de nombreux arrêts dont nous ne citerons que les plus récents. Voy. Rejet du 16 mars 1850. (Aff. Ouvrard) D. P. 50. 1. 94; — Rejet du 18 juill. 1851. (Aff. Monnier). D. P. 51. 5. 416. — Rejet du 7 août 1852 (aff. Gueymard). D. P. 52. 5. 457. — Rejet du 17 mars 1864. (Aff Robin). D. P. 64. 1. 104. — En ce sens, voy. aussi M. Chassan. t. 1. p. 104.

---

(1) *Choix de rapports,* t. 16, p. 99; — même sens V. M. Grellet-Dumazeau, t. 1, p. 150 et s. — *Contra :* M. Dalloz, loc. cit. n° 883.

CHAPITRE II.

Des éléments constitutifs de l'injure.

L'injure a été définie par l'art. 13 de la loi du 17 mai 1819 « *toute expression outrageante, terme de mépris ou invective qui ne renferme pas l'imputation d'un fait précis.* » Cette définition négative de l'injure renferme, croyons-nous, les deux conditions suivantes :

1° Une imputation de nature à porter atteinte à l'honneur, à la considération ou à la délicatesse des personnes, comme sont les « *expressions outrageantes, termes de mépris ou invectives.* » C'est là une condition qui est commune à l'injure et à la diffamation.

2° Une imputation « ne renfermant pas un fait précis; » voilà le criterium certain à l'aide duquel on distinguera l'injure de la diffamation.

A vrai dire, il semble que le législateur a exigé une *condition de forme*, à savoir : que l'imputation se traduise en une *expression outrageante, un terme de mépris ou une invective.* Mais ce n'est là qu'une apparence, et ce serait se tromper que d'attribuer à l'art. 13 ce sens restrictif. Si la loi a défini l'injure par les mots que nous venons de rappeler, c'est que telle est la forme ordinaire qu'elle affecte. Le législateur n'a pas d'ailleurs entendu proscrire les autres modes sous lesquels l'injure pourrait se produire. Et la meilleure preuve qu'on en puisse donner, c'est que l'art.

14 renvoie pour l'injure comme pour la diffamation à l'art. 1er où sont énumérés, entre autres moyens de publication, « *les dessins, gravures, peintures et emblèmes;* » lesquels n'ont aucun rapport avec les *expressions outrageantes, termes de mépris ou invectives* (1). Cette réserve faite, nous dirons que dans l'expression outrageante, et dans le terme de mépris, l'atteinte portée résulte autant du mot lui-même que de l'idée exprimée. L'invective, au contraire, peut-être conçue en termes parfaitement irréprochables en eux-mêmes, et cependant être coupable. C'est une forme de langage virulente et impétueuse *(vehere-in)* qui peut constituer aussi bien une diffamation qu'une injure, car elle peut contenir l'imputation d'un fait précis comme d'un vice déterminé. Ici l'injure réside donc plutôt dans l'idée que dans les mots.

Toutes les injures n'ont pas une égale importance. Elles sont plus ou moins graves, suivant le fond même de l'imputation qu'elles contiennent, et suivant l'étendue de la publicité qui leur a été donnée. Le Code de 1810 les divisait déjà en deux classes, ainsi qu'on s'en convaincra à la lecture des articles 375 et 376.

ART. 375. — Toutes injures, expressions outrageantes qui ne renferment l'imputation d'aucun fait précis, mais celle d'un vice déterminé, si elles ont été proférées dans des

---

(1) On peut se demander comment une gravure, ou un dessin, ou une peinture peut contenir l'imputation d'un vice. J'avoue que cela sera assez rare, mais je n'y vois pas d'impossibilité : tel serait par exemple un tableau dans lequel on représenterait une personne attablée devant une ample provision de plats de toute sorte qu'elle mangerait avec gloutonnerie. Il y aurait là une imputation de vice de gourmandise, constituant une injure véritable.

lieux ou réunions publics, ou insérées ou imprimées dans des écrits imprimés ou non qui auraient été répandus ou distribués, sont punies d'une amende de 16 francs à 500 francs.

ART. 376. — Toutes autres injures qui n'auraient pas ce double caractère de gravité et de publicité, ne donnent lieu qu'à des peines de simple police.

La loi de 1819 a consacré cette division. En effet, après avoir, dans l'art. 13, défini l'injure en général, elle porte (art. 19) « que l'*injure publique* contre les particuliers sera punie d'une amende de 16 francs à 500 francs, » comme le voulait déjà l'art. 375 C. pén. Et puis, elle ajoute, art. 20 : « Néanmoins, l'injure *qui ne renfermerait pas l'imputation d'un vice déterminé ou qui ne serait pas publique*, continuera d'être punie des peines de simple police. »

Notre législation reconnaît donc deux espèces d'injures : 1° *Injures graves ou injures-délits* (art. 13 et 19 de la loi du 17 mai 1819) ;

2° *Injures légères ou injures-contraventions* (art. 20 de la même loi et 276 du Code pénal).

L'examen de ces deux classes d'injures fera l'objet des deux paragraphes qui suivent.

§ 1. — DU DÉLIT D'INJURE.

Les éléments constitutifs du délit d'injure peuvent se ramener à ces trois termes principaux : 1° Imputation d'un vice déterminé à une personne ou à un corps ;

2° Publicité ;

3° Intention de nuire.

I. *Imputation d'un vice déterminé.* — Nous avons dit au sujet de la diffamation ce que signifie le mot *imputation:* nous ne le répéterons pas ici, mais nous ferons observer que l'*allégation* d'un vice déterminé constituerait une injure, comme l'*imputation* elle-même. Si l'art. 13, dans son second paragraphe, n'a pas répété les deux mots : allégation ou imputation, qui se trouvent dans le premier, c'est tout simplement par oubli ou par brièveté de langage. Il y a, du reste, pour punir l'allégation d'un vice déterminé les mêmes raisons que pour punir l'allégation d'un fait. Or, *ubi eadem ratio, ibi idem jus esse debet.*

Que faut-il entendre par *vice déterminé?*

« Un *vice,* dit M. Grellet-Dumazeau, est, en général, une disposition habituelle au mal qui procède d'instincts mauvais ou d'une dépravation du cœur... » Mais « pour apprécier le véritable sens du mot *vice* dans l'art. 20, il faut le rapprocher du mot *fait,* de l'art. 13, avec lequel il est mis en opposition. En procédant ainsi, on arrivera à reconnaître que par imputation d'un *vice,* il faut entendre non-seulement l'imputation d'un vice proprement dit, mais encore l'imputation d'une participation à un acte puni par la loi ou condamné par la morale, lorsque cet acte n'est point spécialisé dans un fait précis et déterminé, tel qu'il est exigé pour constituer le délit de diffamation... D'après ces données, nous considérons comme renfermant l'imputation d'un vice les invectives qui suivent : « Prunius a commis un vol, un faux, un meurtre... » Ces imputations ne peuvent être réputées diffamatoires, car elles ne contiennent l'énonciation d'aucun fait précis ; elles sont l'équivalent de celles-ci : « Prunius est un voleur, un faussaire, un meurtrier... » auxquelles se rattache plus directement l'idée d'un vice (1). »

Quant au qualificatif *déterminé*, ajouté au mot vice, il indique que l'habitude mauvaise doit être précisée, et qu'il ne suffirait pas de dire à quelqu'un ou de quelqu'un « qu'il est vicieux ou qu'il a un vice, » mais qu'il faudrait de plus indiquer quel est ce vice. Ainsi, la jurisprudence décide que l'expression « canaille » n'est pas assez explicite pour constituer le délit d'injure. Voici, au surplus, quelques-uns des motifs d'un arrêt de la Cour de cassation intervenu à ce sujet, le 20 août 1842 : « Attendu que, dans l'espèce, le prévenu n'a été déclaré convaincu, par le jugement attaqué, que d'une injure publique consistant dans l'emploi de ces expressions : « *Voilà la plus grande canaille de Nogent;...*» que ces mots, quelques violents qu'ils soient, ne contiennent l'imputation d'aucun vice déterminé... »

Mais le même arrêt reconnaissait « qu'il appartient, en certains cas, aux juges des lieux, de puiser dans les circonstances du fait, dans l'état des personnes et dans les allusions auxquelles certaines expressions peuvent prêter, une qualification différente du sens apparent des paroles, pourvu que ces juges le déclarent, et spécifient eux-mêmes à quel vice le prévenu a voulu attacher l'expression dont il s'est servi. » C'est en application de ces principes que, dans un arrêt récent, la cour de Nîmes a décidé « que des paroles injurieuses telles que : « *canaille, vaurien, crapule,* » qui, à elles seules et prises d'une façon abstraite, ne constitueraient pas l'imputation d'un vice déterminé, peuvent emprunter ce caractère de gravité aux circonstances dans

(1) Grellet-Dumazeau, t. 1, p. 183 et s.

lesquelles elles se sont produites, et dès lors, si elles ont été proférées publiquement, devenir justiciables des tribunaux correctionnels (1). »

Il a été jugé que ces mots : « Vous êtes un *mauvais citoyen*, un *homme suspect*, » ne renferment pas l'imputation d'un vice déterminé, et ne constituent en conséquence qu'une injure légère, passible des peines de simple police seulement (Bordeaux, 13 janv. 1832).

Mais la cour de Bordeaux a trouvé qu'il y avait dans la qualification de « *lâche* » l'imputation d'un vice déterminé, capable de constituer le délit d'injure de la compétence des tribunaux correctionnels (Bordeaux, 9 janv. 1839).

Il a été décidé de même que l'imputation d'être un *fripon* renferme l'imputation d'un vice déterminé (Arrêt de rejet du 1ᵉʳ fév. 1851, aff. Rousseau, D. P. 51. 5. 421).

L'imputation de *sorcellerie* constitue aussi une injure grave, de la compétence des tribunaux correctionnels (Ainsi jugé par arrêt de cassation du 15 mars 1811). M. Dalloz critique cet arrêt par des motifs qui ne nous semblent pas d'une grande valeur. « La qualification de *sorcier*, dit-il (*loco citato*, n° 928), ne saurait être prise au sérieux et constitue tout au plus un injure simple. — On objecte, il est vrai, qu'au milieu des populations ignorantes des campagnes une pareille imputation est dangereuse. — Selon nous, ce ne peut être une raison de la considérer comme injurieuse, et surtout comme portant atteinte à l'honneur ou à la considération. Pour apprécier, en effet, l'intention de la loi, on ne saurait prendre pour base ce qu'il y a de plus grossier et de plus inepte dans les superstitions rura-

(1) Nîmes, 18 fév. 1865, D. P. 65. 2, 43.

les. » — Nous pensons que M. Dalloz se trompe : c'est au contraire au milieu des préjugés, des ignorances et des passions du lieu où l'imputation s'est produite, qu'il faut se placer pour apprécier, selon l'esprit de la loi, sa gravité, ses caractères et ses effets. Or, il est indubitable qu'au fond de certaines provinces il y a des gens qui croient à la sorcellerie et à la communication avec le diable. Accuser quelqu'un de sorcellerie, c'est le désigner à la haine en même temps qu'à l'effroi de la contrée ; c'est porter une réelle atteinte à sa considération.

D'ailleurs, si, comme le veut M. Dalloz, il faut se placer au-dessus des grossières superstitions des populations rurales, n'est-il pas vrai que les hommes qui raisonnent considèrent ceux qui se donnent comme sorciers à l'égal d'habiles escrocs exploitant la crédulité publique? Dès lors, traiter quelqu'un de sorcier n'est-ce pas le désigner au mépris des honnêtes gens? Je crois donc qu'à tous les points de vue l'arrêt que nous citons est parfaitement fondé.

Il a été jugé encore que le fait, de la part d'une partie, d'avoir traité de *drôle*, d'*insolent* et de *polisson*, l'avocat de la partie adverse, au sortir de l'audience et dans la rue, constitue l'injure publique punissable des peines correctionnelles (Angers, 15 mars 1828). Nous ne voyons guère que dans l'expression : *insolent* l'imputation d'un vice déterminé, que la loi exige pour qu'il y ait délit. Quant aux mots : *drôle* et *polisson*, ils nous semblent aussi vagues et aussi généraux que : *canaille*, et nous n'y verrions pas autre chose qu'une simple injure de la compétence des tribunaux de police.

La loi n'a pas entendu comprendre, sous le mot *vices*, les imperfections physiques dont une personne peut être affligée. Ainsi « ce ne sera point imputer un vice à quelqu'un, — du moins dans le sens de la loi de 1819, — que de l'appeler « *bossu, teigneux, bâtard.* » Mais ces propos pourront, selon les cas, constituer des expressions outrageantes ou des termes de mépris (1). »

II. *Publicité.* — La publicité est indispensable pour qu'il y ait délit d'injure (art. 14. Loi du 17 mai 1819 et argument *e contrario* de l'art. 20 même loi) ; et cette publicité est celle indiquée à l'art. 1er, auquel l'art. 14 renvoie en ces termes : « La diffamation et l'*injure commises par l'un des moyens énoncés en l'art. 1er de la présente loi...,* etc. » Nous en concluons, comme pour le propos diffamatoire, que si l'injure n'a pas été rendue publique par l'un des moyens énumérés à cet article, elle n'est pas un délit, mais une contravention, passible des peines de simple police seulement. Pour l'examen de ces moyens de publication, nous renvoyons à ce que nous avons dit plus haut à propos de la diffamation.

III. *Intention.* — Les principes sont aussi les mêmes qu'en matière de diffamation.

§ 2. — DE L'INJURE SIMPLE

Les explications que nous avons données de la diffamation et du délit d'injure délimitent naturellement le champ des injures simples, c'est-à-dire de celles qui ne sont soumises qu'à des peines de simple police. Ce sont celles qui,

(1) V. Grellet-Dumazeau, t. 1, p. 187.

aux termes de l'art. 376, C. pén., ne présentent pas « le double caractère de gravité et de publicité. » Nous y rangerons donc :

1° Toutes les injures qui ne sont pas publiques;

2° Toutes celles qui, bien que publiques, ne contiennent pas l'imputation d'un vice déterminé.

On sait ce qu'il faut entendre par vice déterminé; d'autre part, nous avons essayé de préciser les éléments de la publicité : la distinction théorique entre les injures graves et les injures légères est donc facile à tracer. L'appréciation des faits pourrait seule présenter quelques difficultés : il suffira de faire observer qu'il ne faut pas s'attacher seulement au sens ordinaire des mots, mais encore rechercher la signification particulière qui leur est attribuée dans les lieux où le fait injurieux s'est passé. *Verbis injuriosis moribus, licet natura sua talia non sint* (Lauterbach, *Comp. de inj. et fam. lib. p.* 665.)

Nous avons cité plus haut des arrêts d'après lesquels les expressions « *canaille, vaurien, drôle, polisson, crapule...* » ne constituent pas par elles-mêmes des injures graves. Le même caractère a été attribué par la jurisprudence aux termes suivants : « *B..... de sot, b..... d'animal, cochon;* » (Angers, 25 juin 1863. D. P. 63. 2. 219.) — « Oiseau galeux » (Colmar, 12 juin 1866. D. P. 66. 2. 159.)

Il n'y a pas, d'ailleurs, à distinguer si l'injure est verbale ou écrite : l'art. 376, C. pén., et l'art. 20 de la loi de 1819 sont conçus en termes généraux. Cette doctrine a été formulée dans un arrêt de rejet du 10 nov. 1826, et la Cour de cassation en a fait depuis l'application à l'injure contenue dans une lettre missive. (Voy. arrêt de rejet du 30 août

1851. Aff. Allain. D. P. 51. 1. 303). C'est aussi l'opinion des auteurs (1).

Dans quelle classe faut-il ranger l'imputation d'un fait précis portant atteinte à l'honneur ou à la considération d'une personne, mais qui n'a pas reçu de publicité? Il est incontestable qu'il n'y a là ni diffamation ni injure grave, puisque la publicité est l'un des éléments essentiels de l'un et de l'autre délit (Art. 14, loi du 17 mai 1819). Cette imputation est donc une simple injure de la compétence des tribunaux de police. Ainsi jugé : cass., 4 juillet 1856.

Du reste, l'injure simple, de même que le délit d'injure, n'est punissable qu'autant qu'elle est inspirée par le désir de nuire. L'intention est encore ici un élément nécessaire. — Cass.. 10 novembre 1826. *Journ. du Palais*, t. 20, p. 916. — « On doit distinguer, disent MM. Chauveau et Faustin-Hélie, si l'invective a été lancée sérieusement ou seulement par forme de plaisanterie; dans ce dernier cas, l'action pourrait, d'après les relations qui unissent les deux parties, n'être pas admise : *Si quis per jocum, non injuriarum tenetur.* Enfin, la plainte ne doit être accueillie qu'avec réserve quand les paroles ont été prononcées dans le feu de la passion, dans un accès de colère, dans l'ivresse : ces circonstances n'effacent pas l'injure, mais elles l'atténuent (2). »

Notons, en terminant, que les injures simples sont de nature à se compenser : *Parva delicta mutua compensatione tolluntur.* Cela résulte de l'art. 471, 11°, C. pén., qu'il

---

(1) V. MM. Chassan, t, 1, p. 370-371; Carnot, sur l'art. 365, inst. crim. Parant, Chauveau et Hélie, t. IV, p. 358.

(2) Théorie du Code pénal VI, p. 329.

faut combiner avec l'art. 376, même Code, et l'art. 20 (loi du 17 mai 1819) et dont voici les termes :

« Seront punis d'amende, depuis un franc jusqu'à cinq francs, inclusivement... 11° Ceux qui, *sans avoir été provoqués*, auront proféré contre quelqu'un des injures autres que celles prévues depuis l'art. 367 jusques et compris l'art. 378. »

DEUXIÈME PARTIE

DE LA POURSUITE ET DE LA RÉPRESSION

CHAPITRE PREMIER

Des Actions publiques et privées et de la Responsabilité en matière de Diffamation et d'Injures.

Les délits de diffamation et d'injure donnent, comme tous les autres, naissance à deux actions : 1° l'action publique qui tend à la répression pénale du délit dans l'intérêt de la société; 2° l'action civile ou privée qui tend à la réparation du dommage causé à la victime du délit.

Ces actions doivent être examinées à un double point de vue : 1° au point de vue *actif*, c'est-à-dire au point de vue de ceux qui poursuivent; 2° au point de vue *passif*, c'est-à-dire au point de vue de ceux qui peuvent être poursuivis. Cet examen fera l'objet de trois sections : dans les deux premières nous étudierons, au point de vue *actif*, l'action publique et l'action civile; dans la troisième nous rechercherons quelles personnes peuvent être civilement ou pénalement responsables d'un délit de diffamation ou d'injure.

SECTION PREMIÈRE.

DE L'ACTION PUBLIQUE.

En général, l'action publique s'exerce indépendamment du concours de la partie lésée, et au besoin même contre son gré. Ainsi, il n'est pas au pouvoir de la victime d'un vol d'empêcher le ministère public de poursuivre le voleur : car le vol n'atteint pas seulement le particulier qui en a souffert, mais il trouble l'ordre général dans lequel la société trouve son repos et sa sécurité; et l'intérêt social peut commander de punir, là où la générosité privée conseille de pardonner. Il n'est donc pas nécessaire en matière de délits communs qu'une plainte soit déposée au parquet, pour que l'action publique s'exerce. Mais en matière de diffamation et d'injures, la règle change :

Art. 5 de la loi du 26 mai 1819. « Dans le cas de diffamation ou d'injure contre tout dépositaire ou agent de l'autorité publique, contre tout agent diplomatique étranger accrédité auprès du roi, ou *contre tout particulier, la poursuite n'aura lieu que sur la plainte de la partie qui se prétendra lésée.*

Le motif de cette dérogation aux principes communs se dégage très-clairement d'un passage de l'exposé des motifs de M. de Serre à la Chambre des députés : « Nul, sans son consentement, disait le garde des sceaux, ne doit être engagé dans des débats où la justice même et le triomphe ne sont pas toujours exempts d'inconvénients : si le maintien de la paix publique semble demander qu'aucun délit ne reste impuni, cette même paix gagne aussi à ce qu'on laisse se guérir d'elles-mêmes des blessures qui s'enveniment dès qu'on les touche. »

On s'est demandé si cette disposition salutaire de la loi du 26 mai 1819 n'avait pas cessé d'être en vigueur depuis le décret du 17 février 1852. L'art. 27 de ce décret porte en effet que pour les délits commis par la voie de la presse ou tout autre moyen de publication « *les poursuites auront lieu dans les formes et les délais prescrits par le code d'instruction criminelle.* » Or, a-t-on dit, l'action publique peut, aux termes du Code d'instruction criminelle, se mouvoir dans tous les cas, sans qu'il y ait eu plainte préalable de la partie lésée; d'autre part, il s'agit assurément là d'une forme de poursuite . Qu'en conclure, si ce n'est que le ministère public a le droit de poursuivre sans attendre la plainte de la partie lésée? C'est ce qui a été jugé par la cour de Limoges, le 25 juin 1852 dans l'affaire Bardon (D. P. 52. 72.).

Nous n'admettons pas cette doctrine, et nous ne pensons pas que le décret du 17 février 1852 ait eu l'intention de porter dans son article 27 une innovation aussi considérable que celle qu'on y voudrait voir. Il y a en effet dans la règle de l'article 5 (loi du 26 mai 1819) plus qu'une forme de procédure, il s'agit du fond même du droit de poursuite, et rien n'indique que le décret de 1852 ait voulu y toucher. La loi du 26 mai 1819 avait tracé des règles de procédure particulières nécessitées par l'attribution au jury des diffamations contre les fonctionnaires publics ou les personnes ayant agi avec un caractère public; ces règles s'étaient transmises plus ou moins intactes jusque sous l'empire de la loi de 1849. Le décret de 1852 qui rendait aux tribunaux correctionnels la connaissance des délits de diffamation même contre les fonctionnaires, et qui faisait ainsi retour au système de juridiction adopté par le Code d'instruction criminelle, devait naturellement renvoyer pour la procédure à suivre aux dispositions de ce code. C'est là, je crois, l'objet unique de l'art. 27. J'approuve donc l'arrêt de la cour de

Montpellier du 3 décembre 1855, dans lequel il a été jugé que le décret du 17 février avait entendu seulement régler les formalités qui seraient observées à l'avenir, *sans déroger le moins du monde à la disposition de l'art. 5 de la loi du 26 mai 1819.* (1) (Voy. même sens Crim. cass. 31 mai 1856 (Rogeard) — D. P. 56. 1. 311 ; et Besançon, 27 janv. 1860 (Lebrun) D. P. 60. 2. 17.)

Si la plainte de la partie lésée est nécessaire pour mettre en mouvement l'action publique, il en faut conclure qu'une poursuite commencée par le ministère public, en l'absence de cette plainte, serait radicalement nulle, et que les tribunaux correctionnels devraient refuser de statuer, comme irrégulièrement saisis, alors même que le prévenu garderait le silence, car la règle de l'art. 5 précité a été introduite non pas dans l'intérêt du prévenu mais dans celui de la partie lésée (2).

Par suite du même principe, il a été jugé que, dans un procès en diffamation, lorsqu'il était prouvé aux débats que le plaignant s'était lui-même rendu coupable de diffamation ou d'injure envers le prévenu, le ministère public ne pouvait, à raison de ce fait, requérir aucune condamnation contre le plaignant, si le prévenu n'avait pas lui-même rendu plainte. (Crim. rej. 11 oct. 1827. Dalloz rép. loc. cit. n° 1072, note 1.)

La nécessité de la plainte préalable admise, recherchons:

1° A quelles personnes il appartient de porter plainte ; 2° en quoi doit consister cette plainte ; 3° quels sont ses effets.

---

(1) D. P. 56, 2, 73 (aff. Falgous.) Notons que la question va bientôt cesser d'être discutée, la nouvelle loi sur la presse dont les Chambres sont saisies, ayant un art. 9 qui est la reproduction presque textuelle de l'art. 5 (loi du 26 mai 1819).

(2) M. Grellet-Dum. t. II, p. 150.

I. *A qui appartient le droit de plainte?* « A la partie qui se prétendra lésée, » dit l'art. 5. J'en conclus qu'il faut en avoir été personnellement touché, soit *directement* soit *indirectement*, comme nous l'avons établi plus haut (1). Ainsi nous avons pensé, contrairement aux derniers arrêts de la Cour de cassation, qu'un héritier ne pouvait pas porter plainte pour une injure faite à la mémoire de son auteur s'il n'y avait pas eu d'atteinte à son propre honneur ou à sa considération. Dans le même ordre d'idées, il a été jugé qu'un fils n'a pas qualité pour porter, de lui-même, une plainte en diffamation au nom de son père ; qu'à défaut de mandat *ad hoc*, cette plainte et ses conséquences sont nulles ; et que cette nullité n'est pas susceptible d'être couverte par la ratification du père ,... sans préjudice toutefois du droit pour le père de former ultérieurement une nouvelle demande, en son nom personnelle. (Agen, 9 mars 1843. Journ. de Pal. 1844. I. 127.)

Nous n'accorderions pas non plus à un mari le droit de porter plainte pour une injure personnelle à sa femme, s'il n'en avait reçu le mandat exprès ou tacite. C'est, en effet, la femme qui est, en pareil cas, le meilleur juge de la convenance qu'il peut y avoir à poursuivre ou à laisser s'éteindre dans le silence l'offense qu'elle a reçue.

Mais, à l'inverse, le mari pourrait-il s'opposer à la plainte de sa femme? En d'autres termes, la femme mariée a-t-elle besoin de l'autorisation de son mari pour rendre plainte d'une diffamation ou d'une injure dont elle a souffert? On peut faire remarquer, dans le sens de la négative, que l'autorisation maritale n'est exigée que pour ester en jugement, (art. 215 C. Nap.) et que porter plainte n'est pas ester en jugement. C'est d'ailleurs, peut-on ajouter, ce qui se

(1) Voy. *supra.* Partie 1re, Ch. 1, § 4.

passe généralement en matière criminelle (1). — Ces raisons ne nous paraissent point décisives : en effet, si d'ordinaire en matière criminelle, la femme mariée peut porter
plainte sans y être autorisée par son mari, c'est que la
plainte ne change en aucune façon la position qu'elle oc-
cupait avant, puisque le ministère public pouvait agir en
l'absence de toute démarche de sa part. Au cas de diffamation au contraire, c'est la plainte seule de la femme qui
donne au ministère public la faculté de poursuivre Cette
plainte a donc par là même l'importance d'un commencement d'action, et l'intérêt engagé est assez sérieux pour
qu'on exige la garantie de l'autorisation maritale, comme
lorsqu'il s'agit d'entamer une instance civile. Il va sans dire
qu'en l'absence et à défaut de l'autorisation du mari, la
femme pourrait recourir à celle de la justice (art. 218 C.
Nap.)

Au cas de minorité ou d'interdiction, la plainte appartient aux père ou tuteur du mineur ou de l'interdit.

Si l'injure s'adresse à un *corps*, c'est au représentant
légal de ce corps qu'il appartient de porter plainte : nous
reconnaissons donc au gérant d'un journal le droit d'agir
en diffamation au nom de la société qu'il représente (2).

II. *Forme de la plainte.* Il n'y a point de forme sacramentelle : il suffit que la partie ait manifesté d'une façon
claire et non équivoque l'intention de poursuivre. C'est l'a-
vis unanime des auteurs qui ont écrit sur la matière; c'est
aussi l'opinion consacrée par la majorité des arrêts. Ainsi il
a été jugé :

Que la plainte n'est pas soumise aux formalités de l'art.
65 du code d'instruction criminelle ; que, par suite, cette

(1) Sic M. de Grattier, t. 1, p. 313, note.
(2) Sic M. de Grattier, t. i, p. 314.

plainte peut être valablement formulée dans une déclaration
faite par la partie diffamée à un brigadier de gendarmerie,
avec articulation des termes de la diffamation, déclaration
dont le procès-verbal dressé par ce brigadier, a été transmis
au procureur impérial. (Crim. cass. 29 mai 1845. D. P.
1, 152.)

Suivant un autre arrêt, on devrait considérer comme
constituant la plainte préalable de la partie offensée la démarche que cette partie aurait faite auprès des membres du
parquet, pour leur signaler, en demandant la cessation de ce
scandale, une affiche contenant à son adresse des imputations
diffamatoires. (Limoges, 25 juin 1852. D. P. 53, 2. 7.)

Mais il a été jugé qu'il faut que la plainte énonce les
termes mêmes du délit, afin que le ministère public puisse se
former une conviction et voir s'il y a ou non lieu à poursuite
de sa part. (Riom, 24 déc. 1829, aff. Berthon...,) — Dans
le même ordre d'idées, la Cour de cassation a décidé que
si la plainte n'est soumise à aucune forme sacramentelle,
elle doit cependant se produire sous une forme qui permette
d'en constater l'existence, et qui laisse à la Cour suprême les
moyens d'exercer son droit de contrôle. (Crim. cass. 20 mai
1865. D. P. 65. 1. 407.) — Au reste, il n'est pas nécessaire que la plainte soit datée, il suffit que son antériorité
soit établie devant le juge du fait. (Crim. rej. 18 janv.
1861. D. P. 61. 1. 186.) — Il n'est pas nécessaire non
plus que la plainte soit visée dans la citation, ou dans le
jugement. (Crim rej. 29 nov. 1858, D. P. 61. 1. 45.)

Le fait, par la partie lésée, d'intenter au civil une action
en dommages-intérêts équivaut-il à une plainte donnant
au ministère public le pouvoir de mettre en mouvement l'action publique ? Il semble qu'on doive adopter sans hésita-
tion l'affirmative, puisque le motif qui suspend d'ordinaire
l'action publique en matière de diffamation, la crainte du

scandale, ne se retrouve plus ici. Cependant on décide en général que l'action pénal ne pourra avoir lieu, et on se fonde sur ce motif que si la partie lésée a recours à l'action civile, c'est précisément pour éviter l'action publique.

III. *Effet de la plainte.* — Le ministère public saisi d'une plainte en diffamation est-il obligé de poursuivre ? Assurément non : nous ne voyons pas du moins où l'on pourrait puiser un motif de déroger à la règle du droit commun qui laisse au parquet toute liberté d'action (1). Au surplus, M. de Serres, dans son Exposé des motifs, en faisait expressément la remarque : « Ce n'est pas à dire cependant qu'il suffise de la plainte d'une partie pour déterminer l'action publique. Toutes les fois que le délit de diffamation ou d'injure est plutôt une atteinte à l'intérêt privé qu'à celui de la société, et c'est presque toujours le cas, la partie publique laisse à la partie civile le soin d'obtenir elle-même réparation. » (*Moniteur* du 22 mars 1819,)

Quid, si la plainte était retirée, avant que les poursuites ne fussent commencées ? Elle devrait être, croyons-nous, considérée comme non-avenue, et l'exercice de l'action publique arrêté.

En serait-il de même, si un commencement de poursuite avait eu lieu, une citation, par exemple ? M. Grellet-Dumazeau (2) ne le pense, et, je crois, avec raison, car dès ce moment les choses ne sont plus entières ; le motif qui a inspiré l'art. 5 de la loi du 26 mai 1819 n'existe plus, et dès lors le ministère public reprend le droit d'absolue initiative dont il jouit en droit commun.

_____

(1) En ce sens voy. MM. Ortolan du ministère public. p. 125; Grellet-Dumazeau, 2, p. 151, Mangin, etc... — *Contra :* voy. pour tout M. Bonnier, des Preuves, t. 1, p. 80.

(2) Diffamation, t. II, p. 151.

La qualification donnée par le plaignant au fait dont il demande la répression, lie-t-elle le ministère public? En aucune façon, et l'erreur commise par le plaignant n'annule pas la plainte, ni les effets qui en découlent. En ce sens, il a été jugé que, quand un magistrat a porté plainte par *injure* et *diffamation*, le ministère public a pu et dû, en se conformant aux destinctions établies par les lois spéciales, qualifier les faits d'*outrage public*, et appliquer à la prévention ainsi fixée le mode de poursuite qui lui est relatif. (Crim. rej. 5 juin 1845. D. P. 45. 1. 348.)

— Avant de passer à un autre sujet, nous devons dire que la plainte de la partie lésée n'est pas le seul moyen de mettre en mouvement l'action publique. Si le ministère public, pour un motif bien ou mal fondé, refuse d'agir sur la *simple plainte* de l'offensé, celui-ci a la ressource de se porter *partie civile*, c'est-à-dire de déclarer formellement, soit par sa plainte, soit par acte subséquent, qu'il conclut à des dommages-intérêts. (Art. 66. C. Inst. crim.) Cette *constitution de partie civile* produit pour celui qui la consent des effets très-importants : elle l'oblige à élire domicile « dans l'arrondissement communal où se fait l'instruction, par acte passé au greffe. » (Art. 68. Inst. crim.) Il doit produire ses preuves et ses témoignages, et, comme conséquence finale, c'est sur lui que retombent les frais d'instruction, d'expédition et de signification du jugement, sans recours s'il succombe; et, s'il triomphe, avec son recours contre l'inculpé convaincu ou condamné. Pour tout dire d'un mot, le plaignant, qui se constitue partie civile prend, dans le procès, la qualité d'adversaire de l'inculpé quant aux intérêts civils (1). » Celui, au contraire, qui s'arrête à la plainte pure et simple n'est pas partie au procès; sa

(1) M. Ortolan, Droit pénal, t. II, p. 487.

responsabilité quant aux frais de justice est nulle ; la poursuite s'exerce sans lui ; tout au plus fait-on appel à son
témoignage, si besoin est.

Cette différence si importante entre les deux cas, a inspiré
à la majorité des auteurs des solutions diverses en ce qui
touche la liberté d'action du ministère public et du juge
d'instruction. S'agit-il d'une simple dénonciation, le ministère public peut la jeter au panier, et laisser sommeiller
l'action pénale : « Mais du moment que le plaignant se porte
partie civile, la situation change, dit notre savant maître,
M. Ortolan ; il y a un demandeur : le refus du juge d'instruction d'ouvrir sa procédure et de statuer par ordonnance
est un déni de justice : le refus du ministère public de trans-
mettre la demande au juge d'nstruction avec son réquisitoire, est un empiétement des fonctions de juger. » Concluons : Le ministère public, comme le juge d'instruction
est tenu de déférer à une constitution de partie civile. C'est
d'ailleurs ce que faisait expressément observer l'archichan-
celier Cambacérès au conseil d'Etat, où il disait : « Lorsqu'un offensé se plaint, *lorsqu'il se porte partie civile, il
ne faut pas que le procureur impérial puisse le paralyser
par un refus de poursuivre.* » Voy. en ce sens M. Ortolan. *loco citato*, et M. Faustin-Hélie, *Traité d'instruction criminelle.* tom. II. p. 270 et s. Idem Carnot, Legraverend, etc... — La pratique des parquets, il faut le dire,
est pourtout fixée dans le sens de l'opinion contraire.

Au surplus, cette question n'a d'intérêt que lorsqu'il s'a-
git de faits délictueux qui sont de la compétence de la cour
d'assises, parce que, devant cette juridiction, l'action civile
ne peut pas être portée indépendamment de l'action publique, et que celle-ci appartient exclusivement au ministère
public. Mais *« dans les matières du ressort de la police correctionnelle* (et ce sera toujours notre cas) *la partie lésée*

dit l'art. 66. C. d'inst. crim., *pourra s'adresser directement au tribunal correctionnel.* » Elle a donc un moyen facile de se soustraire à l'arbitraire des parquets, c'est de citer directement le prévenu devant le tribunal compétent, (art. 182. C. inst. crim). — Mais, peut-on nous objecter, nous voyons bien qu'il est question en tout ceci d'action civile, d'action en réparation de dommages, mais d'action publique point. — L'art. 182 C. inst. crim. interprété par de nombreux arrêts de la Cour de cassation nous fournira la réponse. »

« Le tribunal sera saisi, en matière correctionnelle, *de la concurrence des délits de sa compétence,* soit par le renvoi qui lui en sera fait d'après les art. 130 et 160 ci-dessus., *soit par la citation donnée directement au prévenu* et aux personnes civilement responsables du délit *par la partie civile...* » Art. 182. « *De la connaissance des délits de sa compétence....* » La jurisprudence a toujours pensé que ces mots donnaient aux tribunaux correctionnels saisis par la citation de la partie civile, le pouvoir d'apprécier le délit non-seulement au point de vue des dommages-intérêts, mais encore au point de vue pénal.

SECTION II.

DE L'ACTION CIVILE.

L'action civile ou privée appartient à toute personne lésée par une diffamation ou une injure, comme elle appartient en thèse générale à quiconque souffre un dommage par la faute d'autrui (art. 1382 C. Nap.)

En cas pareil, le demandeur n'a pas à faire la preuve de *l'intention de nuire* chez celui qui l'a outragé : il lui suffit d'établir qu'il y a eu *faute* de sa part; l'art. 1382 n'exige rien de plus. Certains ont contesté cependant que l'action civile en matière de diffamation et d'injure fût, — lorsqu'elle était portée devant les tribunaux de répression du moins — fondée sur le principe de l'art. 1382 C. Nap. Ils y ont vu une sorte d'action mixte ayant un double objet : d'une part, la répression du délit, d'autre part la réparation du dommage par lui causé (1); en conséquence, ils exigent, pour qu'il y ait condamnation, *l'animus injuriandi* chez le prévenu. Et il faut avouer que ce système semble avoir été consacré par la Cour de Paris et la Cour de cassation en 1845. La Cour de Paris a, en effet, renvoyé un défendeur à l'action civile en diffamation, du chef de la plainte, par ce motif « *que les faits allégués ne présentaient point les caractères d'une diffamation;* » et la Chambre des requêtes de la Cour de cassation, acceptant pour souveraine l'appréciation de la Cour de Paris, a rejeté par arrêt du 10 février 1845, le pourvoi formé contre l'arrêt de cette Cour (2). Mais ces décisions s'expliquent par le libellé défectueux des conclusions du demandeur qui fon-

(1) M. Grellet-Dumazeau, t. II.
(2) D. P. 45, 1, 182.

daient la condamnation qu'ils réclamaient sur le caractère diffamatoire des faits signalés. La Cour de Paris jugeant dans les termes étroits de ces conclusions, qu'il n'y avait pas eu diffamation dans l'espèce, renvoya le défendeur des fins de la demande.

La Cour de Paris a d'ailleurs eu à se prononcer depuis lors dans une espèce analogue, et elle a décidé que la simple imprudence et la légèreté suffisent à rendre civilement responsable l'auteur d'un écrit dommageable. Si l'excuse tirée de la bonne foi peut être utilement invoquée devant les tribunaux de répression, elle n'est pas exclusive de l'obligation de réparer le préjudice causé par notre faute. (Paris 17 fév. 1858. Aff. Perrotin, D. P. 60, 2, 109)

Le même arrêt est fort important à un autre point de vue. On y trouve, en effet, déterminés d'une façon précise en même temps que fort juste, les droits des héritiers d'une personne décédée dont la mémoire a été attaquée dans un écrit historique. On y lit « que les dispositions de la loi qui obligent les auteurs de faits dommageables à réparer le tort que leur faute a causé, ne se bornent pas dans leur application aux choses matérielles ; *elles embrassent encore et protégent tout ce qui concerne la dignité morale des familles.*

« En conséquence, les héritiers d'une personne décédée qui a été calomniée dans un ouvrage historique, peuvent, à raison de ce fait, intenter une action civile en réparation du tort que leur a causé l'atteinte portée à l'honneur de leur nom, » C'est, on se le rappelle, la solution que nous indiquions à la fin de notre discussion sur le point de savoir si la diffamation contre les morts est un délit prévu et puni par la loi de 1819. Elle est de nature à satisfaire les plus exigeants, surtout si l'on songe que le juge ne peut pas qu'ordonner une réparation pécuniaire, mais qu'il peut recourir à tous les modes de réparation qui lui paraîtront le plus propre à effacer non-seulement le dommage causé par l'injure, mais l'injure elle-même, si faire se peut. Ainsi l'arrêt de la Cour de Paris déclarant que les héritiers étaient fondés notamment « en cas de décès de l'auteur de l'ouvrage diffamatoire, à exiger de l'éditeur l'insertion de documents rectificatifs à la suite de tous les exemplaires restants, et de toutes les éditions ultérieures du volume qui contenait les fausses allégations. »

Il ne faut pas oublier qu'aux termes de l'art. 1382 C. Nap., pour qu'une personne soit condamnée à une réparation civile, il faut qu'il y ait eu *faute* de sa part dans l'accomplissement du fait dommageable. En conséquence, si l'historien n'a publié que des faits *vrais*, je ne pense pas qu'on puisse le trouver en *faute*; mais, si les faits publiés sont faux, il suffit qu'il y ait eu de sa part « simple imprudence ou légèreté » à les publier, pour qu'il soit tenu de réparer le dommage causé. Bien que les solutions que nous proposons ne soient pas admises par tous, nous devons dire que généralement les auteurs et la jurisprudence s'accordent à reconnaître à l'historien le droit, lorsqu'il s'agit d'un homme qui a joué un rôle public, de soumettre sa vie à un examen impartial et, par conséquent, à une critique, s'il y a lieu, pourvu que cette critique soit modérée et convenable en la forme. Les tribunaux devront donc, avant d'accorder aux héritiers la réparation qu'ils demandent, examiner scrupuleusement si l'écrivain a dépassé la mesure de son droit.

Passons au cas où la diffamation s'est produite du vivant de la personne contre laquelle l'imputation est dirigée. Après la mort de cette personne, les héritiers pourraient-ils agir en réparation de l'injure? Les principes du droit romain sur ce point, confirmés par la pratique de notre ancienne jurisprudence, se résumaient, on le sait, dans cette formule : « *Injuriarum actio neque heredi neque in heredem datur, nisi lite contestata* (1). » Le défunt était-il mort sans intenter l'action, on supposait qu'il y avait renoncé, et on ne permettait pas aux héritiers d'engager un procès que leur auteur, meilleur juge qu'eux des intérêts de son honneur, aurait peut-être sagement évité. Au contraire, les poursuites étaient-elles commencées au moment du décès, cela prouvait qu'il entendait user de son droit, et l'exercice de ce droit passait naturellement avec tous ses autres biens et actions entre les mains de ses héritiers. — Il en est encore de même aujourd'hui; ainsi, du moins, a-t-il été jugé par la Cour de Montpellier le 22 décembre 1825.

Pour les actions en diffamation appartenant à des incapables, on se conforme aux principes généraux de la tutelle ou de la puissance paternelle, de l'interdiction et de la puissance maritale.

Quant aux réunions de personnes, on suit les règles générales sur les actions. « Si la réunion forme un être moral reconnu par la loi, l'action peut-être intentée en son nom. Ainsi les actions concernant les administrations publiques peuvent être exercées au nom des administrateurs à qui ce soin est confié. — De même les actions en diffamation ou injures concernant les établissements publics, tels que les colléges, hospices, peuvent être intentées au nom de leurs administrateurs. — Lorsqu'une fraction seulement du corps reconnu par la loi a été diffamée, l'action doit s'exercer individuellement par ceux qui ont été attaqués. Aussi a-t-il été jugé que lorsqu'une imputation diffamatoire

---

(1) Loi 13. Dig. *de injuriis*; voy. égal. Domat, liv. 3, t. 2. n° 7 : — Jousse, loc. cit; Dareau, *Injures*, p. 317.

a été adressée aux gendarmes d'une telle ville, les individus composant cette réunion peuvent intenter une action en réparation, en leur nom direct et personnel (1). (Crim. rej. 25 févr. 1830, aff. le *Constitutionnel.*)

« Les *électeurs* forment une partie très-notable de la nation, mais ne constituent pas un corps distinct et organisé qui ait le droit d'agir en justice. » Ainsi jugé sous l'empire du suffrage restreint. (Rennes 15 fév. 1338 aff. électeurs de Vannes. Dall. rép. loc. cit. n° 897 et s.) Il en est de même sous l'empire du suffrage universel.

« Lorsque la partie qui se prétend diffamée est une *société civile,* l'action en diffamation ne peut s'exercer que par les membres de cette société agissant en leur nom personnel, et non par le directeur. (Crim. cass. 21 juillet 1854 aff. Gerson-Lévy, D. P. 55. 1. 41.) — Au contraire, lorsque cette partie est une société anonyme, l'action est valablement exercée par le directeur.... pourvu toutefois qu'il soit justifié que la société jouit d'une existence légale par suite d'une autorisation préalable du gouvernement (même arrêt). (2) »

Nous résoudrons de même la question que nous avons posée plus haut relativement aux *établissements religieux* non autorisés : nous accorderons à chacun des membres de la communauté un droit d'action individuelle, en repoussant tout droit de poursuite collective. Ainsi la cour d'Angers nous paraît avoir posé les vrais principes, lorsque dans l'affaire *des Dames du Bon Pasteur c. le Précurseur de l'Ouest,* elle a conclu en ces termes : « .... Attendu que les intimées quoique faisant partie d'une congrégation non autorisée, n'en demeurent pas moins sous la sauvegarde de

(1) Dalloz. Rép. loc. cit., n° 1123.
(2) Dalloz. Rép. loc. cit., n° 1123.

la loi et que le fait de leur association ne saurait, en ce qui concerne les tribunaux, et vis-à-vis d'eux, altérer la jouissance de droits qui sont purement personnels, et priver les plaignantes du bénéfice des lois communes, *lorsqu'elles viennent l'invoquer à titre privé, et non comme existence collective*, et ce ainsi qu'il résulte des termes de l'action qu'elles ont introduite... etc. » (Angers, 24 mars 1842).

Notons en terminant sur ce point, que les lois sur la diffamation et les injures sont applicables aux faits de cette nature commis en France par des étrangers contre des étrangers. « *Tous les étrangers*, disait M. de Serres au sujet de l'art. 17 de la loi du 17 mai 1819, doivent trouver en France protection et sûreté à l'ombre des lois. » Ainsi jugé par arrêt de cassation du 22 juin 1826. aff. Wilson.

SECTION III.

DE LA RESPONSABILITÉ EN MATIÈRE DE DIFFAMATION ET D'INJURES.

Nous allons examiner d'abord quelles personnes peuvent être poursuivies comme auteurs principaux ou complices du délit de diffamation ou d'injures. Dans un second paragraphe nous exposerons certaines dérogations aux principes communs, certaines immunités créées par la loi dans l'intérêt de la liberté de discussion devant les Chambres ou de la liberté de la défense devant les tribunaux.

§ I. — QUELLES PERSONNES PEUVENT ÊTRE POURSUIVIES COMME AUTEURS OU COMPLICES DES DELITS COMMIS PAR LES DIVERS MOYENS DE PUBLICATION.

Dans les délits qui nous occupent, et en général dans tous les délits commis par la voie de la presse ou tout autre moyen de publication, c'est le fait même de la publication que la loi punit : d'où il suit que les *auteurs principaux* sont non pas les écrivains qui ont composé les articles délictueux ou diffamatoires, mais ceux qui ont rendu publics par un moyen quelconque ces écrits ou ces articles. Ainsi nous compterons comme *auteurs principaux* : 1° Ceux qui *profèrent* des imputations injurieuses ou diffamatoires dans des lieux ou réunions publics ; 2° ceux qui vendent ou distribuent, mettent en vente ou exposent dans des lieux ou réunions publics des écrits, des imprimés, des dessins, peintures, gravures ou emblèmes tombant sous le coup des lois. (Art. 1er, loi du 17 mai 1819.

Sont *complices* tous ceux qui ont concouru *sciemment* au fait incriminé en le préparant ou en le facilitant (Art. 60

C. pén.). C'est donc seulement dans cette catégorie que se placent les auteurs des écrits, imprimés, dessins, gravures.... punissables.

Au reste, la distinction des *auteurs principaux* et des *complices* n'a guère qu'un intérêt théorique, puisque la même peine est encourue par les uns et par les autres, et que d'autre part, le complice peut-être poursuivi et condamné pour un délit dont l'auteur principal a été acquitté. (Crim. rej. 30 août 1839 aff. Martinet).

En matière de presse périodique, c'est le *gérant* qui est cité comme auteur principal; le rédacteur en chef et l'auteur des articles incriminés ne sont considérés que comme *complices*. Mais comme l'intention est ici, aussi bien qu'en toute autre matière, un élément indispensable du délit, on a jugé qu'un rédacteur en chef pouvait être condamné, bien que le gérant eût déjà été acquitté pour le même fait. (Crim. cass. 8 sept. 1839.) — L'auteur de l'article incriminé peut même être condamné en dommages-intérêts envers la partie, alors que le gérant ou le propriétaire du journal a été mis hors de cause par le désistement du plaignant à son égard. (Paris. 26 août 1828.)

Mais laissons cette organisation et cette législation spéciale de la presse périodique. Quand un délit de diffamation ou d'autre sorte est commis par la voie du livre, de la brochure, du pamphlet, etc, c'est l'*éditeur* qui est l'*auteur principal*. L'écrivain qui a composé l'ouvrage n'est qu'un *complice* du délit de publication.

Quelle est la responsabilité de l'*imprimeur?* L'imprimeur est un complice, cela ressort de la part qui lui appartient dans la perpétration des délits qui nous occupent : encore n'est-il la plupart du temps qu'un complice *inconscient*, agent purement matériel et inintelligent du délit. Aussi Benjamin-Constant proposait-il de ne punir l'imprimeur qu'autant que l'auteur de l'article serait inconnu, ou qu'il n'y aurait point de gérant responsable. L'art 24 de la loi du 17 mai 1819, sans adopter ce système, laisse pourtant place à l'excuse tirée de la bonne foi de l'imprimeur : « Les imprimeurs d'écrits dont les auteurs seraient mis en jugement en vertu de la présente loi, dit cet article, et *qui auraient rempli les obligations prescrites par le titre II de la loi du 21 octobre 1814*, ne pourront être recherchés pour le simple fait d'impression de ces écrits, *à moins qu'ils n'aient agi sciemment*, ainsi qu'il est dit à l'art. 60 du Code pénal qui définit la complicité. » — Ainsi, lorsque l'imprimeur aura accompli les formalités qui lui sont prescrites par les lois et notamment par la loi du 21 octobre 1814, lorsqu'il aura de la sorte appelé sur l'écrit qu'il imprime l'attention et la surveillance de l'autorité, il sera présumé avoir agi sans intention de nuire, et ce sera au ministère public à prouver qu'il avait connaissance du fait délictueux auquel il a concouru. — Ainsi jugé en matière de diffamation : Riom, 3 mai 1843; Douai, 5 juin 1844; cass. 17 mai 1823.

Ce que nous venons de dire ne concerne évidemment que l'action publique ; car l'imprimeur est toujours civilement responsable vis-à-vis de la partie qui se prétend lésée par un ouvrage sorti de ses presses. En vain arguerait-il de sa bonne foi et de la parfaite innocence de ses intentions : il n'est question ici ni de bonne foi, ni d'intention, mais d'une *faute* obligeant son auteur à réparer le dommage ainsi causé (Art. 1382 C. N.). Or, l'imprimeur est évidemment en faute de n'avoir point lu l'écrit qu'il s'est aventuré à imprimer. Nous en dirions autant du gérant d'un journal, de l'éditeur d'un ouvrage.

Nous avons dit qu'aux termes de l'art. 1er de la loi du 17 mai 1819, il fallait considérer comme auteurs princi-

paux des délits prévus par celte loi, les vendeurs, distributeurs, crieurs, afficheurs... des écrits, imprimés, affiches,
gravures, dessins... diffamatoires ou injurieux. Mais d'autre part, l'art. 285 du Code pénal dispose que dans le cas
de délit commis par un écrit imprimé, « les crieurs, afficheurs, vendeurs et distributeurs seront punis comme complices, à moins qu'ils n'aient fait connaître ceux dont ils
tiennent l'écrit délictueux. Et s'ils font connaître les auteurs
« l'écrit « ils ne sont passibles, dit l'art. 287, que de
peines de simple police. » Nous ne pensons pas que ces
articles aient été abrogés par la loi de 1819, et en fait ils
sont toujours appliqués. Il est même assez rare de voir
poursuivre un libraire, qui n'est qu'une espèce de *vendeur*
et non un *éditeur*, lorsqu'il existe d'autres personnes responsables, parce que le libraire est couvert par une présomption de bonne foi presque invincible.

La législation anglaise traite avec moins de douceur les
news venders qui répandent des libelles diffamatoires. Elle
les assimile de tout point aux auteurs mêmes de la diffamation.

A peine est-il besoin d'ajouter que les simples acheteurs
ne sont pas responsables du délit contenu dans l'ouvrage,
le journal ou l'écrit quelconque qu'ils achètent. Nos lois
n'ont pas imité sur ce point la rigueur des lois romaines.
(Voy. les 10 Const. *de famosis libellis* au Code Théodosien,
et idem const. *unique* au Code de Justinien.)

§ 2. — DES IMMUNITÉS ACCORDÉES PAR LA LOI

Si général et si absolu que soit ce principe du droit criminel : que tout citoyen est responsable envers la société
de ses actes délictueux, il y a cependant des situations
exceptionnelles dans lesquelles le législateur, en présence

d'un intérêt supérieur, a cru devoir le faire fléchir. C'est ainsi qu'il a créé une immunité particulière en faveur des discours tenus et des écrits produits dans le sein des assemblées politiques et devant les tribunaux : l'indépendance de la délibération des Chambres, et l'intérêt de la justice à la complète manifestation de la vérité, lui en faisaient une loi. — Peut-être aussi a-t-on présumé, non sans quelque raison, qu'à la tribune comme à la barre, l'homme politique ou le défenseur ne sauraient être animés de cette intention de nuire indispensable pour constituer le délit de diffamation ou d'injure; on a considéré que le député et l'avocat seront le plus souvent guidés par l'intérêt du pays ou de la justice, avant d'obéir à un sentiment de haine et de rancune personnelle. Et ainsi pourrait-on rattacher les deux immunités dont nous parlons à celle qui couvre les fonctionnaires agissant en exécution d'une mission légale, et aux actes desquels s'applique la maxime romaine : « *Juris executio non habet injuriam.* »

1. *De l'immunité accordée aux membres des assemblées politiques.* — Loi du 17 mai 1819, art. 21 : « Ne donneront ouverture à aucune action les discours tenus dans le sein de l'une des deux Chambres, ainsi que les rapports ou toutes autres pièces imprimées par ordre de l'une des deux Chambres. »

Cette disposition est-elle encore en vigueur? A quels corps politiques s'applique-t-elle? Quelle est l'étendue de l'immunité qu'elle consacre? Voilà les questions que nous avons à nous poser sur ce point.

L'immunité garantie par l'art. 21 précité n'a point cessé d'exister : aucun texte de loi ne l'a abrogée; il y a même un article du décret du 2 février 1852 qui l'a rappelée et confirmée, au moins en ce qui concerne les membres du Corps législatif : « Les députés ne pourront être recherchés, accusés ni jugés en aucun temps pour les opinions qu'ils ont émises dans le sein du Corps législatif. » — Art. 9. — Au surplus, cette disposition, n'existât-elle pas, serait suppléée par la force même des choses : « La discussion, disait Royer-Collard à la Chambre des députés, est le moyen de la délibération. Si donc les discours tenus dans les Chambres étaient soumis à une action extérieure quelconque, la délibération des Chambres ne serait pas indépendante. Or, l'entière et complète indépendance des Chambres est une condition de leur existence. C'est pourquoi c'est un axiome du gouvernement représentatif que la tribune n'est justiciable que de la Chambre. » — Séance du 20 avril 1810. — Nous appliquerons donc au Sénat et au Corps législatif qui, dans notre Constitution, tiennent la place de la Chambre des pairs et de la Chambre des députés, l'immunité de l'art. 21.

L'étendrons-nous aux autres corps politiques délibérants : *Conseils généraux, d'arrondissement, municipaux?* Si la loi de 1819 n'en a pas parlé, c'est, croyons-nous, qu'elle ne les considérait pas comme des réunions publiques, et que, dès lors, l'une des conditions essentielles des délits qu'elle prévoyait manquant absolument, elle n'avait pas à créer d'immunité pour des assemblées qui échappaient par leur nature même à ses prohibitions. Sans cela, il y aurait eu même raison pour protéger l'indépendance de leurs délibérations.

A quels actes s'applique l'immunité dont il s'agit? — Elle couvre, aux termes de l'art. 21 « les discours tenus dans le sein de l'une des deux Chambres, ainsi que les rapports et toutes autres pièces imprimés par leur ordre. » En conséquence ne pourront pas être poursuivis :

Non-seulement les paroles et les discours prononcés par les membres mêmes des deux Chambres, mais aussi les

déclarations faites et les discours tenus « *dans leur sein* »
par toutes personnes autorisées à y parler, notamment les
commissaires du gouvernement et les simples citoyens qui
auraient été appelés à y venir donner des explications (1);

Non-seulement les discours improvisés, mais les discours lus, y compris les citations qui pourront y être contenues;

Non-seulement les rapports des commissions, mais les
exposés des motifs de divers projets de loi, les amendements,
les mémoires, tableaux de statistique, etc., en un mot
toutes les pièces dont les Chambres auraient ordonné l'impression.

ART. 22 : « Ne donnera lieu à aucune action le compte-
rendu fidèle des séances publiques de la Chambre des
députés, rendu de bonne foi dans les journaux. » Rappelons
qu'aux termes de la loi du 11 mai 1868 sur la presse, les
journaux qui veulent publier les débats du Corps législatif
ou du Sénat, doivent forcément recourir, soit au *compte-
rendu sténographié in extenso*, soit au *compte-rendu
analytique*, rédigé sous la surveillance des présidents des
deux Chambres.

Sont exposés à des poursuites pour diffamation ou injure :
les comptes-rendus infidèles des débats publics des deux
Chambres; — les discours tenus même par des membres
de ces Chambres, mais ailleurs que « *dans leur sein*; » —
les *pétitions* adressées, soit au Corps législatif, soit au
Sénat, même par les membres de ces deux assemblées; —
les *protestations* contre des élections au Corps législatif.
Ainsi jugé par le tribunal de Vendôme, 10 oct. 1846.

(1) Nous pensons que l'immunité dont il s'agit s'étend aux discours
tenus et aux écrits produits dans le sein des commissions d'enquête par-
lementaires, comme dans le sein du parlement tout entier.

II. *De l'immunité qui couvre les discours tenus et les écrits produits devant les tribunaux.* — Art. 23 (même loi) : « Ne donneront lieu à aucune action en diffamation ou injure les discours prononcés ou les écrits produits devant les tribunaux; pourront, néanmoins, les juges saisis de la cause, en statuant sur le fond, prononcer la suppression des écrits injurieux ou diffamatoires, et condamner qui il appartiendra en dommages-intérêts. — Les juges pourront aussi, dans le même cas, faire des injonctions aux avocats et officiers ministériels, ou même les suspendre de leurs fonctions. La durée de cette suspension ne pourra excéder six mois; en cas de récidive, elle sera d'un an au moins et de cinq ans au plus.

» Pourront, toutefois, les faits étrangers à la cause donner ouverture, soit à l'action publique, soit à l'action civile des parties, lorsqu'elle aura été réservée par les tribunaux, et, dans tous les cas, à l'action civile des tiers. »

La loi fait une distinction bien tranchée entre les *faits relatifs à la cause*, c'est-à-dire propres à établir et à justifier la demande, et *les faits étrangers à la cause*. Pour les premiers, liberté pleine et entière est laissée aux parties et à leurs représentants : *advocati debent agere quid causa desiderat.* La production, soit orale, soit écrite, de ces faits ne peut donner lieu à aucune action, ni en diffamation ni en injure. Toutefois, la liberté de la défense a des limites tracées par les convenances et les besoins de la cause, dont les juges sont les appréciateurs souverains. Si le ministère de l'avocat et de l'avoué est utile, ce n'est pas seulement parce qu'il prête aux parties ignorantes du droit et des pratiques judiciaires l'appui des lumières du jurisconsulte, de la parole de l'orateur, de l'activité de l'homme de loi ; c'est aussi parce qu'il présente des garanties de modération dans le langage, de prudence dans le choix des pièces à

produire, ou dans la rédaction des écrits, que les parties
livrées à elles-mêmes n'y pourraient guère apporter. Si
donc il se rencontre dans la production de faits *même rela-*
tifs à la cause, quelque chose d'injurieux ou de diffamatoire, il n'y aura pas lieu, sans doute, à une action en diffamation ou en injure, mais les juges pourront, art. 23 :

1° « En prononcer la suppression;

2° » Prononcer contre les avocats et officiers ministériels
de qui émanent les pièces injurieuses, des peines disciplinaires : l'injonction ou la suspension;

3° » Condamner qui il appartiendra (c'est-à-dire la partie
ou ses représentants) en dommages-intérêts envers la partie
lésée. »

Ces peines, dit l'art. 23, seront prononcées par les juges
saisis de la cause, « en statuant sur le fond; » d'où il suit
que les faits injurieux ne pourraient pas être déférés aux
tribunaux, indépendamment du fond même du procès.

Quant aux *faits étrangers à la cause*, ils peuvent
donner lieu, non-seulement à des dommages-intérêts, suppression ou peines disciplinaires, mais encore aux peines de
la diffamation et de l'injure. Ici, seulement, la loi distingue
entre les parties en cause et les *tiers*. Les parties en cause
doivent, pour sauvegarder leur droit d'agir en diffamation
ou en injure, faire réserver par les juges du fond les faits
qu'ils considèrent comme injurieux ou diffamatoires. Les
tiers, au contraire, qui se trouvent lésés par la production
d'écrits étrangers au fond d'un procès, peuvent intenter
l'action civile à raison de ces faits, sans qu'il en ait été fait
réserve par le Tribunal saisi. Cette distinction s'explique
assez par la différence de la situation des personnes pour
qu'il soit inutile d'y insister.

Enfin, nous dirons en terminant sur ce point, que l'immunité de l'art. 23 est applicable aux discours tenus et aux

écrits produits, devant toutes les juridictions où la publicité des débats existe : juges de paix, tribunaux de première instance et d'appel, conseil d'Etat, tribunaux de commerce, conseils de prud'hommes, etc. (Voy. Dalloz. Rép. *loc. cit.* n° 1171 et suivants.)

CHAPITRE II.

Des Exceptions à opposer à l'action.

Il y a des exceptions qui sont communes à tous les délits commis par la voie de la presse ou tout autre mode de publication; et il y en a de spéciales aux délits qui nous occupent. Notre chapitre est ainsi divisé naturellement en deux sections, dont la seconde seule méritera quelques développements.

SECTION PREMIÈRE

EXCEPTIONS COMMUNES AUX DÉLITS COMMIS PAR LES DIVERS MODES DE PUBLICATION.

1. *De la Prescription.* — La prescription de l'action publique pour tous les délits commis par la voie de la presse ou tout autre mode de publication, était aux termes de la loi du 26 mai 1819, art. 29, de six mois à partir de la publication. Le décret du 27 février 1852, en soumettant (art. 27) la poursuite de ces délits « aux formes et délits prescrits par le Code d'instruction criminelle » a rétabli en ce qui les concerne, la prescription commune. C'est, d'ailleurs, ce que dit formellement la circulaire ministérielle du 27 mars 1852 (D. P. 52, 3, 11) (1). En conséquence, le délai, pour prescrire l'action publique comme l'action civile résultant d'un délit de diffamation ou d'injures, est de *trois*

---

(1) Ainsi jugé : Pau, 21 juill. 1862, D. P. 63, 5, 292; — Colmar, 2 mai, 1865, 65, 2, 78; — Dijon, 12 juillet, 1865, 65, 2, 221.

Jugé contrairement pour le cas de diffamation verbale : Rouen, 23 juin, 1864, 65, 2, 211.

années révolues, à compter du jour où ce délit a été commis (1), ou à partir du dernier acte de poursuite, si une poursuite a été commencée, puis suspendue (art. 638, C. inst. crim.).

Pour les injures légères qui, ne sont passibles que de peines de simple police, le délai de la prescription est d'*une année révolue* (art. 640, inst. crim.).

II. *Chose jugée.* — La maxime *non bis in idem* s'applique ici comme en toute autre matière.

III. *Causes d'excuses fondées sur l'absence d'intention de nuire.* — Nous avons eu l'occasion de nous expliquer sur la bonne foi du prévenu, sur l'ivresse, la colère, l'imbécillité ou la démence ; nous n'avons rien à ajouter à ce que nous avons déjà dit.

SECTION II.

DES EXCEPTIONS SPÉCIALES AUX DÉLITS DE DIFFAMATION ET D'INJURES

Nous parlerons de trois exceptions, dont chacune fera l'objet d'un paragraphe : 1° renonciation à l'action ; 2° provocation ; 3° vérité du fait imputé.

§ I. — DE LA RENONCIATION A L'ACTION.

La renonciation expresse s'oppose à ce que celui qui l'a librement consentie, revenant plus tard sur un mouvement généreux, puisse demander et obtenir des tribunaux la

---

(1) L'art. 29 (loi du 26 mai 1819) disposait que, pour faire courir la prescription portée en cet article, « *la publication de l'écrit devait avoir été précédée du dépôt et de la déclaration que l'éditeur entend le publier.* » Sous l'empire du décret de 1852, nous pensons que ces formalités préalables ne sont pas nécessaires. La prescription court à partir de la publication réelle.

punition d'une diffamation ou d'une injure qu'il avait d'abord cru devoir pardonner. — Si la renonciation a eu lieu seulement devant témoins, la preuve testimoniale n'est admissible qu'autant que l'intérêt est moindre de 150 fr., à moins qu'il n'y ait un commencement de preuve par écrit.

La renonciation à prix d'argent n'est, à vrai dire, qu'une transaction. On s'est demandé si la partie lésée qui a transigé avec son insulteur pourrait être admise ensuite à requérir contre ce dernier l'exercice de l'action publique en déposant une plainte au parquet du procureur impérial. Pourquoi non? a-t-on dit. La transaction n'a d'effet que sur l'action civile de la partie lésée; quant à l'action publique qui s'exerce dans un intérêt supérieur, l'intérêt de la société, elle ne saurait l'atteindre : on ne peut déroger par des conventions particulières aux lois qui sont d'ordre public ! — Cet argument, assurément fort puissant, ne me paraît pourtant pas sans réponse : il ne faut pas perdre de vue la différence qui existe entre les délits de diffamation et d'injure et les délits communs. Si, dans ces derniers, l'action publique s'exerce dans des conditions d'indépendance absolue vis-à-vis de la partie lésée, en matière de diffamation, au contraire, elle lui est soumise. Il dépend, en effet, de la partie lésée de la faire naître ou de la laisser sommeiller indéfiniment; son silence suffit pour condamner le ministère public à l'inaction. C'est donc qu'en cette matière l'intérêt public passe après l'intérêt privé. Dès lors, l'argument qu'on nous oppose perd

QUESTION. — Lorsque le temps voulu pour prescrire s'est écoulé, sans que l'édition d'un écrit contraire à la loi ait été poursuivie, les éditions ultérieures du même ouvrage sont-elles couvertes par cette prescription? — Affirmative : M. Legraverend (t. I, p. 95). — Négative : MM. Mangin, t. II, p. 147; Chassan, t. II, p. 82, etc.

beaucoup de sa valeur. Ajoutons qu'il serait immoral de
voir une personne qui n'aura obtenu la plupart du temps
de transaction, qu'en menaçant son offenseur de la police
correctionnelle, revenant sur sa promesse, le déférer, néanmoins, aux tribunaux de répression. Ce n'est pas pour des
gens capables de faire marché de leur honneur, que la loi
doit réserver ses tendresses. Ils ont voulu d'une réparation
pécuniaire, qu'ils s'en contentent !

La renonciation tacite aurait les mêmes effets que la
renonciation expresse. Mais, quand y a-t-il renonciation
tacite? De quelles circonstances faut-il l'induire? Voilà des
questions de fait qui rentrent dans le domaine du juge, et
dont l'appréciation sera toujours pleine de difficultés et de
doutes.

Les vieux auteurs, Carpzovius, Schœppfer, Lauterbach...
citent, comme exemple, le cas où les parties auraient
mangé et bu à la même table, se seraient serré la main,
auraient conversé ensemble et familièrement dans le même
salon, etc., etc. Ce sont là, sans doute, des faits propres à
faire présumer la rémission et le pardon des offenses ; mais
il est aussi des considérations dont il faudra, en même
temps, tenir compte pour apprécier sainement les choses ;
peut-être les parties n'ont-elles fait que sacrifier à des habitudes banales, à des formes de politesse extérieure usitées
dans le monde auquel elles appartiennent, sans y attacher
autrement d'importance, et sans abandonner le ressentiment qui les animait ! Je crois donc qu'en présence d'une
pareille incertitude, la renonciation ne devra être présumée
qu'avec beaucoup de réserve.

§ II. — DE LA PROVOCATION.

La provocation est, en droit criminel, une cause d'atténuation de la criminalité de l'agent à laquelle il convient de

faire une large part, car on suppose, avec raison, qu'elle a eu sur l'intention du coupable une influence considérable. Toutefois, la loi ne lui accorde jamais cet effet de rendre innocent celui qui a répondu à la provocation par un crime ou par un délit grave. Cela n'a lieu que lorsqu'on a affaire à des délits minimes : *Parva delicta mutua compensatione tolluntur.* Tels sont les principes dont nous pouvons faire l'application à notre matière. La provocation n'excuse ni la diffamation ni l'injure grave, mais seulement l'injure légère que la loi ne punit que de peines de simple police. Dans ce dernier cas, la solution nous est donnée par l'article 471, 11° C. pén., ainsi conçu : « ..... Ceux qui, *sans avoir été provoqués*, auront proféré contre quelqu'un des injures autres que celles prévues depuis l'art 367, jusques et compris l'art. 378. »

La jurisprudence s'est prononcée à plus d'une reprise sur ces questions de provocation, et a des très-rares exceptions près, elle a consacré les principes que nous avons exposés. Citons notamment un arrêt de cassation du 25 mars 1847, portant que « l'excuse de provocation ou de réprocité de torts, qui est admissible en matière d'injures simples, ne l'est pas à l'égard des injures prévues par les art. 13 et 19 de la loi du 17 mai 1819, et qui constituent un délit correctionnel (1). »

Dans le même sens, la Cour de Paris a jugé, le 18 février 1855, « que l'excuse tirée de la provocation n'est pas admise à l'égard du délit de diffamation (2); »

L'opinion contraire adoptée par M. de Grattier dans son *Commentaire des lois sur la presse,* tom. 1, p. 190)

(1) V. D. P. 47, 1, 344.
(2) D. P. 55, 2, 109.

semble cependant avoir inspiré un arrêt récent de Pau, 31 juillet 1857 (1). »

Mais en matière d'injures simples, il a été jugé que la loi n'ayant pas défini les caractères de la provocation, c'est aux tribunaux qu'il appartient de décider souverainement si les faits opposés constituent ou non une provocation ; (Crim. rej. q nov. 1820 (2) » et que l'appréciation que fait en pareil cas le juge de police échappe à la censure et au contrôle de la Cour de cassation (Crim. rej. 18 août 1864, D. P. 64, 5, 293). »

Au surplus, si le juge ne peut reconnaître au milieu des fautes de la cause à qui il faut attribuer la provocation, il a décidé qu'il y avait lieu à renvoyer les parties dos à dos. (Crim. cass. 1" sept, 1826, Dalloz, Rép. loc. cit. n° 1331 note 2.)

Faut-il, pour que l'injure simple soit excusable, qu'elle ait été précédée immédiatement par la provocation ? Ce serait, je crois, la solution la plus raisonnable à donner. Il a pourtant été décidé que la provocation rend l'injure excusable, quel que soit le délai qui sépare l'une de l'autre (Crim. rej. 18 août 1876, aff, Brousse. Dalloz. Rep. V. Peine n° 470 - 2°) « et cela par le motif que d'une part la loi n'a fixé aucun intervalle après lequel la provocation serait réputée non avenue, et que d'autre part la différence des faits et des caractères doit nécessairement influer sur le délai. »

§ III. — DE LA VÉRITÉ DU FAIT IMPUTÉ.

Le Code pénal ne punissait que la *Calomnie*, (art. 367 et s.) et déclarait à l'abri de toute peine le diffamateur qui pouvait fournir la *preuve légale* des faits par lui imputés. La

(1) D. P. 58, 2, 209.
(2) Dalloz. Rép. loc. cit., n° 1328.

condition de la *preuve légale* apportait, il est vrai, une singulière restriction au principe : *Veritas convicii excusat.* Mais ce principe n'en était pas moins la base du système. C'est le principe radicalement contraire qui a inspiré le législateur de 1819 : « *Nul ne sera admis à prouver la vérité des faits diffamatoires,* » telle est la règle écrite au début de l'art. 30 de la loi du 26 mai. Cette règle à laquelle nous n'avons pas épargné nos critiques, ralliait, il faut le reconnaître, les hommes les plus libéraux et les esprits les plus élevés de la restauration. Benjamin Constant, de Serre, Bedoch, Favard de Langlade etc, Voulaient avec Royer-Collard « que la vie des citoyens fût *murée.* »

Mais ces hommes étaient trop sages et trop éclairés pour admettre dans toute son étendue et sans exceptions un pareils principe. Il comprirent donc (c'est leur honneur et c'est ce qui fit de la loi de 1819 une loi de progrès relatif, que s'il peut paraître moral et utile à l'ordre public que la vie privée des citoyens échappe aux investigations de la médisance, il n'en saurait être ainsi de la vie publique, laquelle doit être ouverte au contrôle et par suite aux critiques et aux sévérités de l'opinion. Si les gouvernants pouvaient se soustraire à la surveillance des gouvernés, et leur fermer la bouche sur leurs actes, on ne sait pas trop jusqu'à quelles hauteurs pourrait s'élever leur despotique autorité. Tout ce qu'ils peuvent exiger de l'opinion, c'est de n'être point calomniés. « La vie privée des fonctionnaires, a dit M. de Serre, n'appartient qu'à eux-mêmes ; *leur vie publique appartient à tous* : c'est le droit, c'est souvent le devoir de chacun de leurs concitoyens de leur reprocher publiquement leurs torts et leurs fautes politiques : l'admission de la preuve est alors indispensable. »

Une autre considération devait les frapper : lorsque la loi pénale a déclaré un fait punissable, la société a intérêt à ce que les auteurs de faits semblables subissent la peine que la loi a jugé nécessaire d'y attacher. Il ne fallait donc pas, en pareil cas, empêcher le diffamateur de faire, quand il l'offrait, la preuve des faits par lui imputés, sous ce puéril prétexte qu'au lieu de reprocher méchamment ces faits à celui qui les a commis, il aurait dû les déférer à la justice par la voie commune de la dénonciation ou de la plainte.

De là, deux dérogations au principe que la preuve des faits diffamatoires n'est point admise. Elle l'est :

1° Quand le plaignant est fonctionnaire, ou qu'il a agi dans un caractère public, et que les faits sont relatifs à l'exercice de ses fonctions ;

2° Quand les faits imputés sont punissables suivant la loi pénale.

Première dérogation. — Art. 20 de la loi du 26 mai 1819 : « Nul n'est admis à prouver la vérité des faits diffamatoires, *si ce n'est dans le cas d'imputations contre des dépositaires ou agents de l'autorité, ou contre toute personne ayant agi dans un caractère public, de faits relatifs à leurs fonctions.* Dans ce cas, les faits pourront être prouvés par-devant la cour d'assises par toutes les voies ordinaires, sauf la preuve contraire par les mêmes voies.

« La preuve des faits imputés met l'auteur de l'imputation à l'abri de toutes peines, sans préjudice des peines prononcées contre toute injure qui ne serait pas nécessairement dépendante des mêmes faits. »

Il serait intéressant de rechercher, en s'attachant aux termes de cette disposition :

1° A quelles imputations elle s'applique ;

2° Quelles personnes il faut comprendre sous ces mots : « *Agents ou dépositaires de l'autorité* et « *personnes ayant agi dans un caractère public.* » Mais cet examen, pour être complet, demanderait des développements qui nous entraîneraient trop loin de notre sujet. Nous ne nous y arrêterons donc point (1). •

Deuxième dérogation. — *Loi du 26 mai 1819.* Art. 25 : « Lorsque les faits imputés seront punissables selon la loi, et qu'il y aura des poursuites commencées à la requête du ministère public, ou que l'auteur de l'imputation aura dénoncé ces faits, il sera, durant l'instruction, sursis à la poursuite et au jugement du délit de diffamation. »

Une première question se pose sur cet article : est-il applicable aux diffamations envers les particuliers? ou faut-il le restreindre aux diffamations contre les fonctionnaires publics?

M. Grellet-Dumazeau (tome 1er, p. 371) a soutenu énergiquement le second système, et voici comment raisonne l'éminent magistrat :

La disposition de l'art. 25 est le corollaire naturel de l'admission de la preuve des faits diffamatoires. En pareil cas, en effet, le *sursis* est commandé par la plus simple prudence; sans lui, qu'arriverait-il? On verrait se produire cette contradiction étrange : d'une part, un prévenu de diffamation condamné par un tribunal, faute d'avoir suffi-

___

(1) Une seconde considération nous retient. Si le Sénat, comme on peut l'espérer, accueille favorablement un amendement déjà adopté par le Corps législatif, et présenté par MM. Picart, Kératry, etc., au cours de la discussion du projet de loi sur la presse, la disposition contenue dans l'article 20 subira une addition ainsi conçue : « La preuve est également admise, toutes les fois que la question qui donne lieu à l'action est relative à des intérêts publics et même communaux. » Nous rendons pleine justice aux sentiments de moralité qui ont inspiré les auteurs de l'amendement, mais nous nous demandons s'il ajoute réellement quelque chose aux termes de l'art. 20 sainement entendus. Nous attendrons, pour être fixés sur la valeur de cette disposition nouvelle, que la jurisprudence ait eu à se prononcer à cet égard.

samment établi la vérité de. ses imputations; et, d'autre
part, le plaignant, sorti vainqueur du combat, frappé à son
tour par un second tribunal, qui proclamerait l'existence et
la réalité des faits méconnus par le premier! C'est pour
éviter cette contrariété de jugements, toujours préjudiciable
à l'autorité de la justice, que le tribunal saisi d'une plainte
en diffamation devra, si les faits imputés sont punissables
selon la loi, et déférés dès à présent aux juges compétents,
« surseoir durant l'instruction à la poursuite et au jugement.
du délit de diffamation. »

Cette obligation de surseoir est tellement naturelle et
indispensable que le Code pénal, qui admettait la *preuve
légale* des faits imputés à toute personne, l'imposait aux
juges saisis d'une plainte en calomnie; et c'est par les
motifs que nous avons donnés nous-mêmes, que M. Faure
expliquait au conseil d'Etat la disposition de l'art. 372,
dont notre article 25 n'est que la reproduction : « Si cependant, disait-il, l'auteur de l'imputation dénonce les faits,
les juges doivent surseoir au jugement du délit de calomnie,
jusqu'à ce qu'il soit décidé si la personne à qui ces faits
sont imputés est réellement coupable, car si elle était condamnée, *on ne pourrait raisonnablement condamner le
dénonciateur.* »

La même raison de décider se retrouve-t-elle sous la
législation actuelle, en ce qui touche la diffamation contre
les simples particuliers? Pas le moins du monde. Peu importe, ici, que les faits imputés soient vrais ou faux, c'est
le cas d'appliquer la règle absolue de l'art. 20 ; « Nul ne
sera admis à prouver la vérité des faits diffamatoires, » et
il n'y aura nulle contradiction à voir condamner à la fois
le diffamateur et le diffamé, l'un pour l'imputation du fait,
l'autre pour le fait imputé. Dès lors, à quoi bon un sursis?
On ne le comprendrait que si l'art. 25 portait une déroga-

tion formelle à la règle de l'art. 20, et si, par suite, on attribuait à la vérité des faits imputés, même contre un particulier, le pouvoir de faire absoudre le diffamateur, lorsque les faits sont punissables selon la loi. Veut-on le soutenir?

J'avoue que, pour ma part, je serais disposé à donner de l'art. 25 une semblable interprétation. Mais je dois dire que telle n'est point l'opinion de ceux qui combattent M. Grellet-Dumazeau. Il n'y a, d'après eux, rien à induire des paroles de M. Faure, ni de l'art. 372 du Code pénal. Il faut reconnaître que la loi de 1819 et le Code pénal partent d'un principe opposé; on ne peut donc, à cet égard, expliquer la loi par le Code (1). — D'ailleurs, il est inexact de dire qu'en matière de diffamation contre les particuliers, le sursis serait sans utilité; le prévenu y aura toujours un grand intérêt, si les faits par lui dénoncés sont vrais. En effet, le juge puisera, dans la vérité de ces faits, un motif, sinon pour absoudre, au moins pour atténuer la pénalité.

Le système de M. Grellet-Dumazeau s'appuie sur une autre raison, tirée des travaux préparatoires de la loi de 1819. A la Chambre des députés, le rapporteur de la commission s'est exprimé d'une façon qui doit dissiper tous les doutes : « La preuve admise (art. 20), il était nécessaire de régler la manière de la produire et de la combattre, et tel est l'objet des *cinq* articles suivants; » or, l'article 25 se trouve évidemment compris dans ces cinq articles. Donc cette disposition se rattache uniquement à la preuve, et toutes les fois qu'elle est inadmissible, l'art. 25 est nécessairement inapplicable.

Cette raison n'est pourtant pas, plus que l'autre, admise par la jurisprudence, et il a été formellement jugé que

(1) Dalloz, Rép., loc. cit., n° 1361.

l'art. 25 s'appliquait à toute sorte de diffamation. (Crim.
cass., 19 janvier 1855. D. P. 55. I. 48 et idem. Orléans,
25 fév. 1855. D. P. 5. 2. 292.)

En admettant sur ce premier point l'opinion de la jurisprudence (1), nous devons rechercher quelles sont, aux
termes de l'art. 25, les conditions du sursis :

1° *Il faut que les faits soient punissables selon la loi.*
— On s'est demandé si les faits qui sont passibles d'une
simple peine disciplinaire sont compris parmi les faits
punissables selon la loi. Et l'on a conclu à la négative,
malgré la généralité des termes employés par l'art. 25,
pour ce motif que les faits passibles de peines disciplinaires
n'ont été qualifiés ni définis par aucune loi, que le pouvoir
disciplinaire doit s'exercer en secret, et que le sursis abou-
tirait à lui donner une publicité qui n'est point de son
essence. (Ainsi jugé : Cass., 28 sept. 1815.)

Une question plus importante est celle de savoir à qui
il appartient de déclarer que les faits impués sont punissables selon la loi, et de nature à motiver un sursis. Il est
bien évident qu'on ne peut pas s'en rapporter à la qualification que donne aux faits le prévenu de diffamation, dont
l'erreur ou la mauvaise foi ne saurait entraver la marche
de la justice. On ne s'en rapporte pas davantage à l'opinion
du ministère public, car l'opinion du ministère public ne
lie point la conscience des juges. Une appréciation des tribunaux est donc nécessaire. A quoi doit-elle se réduire?
Là est le point controversé. Selon nous, le rôle du tribunal
se borne à faire une simple comparaison entre les faits

(1) Cette opinion va être législativement consacrée, si le Sénat adopte
la nouvelle loi *sur la poursuite des délits de presse*, telle que le Corps
législatif l'a votée. Il y a en effet un art. 30 ainsi conçu : Lorsque les
faits imputés à un fonctionnaire *ou à un particulier* seront punissables
selon la loi....., le reste comme dans l'art. 25 de la loi du 26 mai 1819.

imputés et la loi pénale, et à examiner si, oui ou non, ces faits, supposés constants, sont prévus et punis par cette loi. Quant à la question du fond, les juges de la diffamation doivent y rester absolument étrangers : c'est affaire au tribunal saisi, par la dénonciation ou par la poursuite du ministère public de la connaissance des faits imputés. « *Les faits imputés seraient-ils passibles d'une peine, s'ils existaient ou s'ils n'étaient couverts par aucun moyen d'exception?* » Voilà, à notre avis, la seule question à laquelle le tribunal, saisi de la plainte en diffamation, doive répondre.

Concluons-en, avec M. Grellet-Dumazeau, que le tribunal auquel le sursis est demandé n'a pas le droit de vérifier si les faits imputés sont couverts par la *prescription* ou par une *amnistie*, pas plus qu'il ne pourrait rechercher si ces faits sont vrais ou faux. (M. Grellet-Dumazeau, t. II, p. 382. — *Contra* : M. Chassan, t. II, p. 374; Mangin, t. I, p. 162, le Sellyer, t. IV, p. 377).

Nous avons dit que l'opinion du ministère public ne liait pas la conscience des juges. Toutefois, si le ministère public avait saisi un tribunal de la poursuite des faits imputés, nous croyons qu'en ce cas, le tribunal saisi de la plainte en diffamation devrait surseoir, afin d'éviter la contrariété de décisions qui pourrait résulter d'un jugement anticipé. (Ainsi jugé sous l'empire du Code pénal par arrêt de cassation du 17 avril 1817). C'est l'avis de la généralité des auteurs.

On décide aussi généralement que, lorsque la même imputation contient des faits punissables et des faits non-punissables selon la loi, les faits punissables doivent être considérés comme les principaux, les autres suivront leur sort, par application de la maxime : *Accessorium sequitur principale* En conséquence, il doit être sursis au jugement des uns et des autres, à moins qu'il n'y ait entre eux aucune connexité. (Crim. cass. 26 avril 1821, Sirey, 21, 1, 417) (1).

2° *Il faut qu'il y ait eu des poursuites commencées par le ministère public, ou une dénonciation émanée de l'auteur de l'imputation.*

Les poursuites sont commencées lorsque le ministère public a remis sa plainte entre les mains du juge d'instruction, ou qu'il a saisi le tribunal par une citation directe (2). La dénonciation de la partie pourra également se produire par une plainte déposée au parquet ou auprès du juge d'instruction, et, s'il s'agit d'un délit, par une citation directe, devant le tribunal correctionnel. La plainte n'est d'ailleurs soumise à aucune forme particulière ; elle devra donc être formulée suivant les règles communes (Art. 31 et s. inst. crim). L'art. 25 ne contient qu'une seule exigence, c'est que la dénonciation émane de l'auteur de l'imputation; une dénonciation émanée d'un tiers à raison des faits imputés par le prévenu de diffamation, n'aurait pas le pouvoir d'opérer le sursis de l'art. 25. Mais la dénonciation du prévenu de diffamation peut intervenir en tout état de cause, tant que la condamnation n'a pas été prononcée.

Il est toutefois nécessaire que ce soit la juridiction compétente, pour statuer pénalement sur les faits imputés, qui ait été saisie. D'où il suit qu'une simple action civile intentée par le prévenu de diffamation à raison des faits imputés ne serait pas un motif de sursis. Il en serait de même si l'auteur de l'imputation s'était inscrit en faux contre le fait contenu dans l'imputation. « Il faut, dit M. Grel-

(1) Dans le même sens, voy. M. Chassan, t. ii, p. 419 ; — de Grattier, t. i, p. 489 ; Grellet-Dumazeau, t. ii, p. 84 ; Mangin, t. i, p. 563....
(2) M. Grellet-Dumazeau, t. ii, p. 86.

let-Dumazeau, que la justice ait été mise en demeure de
se prononcer : dans le cas particulier, elle n'est qu'avertie,
et cela ne suffit pas, car le sursis pourrait rester sans issue. »

3°. *Il faut aussi que les faits dénoncés soient identi-
quement les mêmes que les faits imputés.* — L'identité
des faits est de rigueur, un rapport plus ou moins étroit ne
suffirait pas. Cela a été jugé en 1839 par un arrêt de cassation, dans une espèce où cependant la relation était
aussi intime que possible. Un plaideur avait reproché à
l'un des magistrats qui l'avait jugé « *d'être un juge à
cadeaux* » ajoutant « *qu'à l'occasion de son procès avec
un tel, il en avait sans doute reçu : que c'était un procès
de poulets...* » Le magistrat outragé l'ayant poursuivi
comme diffamateur, notre plaideur dénonça d'autres actes
de corruption que le même juge avait, disait-il, commis
envers des tiers, et il demanda qu'il fût sursis à son jugement pendant l'instruction des faits par lui dénoncés. Cependant la Cour de cassation rendit un arrêt négatif (crim.
cass. 9 novembre 1839).

— Lorsque les conditions sus-indiquées sont remplies,
le tribunal doit prononcer le sursis; c'est pour lui non une
faculté, mais une obligation ; telle est, du moins, l'interprétation que l'on donne de la formule impérative employée
par l'art. 25 : « *il sera sursis...* »

Mais faut-il, allant plus loin, décider que le ministère
public est obligé de poursuivre sur la plainte de l'inculpé ?
La jurisprudence a fort varié sur ce point, et si nous avons
des arrêts dans le sens de l'affirmative, il n'en manque pas en
sens inverse. MM. de Grattier et Grellet-Dumazeau tiennent
pour la négative : sans doute, disent ces auteurs, le tribunal
qui se trouve en présence d'une poursuite du ministère public agissant d'office ou sur réquisition, est dans l'obligation
de surseoir au jugement du délit de diffamation. Mais faut-

il conclure de l'obligation du tribunal à celle du ministère public ? Il n'y a de cela nulle raison ; et, puisque l'art. 25 de la loi du 26 mai 1819, n'impose pas expressément au ministère publique l'obligation de poursuivre, il faut rester dans le droit commun, aux termes duquel le parquet est maître de l'action publique, — Mais, objecte-t-on, le sursis est imposé au tribunal non-seulement au cas de poursuite du ministère public, mais encore au cas de simple dénonciation par l'auteur de l'imputation. Dans cette dernière hypothèse, que se passera-t-il, si le ministère public refuse de suivre sur la plainte ? Le Tribunal devra-t-il néanmoins surseoir ? Mais alors, si la poursuite n'a pas lieu, le sursis sera indéfini. Devra-t-il au contraire passer outre et refuser le sursis ? Mais, en ce cas, que devient la faveur que l'article 25 a eu l'intention d'accorder au prévenu de diffamation ? Ainsi, d'un côté, vous aboutissez à un impasse ; de l'autre, vous méconnaissez les intentions généreuses de la loi. C'est, il faut l'avouer, une alternative également dure et difficile à admettre. — Le tribunal passera outre aux débats, répond M. Grellet-Dumazeau, et, ce faisant, il ne méconnaîtra pas l'intention de la loi ; car le législateur de 1819 n'a pas été inspiré, comme on le prétend, par une pensée de faveur pour le prévenu de diffamation, il n'a eu en vue que l'intérêt d'une bonne justice. C'est pour éviter une contrariété de décisions qu'il a ordonné le sursis, au cas de poursuites commencées par le ministère public soit d'office, soit sur dénonciation de l'auteur de l'imputation diffamatoire. Mais, dès que la contrariété de décisions ne peut se rencontrer, et c'est ce qui a lieu au cas où le ministère public refuse d'agir, il n'y a plus à surseoir. (1).

(1) *Contra*, M. Chassan, t. II, p. 388.

Il est bon de noter que cette question fort intéressante quand le fait imputé est un crime, l'est beaucoup moins si c'est un fait qualifié délit par la loi : car, en matière correctionnelle, l'action publique peut être mise en mouvement par une citation directe de la partie lésée, sans passer par l'intermédiaire du ministère public (art. 64, inst. crim.)

Conséquences du sursis. Il est de toute justice que le prévenu de diffamation qui succombe dans la poursuite qu'il a dirigée contre le plaignant à raison des faits par lui imputés, voie aggraver sa peine, car il a ajouté la calomnie à la diffamation. Mais à l'inverse, s'il triomphe, doit-il être renvoyé absous? La négative est généralement adoptée, et la jurisprudence, comme les auteurs, ne voit dans la vérité des imputations constatée par le jugement, qu'une cause d'atténuation de la criminalité du diffamateur. (V. Montpellier, 22 nov. 1841.) (1).

L'art. 25 s'applique-t-il à d'autres cas qu'à celui de diffamation? Nous répondons négativement avec la jurisprudence et les auteurs. En effet, il n'est question que de l'imputation de *faits*, nullement de l'imputation de *vices*, et par suite l'injure ne saurait rentrer dans les termes de notre article. Cela amènera des résultats bizarres, et je n'en veux pour preuve que cet exemple emprunté à M. Grellet-Dumazeau : « Un particulier est traduit en justice pour avoir proféré l'imputation de *voleur* contre le plaignant ; à l'audience, l'inculpé avoue qu'il a tenu le propos, et ajoute qu'en effet le plaignant lui a volé son cheval ; de plus, il jus-

(1) M. de Grattier est d'un avis contraire : « Si, dit-il, la poursuite a été suivie d'une condamnation, son effet réagira sur l'action en diffamation, et fera disparaître le délit à raison des faits imputés qui ont été l'objet de la condamnation. puisque, en les signalant à l'opinion publique, le prévenu n'avait fait qu'une chose louable et utile à la société. » (tome I, p. 498). C'est aussi notre opinion.

tifie d'une dénonciation faite au ministère public à raison de ce vol, et demande qu'il soit sursis au jugement de l'affaire. Le tribunal qui accueillerait cette demande, violerait tous les principes, car il modifierait arbitrairement la qualification du délit qui lui est déféré, et admettrait par une voie détournée, la preuve de la vérité de l'injure grave, ce qui serait contraire aux dispositions de la loi. »

Nous sera-t-il permis d'ajouter que cette conséquence parfaitement légale, il est vrai, mais aussi bien étrange, il faut le reconnître, serait évitée si la preuve des faits diffamatoires était permise ; et si la distinction des faits diffamatoires et des faits injurieux avait un fondement plus rationnel qu'une simple forme de langage ! Mais ce n'est là qu'un vœu impuissant, hélas ! et nous devons revenir à l'interprétation de notre législation positive.

Est-il vrai, qu'en dehors des deux dérogations que nous avons discutées et examinées, la vérité des faits diffamatoires n'aura aucune influence sur l'issue du procès en diffamation ? Il n'en est pas ainsi, à beaucoup près. C'est qu'au fond tout le monde sent que, malgré la loi, il n'y a pas la même criminalité à révéler des faits vrais qu'à divulguer des faits faux : cette distinction s'impose, en dépit de la loi, au prévenu, au plaignant, aux juges eux-mêmes. C'est là-dessus, comme l'a fort bien fait remarquer M. Faustin-Hélie (1), que porte avant tout la défense de l'inculpé. En vain la loi interdit-elle la preuve des faits imputés et déclare-t-elle qu'il n'en sera tenu aucun compte ; cette preuve se glisse partout dans le débat, il n'est pas d'issue si petite, par laquelle elle ne parvienne à s'insinuer ; et, les magistrats eux-mêmes, cédant au sentiment de l'équité, puisent

(1) Revue de Législation, année 1844.

dans la vérité de l'imputation un motif d'atténuer les peines que la loi prononce contre les diffamateurs.

Quand on parle de l'interdiction de la preuve des faits diffamatoires, on a généralement en vue une juridiction pénale, et il n'est pas rare d'entendre dire que devant les tribunaux civils, cette preuve devient possible et aboutit, lorsqu'elle est péremptoire, au rejet de la prétention des demandeurs. En est-il ainsi pourtant? Assurément non. Il ne faudrait même pas tenir compte de ce que le demandeur en diffamation consent à la preuve des faits qui lui ont été imputés. (1) La raison en est que cette prohibition est d'ordre public, et qu'il n'appartient pas aux parties de déroger par des conventions particulières aux disposition fondées sur un intérêt général. Or, il est de toute évidence que les motifs qui ont fait interdire la preuve des faits diffamatoires ne tiennent point à la juridiction : c'est le scandale que la loi a voulu éviter, et le scandale serait le même, soit que la preuve se fît devant les tribunaux civils, soit qu'elle se fît devant les tribunaux correctionnels. Concluons donc qu'au civil comme au criminel, la preuve des faits diffamatoires ne peut être faite que lorsqu'il s'agit d'imputations concernant des fonctionnaires et contenant des faits relatifs à leurs fonctions.

(Sic) Grellet-Dumazeau, t. II, p. 125.

CHAPITRE III.

Des Peines.

I. PEINES DE LA DIFFAMATION. — *Loi du 17 mai 1819,* art. 18 : « La diffamation envers les particuliers sera punie d'un *emprisonnement de cinq jours à un an.*

» Et d'une *amende* de 25 *francs à 2,000 francs,*

» Ou de l'une de ces deux peines seulement suivant les circonstances. »

II. PEINES DES INJURES. — *Loi du 17 mai 1819,* art. 19, 2ᵉ alin.: « L'injure contre les particuliers sera punie d'une *amende de 16 francs à 500 francs.* » N. — Il s'agit de l'injure grave.

Art. 20. « Néanmoins l'injure qui ne renfermerait pas l'imputation d'un vice déterminé, ou qui ne serait pas publique, continuera d'être punie des *peines de simple police.* »

Art. 464. Code pénal. « Les peines de police sont : l'*emprisonnement;* — l'*amende,* — et la *confiscation de certains objets saisis.* »

L'*emprisonnement* ne pourra être moindre d'*un jour* ni excéder *cinq jours* (art. 465). — Les *amendes* pourront être prononcées depuis *un franc* jusqu'à *quinze francs* inclusivement (art. 466).

III. DISPOSITIONS COMMUNES A LA DIFFAMATION ET AUX INJURES. — *Loi du 18 juillet 1828,* art. 14 : « Les amendes, autres que celles portées par la présente loi, qui auront été encourues pour délit de publication *par la voie d'un journal ou écrit périodique,* ne seront jamais moindres du *double du minimum* fixé par les lois relatives à la répression des délits de la presse. »

Loi du 9 juin 1819, art 11 : « Les éditeurs du journal ou écrit périodique condamné seront tenus d'insérer dans l'une des feuilles ou des livraisons qui paraîtront dans le mois du jugement ou de l'arrêt intervenu contre eux, extrait contenant les motifs et le dispositif dudit jugement ou arrêt. »

Loi du 26 mai 1819, art. 26 : « Tout arrêt de condamnation contre les auteurs ou complices des crimes et délits commis par la voie de la presse ou tout autre mode de publication *ordonnera la suppression ou la destruction des objets saisis,* ou tous ceux qui pourront l'être ultérieurement en tout ou en partie, suivant qu'il y aura lieu pour l'effet de la condamnation. »

Ordonnera. Donc c'est un devoir pour les juges de prononcer cette peine, même d'office, — *en tout ou en partie,* suivant qu'il y aura lieu pour l'effet de la condamnation ; « disposition très-juste et très-sage, ajoutée sur l'observation de M. de Chauvelin. »

La « *destruction* » s'opère, suivant les cas, au moyen de la *mise en pâte* de la composition, du *grattage total ou partiel des clichés, planches ou pierres* (1).

La suppression ou la destruction du corps du délit peut d'ailleurs être prononcée à titre de réparation civile. Ainsi jugé, notamment en matière, de diffamation par arrêt de rejet du 5 avril, aff. Salmon et consorts.

_____

(1) M. de Grattier, t. 1, p. 300.

Art. 26 2ᵐᵉ alinea. « *L'impression* et *l'affiche pourront* être ordonnées aux frais du condamné.

« *Pourront* » Ces mesures ne sont donc pas obligatoires, le juge a la faculté de ne pas les prononcer.

IV. CUMUL DES PEINES. — La règle est écrite à l'article 365, C. pen. ainsi conçu : « *En cas de conviction de plusieurs crimes ou délits, la peine la plus forte sera seule appliquée.* » Dans le silence des lois spéciales de 1819 à 1825 sur ce point, le cumul des peines en matière de diffamation et d'injures n'avait point lieu. Mais la loi du 9 sept 1825 vint changer cet état de choses. Art. 12 *in fine* : « Les peines prononcées par la présente loi ou les loi précédentes sur la presse et autres moyens de publication *ne se confondront point entre elles*, et seront toutes intégralement subies, *lorsque les faits qui y donneront lieu seront postérieurs à la première poursuite.* » Abrogation de la loi du 9 septembre 1825 par le décret du 6 mars 1848, et retour au droit commun. — Cela dure peu, et la loi du 16 juillet 1850, art. 9, reproduisant les termes de l'art. 12 de la loi du 9 sept. 1825, rétablit le cumul, *mais le cumul des peines pécuniaires seulement.* Cette législation n'a été abrogée ni par le décret du 17 fév. 1852 ni par la loi du 11 mai 1868. Elle doit donc être considérée comme toujours en vigueur.

V. RÉCIDIVE. — L'art. 58 du Code pénal porte : « Les coupables condamnés correctionnellement à un emprisonnemen de *plus d'une année* seront aussi, en cas de nouveau délit, condamnés au maximum de la peine portée par la loi, et cette peine pourra être élevée jusqu'au double ; ils seront de plus mis sous la surveillance spéciale du gouvernement pendant au moins cinq années, et dix ans au plus. »

Cet article, on le voit, ne pourrait s'appliquer en aucune façon aux délits qui nous occupent, puisque la peine la plus élevée à laquelle puisse donner lieu une diffamation, est *un emprisonnement d'une année*, et que l'art. 58 exige un emprisonnement *de plus d'une année*. Mais la loi du 17 mai 1819 dispose formellement, art. 25, qu' « en cas de récidive des crimes et délits prévus par la présente loi, il pourra y avoir lieu à l'aggravation des peines prononcées par le chap, IV, livre 1er du Code pénal. » La récidive est donc admise en matière de diffamation et d'injures, et l'on suivra pour l'aggravation des peines, les règles du chap. IV, liv. 1er du Code pénal, c'est-à-dire qu'on appliquera l'art. 58 dont nous avons rappelé les termes.

Notez seulement que l'aggravation des peines dont l'article 58 fait une *obligation* par ces expressions impératives : « *Seront, en cas de nouveau délit, condamnés....* » n'est que facultative en matière de diffamation et d'injures, ainsi qu'il résulte de ces mots de l'art. 25 (loi de 1819) précité « *il pourra y avoir lieu à l'aggravation* etc. »

Notez aussi que l'art 25 n'est applicable que lorsque les deux délits sont des délits commis par voie de publication : telle est du moins, la conséquence que nous tirons de ces mots de l'art. 25 : « En cas de récidives des crimes et délits *prévus par la présente loi.* »

Depuis la loi du 17 mai 1819, aucune loi postérieure ne réproduisit la disposition spéciale de l'article 25 relative à la Récidive : d'où question de savoir si cet article subsiste encore. La Cour de cassation, saisie de cette question après la loi du 25 mars 1822, l'a résolue affirmativement par la raison que la loi nouvelle n'était que l'extension, la suite de celle du 17 mai 1819, qu'elle portait comme cette dernière sur les délits commis par la voie de la presse ou par tout autre moyen de publication ; qu'elle participait donc à ses dispositions générales, et leur demeurait soumises. »

(Crim. cass. du 22 janvier 1824, aff. Bugeard). C'est encore ainsi, pensons-nous, qu'il faudrait juger aujourd'hui.

VI..Circonstances atténuantes. — Jusqu'au décret du 11 août 1848, l'admission des circonstances atténuantes, en matière de délits commis par la voie de la presse ou tout autre moyen de publication n'était pas possible, sauf pour certains délits, exceptionnellement réservés par la loi du 25 mars 1822, et pour les crimes, comme cela fut confirmé dans la discussion de la loi du 9 septembre 1835. Le décret du 11 août, complétant celui du 6 mars 1848, qui avait rendu la liberté à la presse, dispose, dans son dernier article, que l'art. 463 du Code pénal serait désormais applicable « *aux délits de la presse.* » L'année suivante, la loi du 27 juillet 1849, s'inspirant de la même idée, se terminait par un article 23 ainsi conçu : « *L'art. 463, C. pén., est applicable aux délits prévus par la présente loi.* — Lorsqu'en matière de délits le jury aura déclaré l'existence de circonstances atténuantes, la peine ne s'élévera jamais au-dessus de la moitié du maximum déterminé par la loi. » Ainsi, après avoir, dans son premier alinéa, proclamé le principe général, l'art. 23 précisait la limite que la peine ne pourrait jamais dépasser quand les circonstances atténuantes seraient admises par le jury.

Deux questions s'élèvent sur l'interprétation de ces lois :

1° Les circonstances atténuantes peuvent-elles être admises pour crimes et délits autres que ceux commis par la voie de la presse, et ceux prévus par la loi de 1849?

2° Les lois de la République n'ont-elles pas été abrogées par les décrets organiques du 17 février 1852?

Sur le premier point, la raison de douter vient de ce que le décret du 11 août 1848 ne parle que des « *délits de la presse,* » sans dire un mot de ceux commis par une autre voie de publication. Mais interpréter aussi rigoureusement la lettre du décret de 1848, ce serait aller évidemment contre l'esprit qui l'a inspiré, et aussi, il faut le dire, contre les simples notions de justice et d'équité. La diffamation verbale n'est-elle pas, en effet, cent fois moins coupable que la diffamation qui emprunte au journal sa dangereuse publicité?

Quant à la loi du 27 juillet 1849, si son article 23 est conçu en ces termes, il est vrai un peu exclusifs : « L'art. 463 du Code pénal est applicable *aux délits prévus par la présente loi,* » c'est qu'effectivement cette loi avait pour but de prévoir certains délits non réglementés par les lois en vigueur. Dans de pareilles conditions, tirer de l'art. 23, premier alinéa, un argument *e contrario,* ce serait, croyons-nous, se mettre en opposition manifeste avec l'esprit de la loi tout entière, ce serait en fausser le sens par une interprétation judaïque. Au surplus, la jurisprudence a toujours admis le bénéfice des circonstances atténuantes en matière de diffamation et d'injures. (Voy. notamment Crim. cass., 14 septembre 1849, D. P. 50. 5. 367; — idem, 28 avril 1854, D. P. 54. 1. 215.)

Sur le second point, nous ne trouvons nulle incompatibilité entre les dispositions du décret de février 1852 et celles que les lois de 1848 et 1849 contenaient touchant les circonstances atténuantes. Il est vrai qu'une circulaire ministérielle du 25 mars 1852 limitait au chapitre II de la loi de 1849 les dispositions qu'il fallait considérer comme étant encore en vigueur, et que l'art. 23 se trouve dans le chapitre III. Mais ce raisonnement conduirait à dire que la provocation adressée à des soldats des armées de terre ou de mer, dans le but de les détourner de leurs devoirs militaires, n'est point punie dans notre législation, puisque ce délit est prévu par l'art. 2 de la loi de 1849, qui se trouve au chapitre Ier de cette loi. Veut-on aller jusque-là? La Cour de cassation n'a d'ailleurs jamais hésité à reconnaître que les circonstances atténuantes étaient admissibles en notre matière. (Crim., cass., 28 avril 1854; Idem, 15 septembre 1854. D. P. 54. 1. 215.)

La dernière loi sur la presse, qui est du 11 mai 1868, s'est enfin formellement prononcée pour l'admission des circonstances atténuantes. « L'art. 463, lisons-nous, est applicable aux crimes, délits et contraventions commis par la voie de la presse, sans que l'amende puisse être inférieure à 50 francs. » Il y a deux innovations dans cette disposition : 1° Application de l'art. 463 aux contraventions de presse; 2° limitation du minimum que le juge ne pourra pas dépasser dans l'admission de circonstances atténuantes. Nous n'attachons pas d'ailleurs à cet art. 14 de la loi du 11 mai 1808, un sens plus exclusif qu'au décret du 11 mai 1848. Comme la loi de 1868 était une loi relative à la presse,—c'est là son titre même,—il n'est pas étonnant que, dans son art. 14, elle n'ait visé que les crimes, délits et contraventions, « *commis par la voie de la presse.* »

CHAPITRE IV.

De la Compétence et de la Procédure.

Quels sont les tribunaux compétents en matière de diffamation et d'injure, soit au point de vue de l'action publique, soit au point de vue de l'action privée? Quelles sont les limites du droit de contrôle de la cour de cassation? Quelles sont les règles de procédure particulières au délit de diffamation? Telles sont les questions auxquelles nous devons faire une courte réponse.

———

SECTION PREMIERE

DE LA COMPÉTENCE.

La compétence est de deux sortes : 1° compétence de *juridiction*; 2° compétence *territoriale*. La première détermine quel est le juge appelé à connaître de l'affaire, à raison de la matière même du délit; la seconde, précisant la première, indique le ressort particulier dans lequel l'action doit être intentée.

1. *Compétence au point de vue de l'action publique.* — *Compétence de juridiction.* — Sont compétents : 1° les tribunaux de police correctionnelle pour tous les délits de

diffamation, soit verbale, soit écrite, envers des particuliers,—et pour toutes les injures graves que la loi punit de peines correctionnelles. (Art. 13 et 19, loi du 17 mai 1819 et art. 14, loi du 27 mai 1819 combinés.)

2° Les tribunaux de police pour les injures passibles de peines de simple police (art. 20, loi du 17 mai 1819), ce qui comprend : *a* toute imputation verbale ou écrite qui n'est pas publique; *b* toute imputation qui, bien que publique, ne contient l'articulation ni d'un fait précis, ni d'un vice déterminé.

De nombreux arrêts ont consacré et sanctionné cette division. (Voy. notamment Crim. cass. 19 sept. 1836. D. P. 50, 1,419.; idem 29 avril 1840. D. P. 40. 1,143;— Crim. rej. 25 août 1864. D. P. 65. 1,319.)

Au reste, l'art. 192 du Code d'Instruction criminelle doit recevoir ici son application. En conséquence, « si le fait déféré au tribunal correctionnel n'est qu'une contravention de police, et si la partie publique ou la partie civile n'a pas demandé le renvoi, le tribunal appliquera la peine, et statuera, s'il y a lieu, sur les dommages-intérêts. » Ainsi jugé par arrêt de cassation du 16 avril 1841.

Compétence territoriale. Cette compétence varie suivant le mode de publication employé, et suivant que le dépôt préalable est ou non ordonné par les lois et réglements qui concernent ce mode de publication.

1er Cas. — *Le dépôt était ordonné par les lois.* Art. 12 (loi du 26 mai 1819). « Dans les cas où les formalités prescrites par les lois et réglements concernant le dépôt auront été remplies, les poursuites à la requête du ministère public ne pourront être faites que devant les juges du lieu où le dépôt aura été opéré, ou de celui de la résidence du prévenu. — En cas de contravention aux dispositions ci-dessus rappelées concernant le dépôt, les poursuites pourront être faites soit devant le juge de la résidence du prévenu, soit dans les lieux où les écrits et autres instruments de publication auront été saisis. »

En quoi consiste la *résidence* dont parle l'article? A qui appartient-il de le fixer? Voilà des questions sur lesquelles la Cour de cassation a été appelée à statuer. Elle a décidé que l'appréciation des faits constitutifs de la résidence appartient souverainement aux juges du fait. (Arrêt de rejet du 7 nov. 1834.) Il semble résulter toutefois de la lecture de cet arrêt, que, dans la pensée de la Cour, la loi par le mot *résidence* n'exigerait pas le domicile du prévenu.

2me Cas. — *La formalité du dépôt n'est point ordonnée par les lois.* — (C'est dans ce cas que rentrent toutes les injures et diffamations verbales.) En cas pareil la loi de 1819 n'indique point de compétence spéciale ; c'est donc le droit commun qui doit être appliqué. En conséquence seront compétents : 1° Les juges du lieu où le délit a été commis; 2° ceux de la résidence du prévenu; 3° ceux du lieu de son arrestation, s'il y a eu arrestation. (Art. 23, 63, 69 C. inst. crim.)

Disposition commune aux deux cas : « Dans tous les cas, dit l'art. 12 *in fine*, la poursuite à la requête de la partie plaignante pourra être portée devant les juges de son domicile, lorsque la publication y aura été effectuée. » L'intérêt de la partie plaignante à la disposition qui précède se comprend sans peine; si l'affront qu'elle a reçu peut être effacé, si l'atteinte portée à sa considération peut être encore réparée, c'est surtout par la condamnation du diffamateur au lieu même où elle a son domicile, c'est-à-dire son principal établissement et aussi le plus souvent ses affections, ses relations de famille, là où elle a le plus besoin de l'estime et de la sympathie de ses concitoyens.

II. *Compétence au point de vue de l'action civile.*
— La compétence relativement à l'action civile se détermine suivant les règles ordinaires. Ainsi la partie lésée peut
saisir le tribunal civil du domicile du défendeur. (Rej. 4
août 1841; idem. 23 juin 1846. D. P. 46. 1. 225.) Elle
peut aussi se porter directement *partie civile* devant les
tribunaux correctionnels (art. 64. 182. C. inst. crim.) Si
elle prend cette voie, elle aura, comme lorsqu'il s'agit de
l'action publique, le choix entre le tribunal de la résidence
du prévenu, du lieu du dépôt ou de la saisie, et de son propre domicile, si la publication y a eu lieu.

Il est bon de remarquer qu'aux termes de la loi du 25 mai
1838, art. 5, c'est le juge de paix qui est compétent, « sans
appel, jusqu'à la valeur de cent francs, » et à charge d'appel au-dessus de cette somme, au cas « *d'actions civiles
pour diffamation verbale ou pour injures publiques ou non
publiques, verbales ou par écrit autrement que par la voie
de la presse...* lorsque les parties ne se sont pas pourvues
par la voie criminelle. »

SECTION II.

DE LA PROCÉDURE.

Peu de mots nous suffiront pour indiquer la marche d'un
procès en diffamation ou en injure.

La poursuite s'engage ou à la requête du ministère public agissant sur dénonciation ou plainte de la partie lésée,
— ou à la requête de cette partie se portant directement

partie civile devant la juridiction compétente. — « La partie publique, dans son réquisitoire, dit l'art. 6 de la loi de
1819, ou le plaignant dans sa plainte, seront tenus d'articuler et de qualifier les provocations,.... faits diffamatoires
ou injures à raison desquels la poursuite est intentée, et ce
à peine de nullité de la poursuite. »

Art. 7. « Immédiatement après avoir reçu le réquisitoire
ou la plainte, le juge d'instruction pourra ordonner la saisie
des écrits, imprimés, placards, dessins, gravures, peintures,
emblèmes ou autres instruments de publication.

» L'ordre de saisir et le procès-verbal de saisie *sont* no-
tifiés dans les trois jours de ladite saisie, à la personne entre les mains de laquelle la saisie a été faite, à peine de
nullité. »

La saisie a pour objet de mettre en la possession de la
justice le corps du délit. Il peut être aussi nécessaire de
s'assurer de la personne de l'agent du délit ; l'arrestation
préventive y pourvoit. Elle est possible pour toute espèce
de délits commis par la voie de la presse ou tout autre
moyen de publication (art. 28 de la loi du 26 mai 1819),
sauf la mise en liberté provisoire, s'il y a lieu. En matière
de diffamation et d'injure, celle-ci est de droit au bout de
cinq jours de détention, puisque le maximum de la peine
prononcée contre ces délits est inférieur à deux ans (Loi
du 14 juillet 1865).

Le prévenu doit comparaître personnellement à l'audience
(Ainsi jugé crim. rej. 25 août 1854. D. P. 54. I.203).

Quant à la preuve, nous avons peu de choses à ajouter
à ce que nous avons dit autre part : c'est au ministère public ou au plaignant à établir l'importance délictueuse :
cette preuve peut être faite par tous les moyens : par écrit,
par témoins, par présomption sauf la preuve contraire par
les mêmes moyens. Si l'imputation est offensante de sa na-

ture, la mauvaise intention du prévenu est présumée et n'a pas à être prouvée. Mais c'est aux poursuivants qu'incombe la charge d'établir l'atteinte portée à l'honneur ou à la considération de la personne désignée dans l'imputation et l'identité entre cette personne et le plaignant. Cette preuve et la preuve contraire se peuvent faire par tous les moyens.

« Dans le jugement d'une plainte en diffamation, la présence et l'audition du ministère public sont prescrites à peine de nullité ; mais le jugement n'est pas nul, quoiqu'il n'ait donné ses conclusions que sur la compétence et non sur le fond du procès. » Ainsi jugé : Crim. rej. 12 mai 1820.

Quant à ce que doit contenir le jugement, nous en parlerons en recherchant dans quels cas il y a lieu au *pourvoi en cassation*.

Loi du 9 septembre 1835 (Art. 10). « Il est interdit aux journaux et écrits périodiques de rendre compte des procès pour outrages ou injures et des procès en diffamation, où la preuve des faits diffamatoires n'est pas admise par la loi ; ils pourront seulement annoncer la plainte ou la demande du plaignant ; dans tous les cas, ils pourront insérer le jugement.

« L'infraction à cette prohibition sera poursuivie devant les tribunaux correctionnels, et punie d'un emprisonnement d'un mois à un an, et d'une amende de cinq cents à cinq mille francs. »

L'interdiction du compte-rendu par les journaux ou écrits périodiques des procès en diffamation ou en injures est le complément naturel d'un système qui prohibe la preuve des faits diffamatoires. Le compte-rendu aurait aggravé l'outrage en augmentant sa publicité, sans présenter en même temps le vrai remède au mal : la preuve de la fausseté des imputations, qui n'est pas possible. La loi de 1835 a donc été logique en établissant une corrélation nécessaire entre ces deux ordres d'idées : admission de la preuve des faits diffamatoires et possibilité de rendre compte dans les journaux ou écrits périodiques-des procès en diffamation (1).

La disposition de la loi de 1833 dont nous parlons, est applicable devant les tribunaux civils comme devant les tribunaux correctionnels : il n'y a en effet nulle raison de distinguer entre ces deux juridictions. C'est ce qui a été justement décidé par le tribunal correctionnel de la Seine, le 31 juillet 1868. (Voy. arrêt confirmatif de la cour de Paris du 7 oct. 1868, et rejet du 1" février 1869. Le Droit des 1" et 2 février 1869).

Des voies de recours contre le jugement. Nous n'avons rien de particulier à dire des deux premières voies de recours : l'*opposition* et l'*appel.* Mais le *pourvoi en cassation* soulève des questions spéciales à notre sujet, et sur lesquelles nous devons dire un mot.

En matière criminelle comme en matière civile, il faut distinguer entre le jugement du *fait* et le jugement du *droit.* L'appréciation des tribunaux de première instance et d'appel est souveraine en ce qui touche le *fait*; mais elle est, quant au *droit,* soumise au contrôle de la Cour de cassation. Où s'arrête le fait? où commence le droit? Dans ces deux questions gît toute la difficulté. Deux systèmes se sont produits et ont été successivement mis en pratique par la jurisprudence : l'un restrictif, l'autre extensif des pouvoirs de la cour de cassation.

Le premier système, qui se fortifie de l'autorité de M. le président Barris et du procureur général Merlin, ses illustres défenseurs, peut se résumer ainsi : « La Cour de cassation n'est instituée que pour réprimer les violations *expresses* de

(1) La disposition de la loi de 1835 a été reproduite par la loi du 27 juillet 1849, dans son art. 11.

18

la loi (art. 7 de la loi du 20 avril 1810). Elle ne peut
connaître du bien ou du mal jugé. » En conséquence, son
pouvoir de contrôle ne peut s'exercer que sur des faits dont
les caractères ont été déterminés par la loi.

Quant aux autres, il appartient aux tribunaux de les
constater et de les qualifier souverainement, et la Cour de
cassation commettrait un excès de pouvoir, si elle prétendait à censurer et à infirmer des décisions rendues dans de
telles conditions par les juges du fond. A quel titre en effet
pourrait-elle le faire? Sous prétexte d'une violation de la
loi? Mais pour qu'il y ait violation de la loi, il faut une loi;
et précisément ici il n'y en a pas.

Veut-on un exemple de cette distinction? Il s'en présente un bien simple tiré de notre matière même; la loi
du 17 mai 1819 définit la diffamation : « toute allégation
ou imputation d'un fait qui porte atteinte à l'honneur ou à
la considération d'une personne ou d'un corps, — » avec
ces conditions accessoires que l'imputation est publique et
que l'auteur l'a produite *animo. injuriandi*. Eh bien, si
un tribunal, constatant l'existence de l'imputation *d'un fait*
réellement outrageuse, et accompagnée de publicité et
d'intention mauvaise, appliquait à cette imputation la peine
du délit d'injure, il commettrait une violation de la loi
tombant sous la censure de la Cour de cassation. — Mais
la loi n'a déterminé nulle part en quoi consistait l'atteinte
portée à l'honneur ou à la considération, elle n'a pas énuméré les faits susceptibles de produire cette atteinte : dira-
t-on que la Cour de cassation pourrait, infirmant les décisions rendues sur ce point par des tribunaux, proclamer
innocentes des imputations que ces tribunaux auraient dé-
clarées déshonorantes et outrageuses, ou réciproquement?
Cela est impossible; car en jugeant ainsi, la Cour s'at-
tribuerait la connaissance de questions de fait dont l'appré-

ciation dépend de circonstances de temps, de lieu et de personnes que le législateur ne pouvait prévoir et qu'il n'a pas essayé de fixer : ce faisant, elle casserait des arrêts pour mal jugés en fait, ce qui dépasse ses pouvoirs, « *elle ajouterait*, comme le disait M. le président Barris, à *son autorité d'annulation celle de réformation; elle serait ainsi constituée en une Cour souveraine et universelle d'appel.* »

Tel est le système que la Cour de cassation a constamment appliqué jusqu'en 1831. (Voy. Crim. rej. 20 mars 1822 aff. Andrieux ; Crim. rej. 27 déc. 1823; idem. 4 août 1832.)

Le second système distingue entre la *constatation* des fonds matériels imputés, et la *qualification* morale de ces faits, et il décide que les tribunaux sont souverains pour *constater* les faits dont la *qualification* est soumise à la censure de la Cour de cassation. Ainsi un arrêt de Cour impériale jugera souverainement que l'imputation de « *faussaire* » a été proférée contre le plaignant : c'est là un fait matériel qui ressort de l'instruction et des débats, et dont la constatation échappe absolument à la Cour de cassation. Mais si la Cour impériale avait vu dans cette injure l'imputation d'un *vice*, la Cour de cassation pourrait, une semblable qualification lui semblant fausse et erronée, prononcer la cassation de l'arrêt.

Les partisans de ce système l'appuient sur le grand intérêt qu'a la société à l'*unité de jurisprudence* : c'est pour cela que la Cour de cassation a été instituée ; adopter l'opinion contraire, ce serait aller contre le but de son institution. Sans vouloir apprécier ici le mérite de cet argument, nous devons dire que le premier système, abandonné pour la première fois par la Cour de cassation le 21 octobre 1831, n'a pas été repris depuis, et que la jurisprudence fait aujourd'hui la distinction que le second système propose entre la *constatation* des faits matériels et leur *qualification* (Crim. cass. 18 déc. 1848. D. P. 51. 5. 409.)

On aperçoit sans peine à quelles conséquences on est forcément entraîné par l'adoption de ce système : il faut décider que les tribunaux seront tenus d'insérer dans leurs jugements et arrêts les faits qu'ils reconnaissent comme constants, de façon à ce que la Cour de cassation puisse apprécier s'il y a dans ces faits ainsi constatés les conditions exigées par la loi pour qu'il y ait délit de *diffamation* ou *d'injure*. Ainsi les jugements ou arrêts contiendront les imputations dans lesquelles le tribunal ou la Cour aura cru voir une atteinte à l'honneur ou à la considération.

Toutefois, il a été jugé « que la déclaration que le prévenu est coupable d'avoir, dans un article de journal, imputé à un citoyen des faits portant atteinte à l'honneur et à la considération de ce citoyen, caractérise suffisamment le délit de diffamation, alors que les faits ont été articulés et qualifiés par la poursuite. » (Crim. rej. 30 nov. 1850. D. P. 50. 5. 373.)

En ce qui concerne la publicité, il a été jugé dans le sens du second système, que le juge saisi d'une plainte en diffamation est souverain pour constater les circonstances desquelles résulterait la publicité des articulations incriminées ; mais l'appréciation qu'il fait de ces circonstances, et notamment la déclaration qu'elles constituent effectivement des éléments de publicité, tombe sous le contrôle de la Cour de cassation. » (Crim. Cass. 25 nov. 1850. D. P. 50. 1. 513.)

Il a été jugé de même : « Que la publicité n'est pas suffisamment établie, lorsque, d'une part, le jugement se borne à constater que le prévenu *a dit* les propos qui lui sont reprochés, la loi exigeant que les propos diffamatoires

aient été *proférés*, et lorsque, d'autre part, le même jugement ne désigne pas les lieux où les discours ont été
tenus, encore que la citation fasse connaître qu'ils l'ont été
dans des boutiques d'épicier, cette désignation ayant pu
être modifiée par les débats. » (Crim. Cass. 1er mars 1851.
D. P. 51. 5. 417).

Nous pensons pouvoir arrêter là ce qui concerne la procédure et les modes de recours, la forme et les délais du pourvoi en cassation étant, depuis le décret du 17 février 1852,
ceux indiqués au Code d'instruction criminelle.

APPENDICE.

———

Nous en avons fini avec l'étude de la diffamation et des injures contre les particuliers. Nous avons cru pouvoir glisser rapidement sur la procédure des actions qui naissent de ces divers délits : le détail de cette matière eût dépassé les limites qui nous sont naturellement tracées par le cadre restreint d'une thèse, en même temps qu'il ne présentait rien de bien particulier. Mais nous avons dû insister plus longuement sur les éléments constitutifs, tant de l'injure que de la diffamation, parce que c'est là qu'apparaît le principe inspirateur des législateurs de 1810, à savoir : protection garantie à tous les actes de la vie privée des citoyens contre la malignité publique.

Ce principe a-t-il reçu satisfaction ? Le but que l'on se proposait alors a-t-il été atteint ? Nous croyons qu'on peut, sans crainte, l'affirmer. Nous avons montré, en effet, que la loi défendait non-seulement l'honneur, mais la considé-

ration, mais la délicatesse même des personnes contre toute
imputation d'un fait ou d'un vice de nature à les atteindre,
contre toute expression outrageante, terme de mépris ou
invective capables de les blesser; et non-seulement contre
la calomnie, mais aussi contre la médisance.

Et, cependant, cette protection n'a pas paru à tous suffisamment efficace, et l'on a vu, il y a deux ans, quelques
honorables députés se faire l'organe d'une susceptibilité
véritablement *quintessenciée*, et soumettre au vote du Corps
législatif, qui l'a adoptée, la proposition suivante :

« Toute publication dans un écrit périodique, relative à
la vie privée, constitue une contravention punie d'une
amende de 500 francs.

» La poursuite n'en pourra être exercée que sur la
plainte de la partie intéressée. » — (Art. 11 de la loi du
11 mai 1868, relative à la presse).

Nous devons à l'historique de cet étrange article quelques mots, dans lesquels nous indiquerons les causes qui
l'ont fait naître, les critiques qui l'ont accueilli tant au
Corps législatif que dans la presse, et enfin les raisons pour
lesquelles, à notre avis, on le doit condamner. Nous n'au-
rons, d'ailleurs, qu'à puiser dans la discussion qui eut lieu
à ce sujet à la Chambre, où les orateurs des partis les plus
divers firent trêve aux luttes politiques, soit pour l'attaquer,
soit pour le défendre.

L'art. 11 n'existait pas dans le projet présenté par le Gouvernement; il est le fruit d'un amendement qui a rendu fameux le nom de son principal signataire, *M. de Guilloutet*. En voici les termes : « Toute allégation malveillante relative à la vie privée, publiée par la voie de la presse, est punie d'une amende de 500 francs à 5,000 francs. — La poursuite ne peut être exercée que sur la plainte de la partie intéressée. » Cet amendement même, à vrai dire, n'était pas tout à fait original, et l'idée qui l'a inspiré se trouvait déjà dans un contre-projet de loi sur la presse dont M. Emile Ollivier était l'auteur, et qui contenait un article ainsi conçu : « Toute nouvelle ou toute divulgation relative à la vie privée, alors même qu'elle ne constituerait ni la diffamation ni l'outrage, sera, à la requête de le partie intéressée, punie d'une amende de 500 francs à 1,000 francs (1). »

Mais M. Emile Ollivier ayant retranché cet article de son contre-projet, c'était aux signataires de l'amendement qui le remplaça, c'est-à-dire à MM. de Guilloutet, Creuzet, C. Dollfus, de Beauchamp, Aimé Gros et Périer, qu'en revenait le périlleux honneur.

La commission d'examen saisie de l'amendement ne l'adopta point, et voici comment s'exprimait à cet égard

_____

(1) La Chambre des députés, en 1828, fut saisie d'un amendement semblable qui motiva une longue discussion, et qui, finalement, ne fut point adopté.

son rapporteur, M. Nogent-Saint-Laurens : « L'amendement procède d'une intention éminemment morale, et si le
but que l'on se propose pouvait être atteint, ce serait un
résultat essentiellement utile...

» Aujourd'hui, trop souvent, en entre dans les voies
funestes de l'indiscrétion, de l'ironie, du persifflage le plus
injuste. Il se dégage parfois comme un paroxisme d'incon-
venances et de personnalités. Le sentiment, le devoir du
respect de la vie privée semblent éteints. On pénètre
audacieusement dans le foyer domestique, on ne craint
pas de traîner le scandale au-devant d'une curiosité que
l'on cherche à surexciter. — Voilà le mal, il est constant
il est certain, il est déplorable. Mais y a-t-il là un fait qui
puisse être saisi, défini, réprimé par une législation
pratique ; ou bien ne faut-il voir dans ces agressions
fâcheuses, qu'un de ces abus inévitables qui, à certaines
heures, traversent le monde et la société, et qui doivent
expirer tôt ou tard sous l'indifférence générale?...

« La loi de 1819 a protégé l'homme dans sa considération, dans son honneur ; elle l'a protégé en définissant,
en punissant la diffamation, l'injure, l'outrage. — L'amendement tend à créer une protection nouvelle. Nous n'a-
vons pas trouvé la formule suffisamment nette et précise.
On veut punir une allégation relative à la vie privée :
quelle sera la mesure, le criterium de la contravention ?

A quel moment une allégation sera-t-elle punissable ?...
L'élément de l'infraction ne sera pas l'intention de nuire,
ou le préjudice causé, éléments ordinaires des infractions
de ce genre; cet élément sera la malveillance. Or, le mot
malveillance est très-élastique. Comment déterminer la
malveillance? On sait que la diffamation est l'imputation
d'un fait qui atteint l'honneur et la réputation d'autrui. On
sait que l'injure est un terme de mépris. L'allégation malveillante ne nous a pas paru pouvoir subir l'appréciation
certaine et nécessaire que doit déterminer une législation
pratique. Le mot est vague et ne donnerait pas au juge
l'étendue exacte du terrain sur le quel doit se mouvoir la
répression. Le blâme peut n'être pas malveillant, l'éloge
peut être malveillant, s'il est exagéré et ironique.

» Il ne faut jamais faire une loi vague, car lorsqu'elle
a ce caractère, elle devient un embarras pour la magistra-
ture. Découvrir, déterminer, apprécier la malveillance dis-
simulée fréquemment sous l'habileté, sous les raffinements
de la plume et du style, c'est donner à la justice un rôle
à peu près impossible...

» Et puis, est-il bien certain qu'on trouvera beaucoup de
gens qui iront porter en justice les blessures faites à leur
amour-propre, les indiscrétions commises sur leur vie privée?... L'audience, la discussion de la malveillance donneront au mal des proportions plus grandes et plus fortes.

La plupart reculeront devant un remède, qui serait pire que le mal, et nous nous trouverions alors avoir fabriqué à grand'peine une arme inutile et dont presque personne ne voudrait se servir.

» Au surplus, la société n'est pas absolument désarmée contre des attaques de ce genre. A côté des lois qui punissent les atteintes sérieuses de la diffamation, de l'outrage et de l'injure, il y a le droit de réponse qui, manié avec fermeté, peut déconcerter et confondre la malveillance; il y a l'action civile en dommages-intérêts qui subsiste toutes les fois que la malveillance est assez sérieuse pour produire un préjudice matériel et moral... — En conséquence, nous avons repoussé l'amendement. » (Premier rapport supplémentaire de M. Nogent-Saint-Laurens.)

A la séance du 11 février, l'amendement étant venu en discussion, M. de Guilloutet monta à la tribune pour le soutenir. Il le défendit tout d'abord du reproche d'être contraire au principe libéral de la loi : loin d'être un baillon pour la presse, la disposition proposée en   la sauvegarde la plus sûre » Dans le reste de son discours, l'orateur insista sur la nécessité d'arrêter par des moyens de répression plus efficaces, le débordement « de ces allégations malveillantes et mensongères touchant la vie privée des citoyens » auxquelles la presse se livrait presque journellement, et qui, selon lui, devait grandir encore avec la loi nouvelle.

M. le baron de Beauverger qui lui répondit au nom de la commission, démontra avec beaucoup de sens que la *malveillance* dont l'amendement faisait l'élément indispensable de l'infraction était un obstacle insurmontable à son adoption. De deux choses l'une, en effet : ou bien la malveillance est insaisissable en ce qu'elle n'est séparée de l'indifférence que par des nuances qui échappent aux yeux les plus clairvoyants, et dans ces conditions l'on n'en pouvait pas faire la base d'une infraction ; ou bien elle se confond avec l'intention de nuire, et alors pourquoi une disposition législative nouvelle? Les lois sur la diffamation, l'injure et l'outrage suffisaient.

Frappé de la justesse de l'objection, M. Josseau n'essaya pas de défendre les termes mêmes de l'amendement : « Faut-il introduire dans la loi, comme le propose M. de Guilloutet, les mots : *attaques malveillantes?* Je ne le pense pas, disait-il, et je crois qu'il y a lieu de chercher une autre formule.... N'est-il pas un système plus simple et plus efficace? Celui, par exemple, qui consisterait à dire : toute ingérence dans la vie privée ; toute divulgation de faits appartenant à son domaine lorsque, bien entendu elle aura eu lieu sans le consentement des personnes intéressées, constitue non pas un délit, mais une contravention punissable d'une amende dont le minimun pourrait être très-bas et le maximun très-élevé? J'ajoute que la poursuite ne pourrait avoir lieu qu'avec l'assentiment de la personne intéressée : ce serait sous ce rapport une exception à la règle adoptée en matière de contravention; mais ce mode de procéder serait conforme à ce qui se passe en matière de diffamation. »

C'était, on le voit, un retour pur et simple à l'ancien article du contre-projet de M. E. Ollivier que M. Josseau conseillait. Sous le bénéfice de ces observations l'assemblée alla aux voix, et, malgré les efforts de M. Mathieu qui développa avec beaucoup de chaleur les arguments du rapport, l'amendement fut pris en considération et renvoyé à la commission.

Il en revint dans les termes où il est actuellement conçu, c'est-à-dire avec la modification indiquée par M. Josseau, à cela près que la peine, au lieu de se mouvoir entre un minimum très-bas et un maximum très-élevé, ainsi que le proposait l'honorable député, est fixe et uniforme. La majorité de la commission s'était rattachée, quoique sans enthousiasme, à la rédaction nouvelle, et le gouvernement de son côté, s'y était rallié.

Dans la discussion qui se rouvrit à ce sujet au Corps législatif, M. Morin (de la Drôme) combattit le nouvel article 11 au nom de l'esprit français qui allait voir disparaître un genre de littérature essentiellement parisien : le feuilleton et les nouvelles à la main. — M. Jules Simon élevant d'abord la question plus haut revendiquait le droit de dire la vérité sur les actes de la vie privée comme sur celle de la vie publique. Puis, descendant au détail même de l'article : Pourquoi vous arrêtez-vous à la presse périodique? disait-il. Ajoutez au journal le pamphlet, et au pamphlet, le livre. Le journal passe, le livre reste : Fréron est oublié, on se souvient de Voltaire et de Saint-Simon. Soyez conséquents avec vous-mêmes, et poussez jusqu'au bout votre sévérité et votre ardeur de répression! — Ce n'est pas tout : pourquoi cette pénalité immuable, une amende de 500 francs? Est-ce que toutes les indiscrétions sont également dangereuses et également coupables? — Elle est d'ailleurs excessive ou insuffisante, votre pénalité! ajoutait M. de Beauverger. Excessive pour les divulgations anodines qu'il plaira à une susceptibilité ombrageuse de poursuivre, elle n'arrêtera pas les indiscrétions dangereuses. Satisfaire pour 500 francs un sentiment de haine ou de jalousie, c'est une fantaisie que bien des gens méchants pourront se passer!

Ces objections n'eurent pas le don de convaincre la majorité de l'assemblée qui, par 130 voix contre 104, se prononça pour l'adoption de l'article 11, croyant sans doute, avec le commissaire du gouvernement, M. Jolibois, qu'il y avait là une mesure comminatoire, de nature à contenir les mauvais penchants de la presse.

Aujourd'hui que la loi du 11 mai a deux ans d'existence,

et qu'il est déjà possible dans une certaine mesure de la
juger à ses fruits, nous croyons que l'art. 11 mérite toutes
les critiques qui lui ont été adressées dès sa naissance.
« C'est la mort du feuilleton et de la chronique ! » s'écriait
M. Morin (de la Drôme). — « C'est la suppression de tous
les journaux et recueils judiciaires, » disait M. Martel. —
« Après le vote de l'art. 11, ajoutait M. Jules Simon,
je vous défie d'écrire un nom propre avec sécurité ! » —
« Il faut avouer, écrivait M. Nogent-Saint-Laurens, dans
son premier rapport, qu'il serait difficile d'écrire l'histoire
qui se compose non-seulemens de faits, d'événemens, mais
aussi de biographies, de chroniques, de détails sur la vie
des hommes qui ont marqué dans une époque. » — Telles
seraient, en effet, les conséquences rigoureuses de l'art. 11,
si on l'appliquait à la lettre.

Mais il faut dire qu'une circulaire du ministre de la justice, en date du 4 juin 1868, en a singulièrement restreint
la portée par le commentaire qu'elle en a donné. Voici ce
que nous y lisons :

« On ne peut poursuivre que dans les cas de *diffamation*
et *d'injure*, l'exposé et la critique des actes qui relèvent de
la vie publique ; *et par actes de la vie publique, il faut entendre ceux qui ont été faits, non pas seulement dans l'exercice
d'une fonction publique, mais encore dans l'accomplissement
d'une mission qu'on se donne ou d'un rôle qu'on s'attribue*

dans l'industrie, les arts, le théâtre, etc., si cette mission ou ce rôle appelle les regards et l'attention du public (1).

» La publication des procès concernant des discussions de fortune ou de famille, lorsque le compte-rendu de ces procès n'a pas été interdit par les tribunaux saisis, ne rentre pas dans la publication des faits de la vie privée que la loi du 11 mai a entendu interdire. » (Circulaire du ministre de la Justice et des Cultes. D. P. 68. 3. 57 et s.)

Cette interprétation ministérielle diminue notablement le champ dans lequel peut s'exercer l'article 11. En effet, si l'on soustrait à son empire « la publication : 1° de procès concernant des discussion de fortune ou de famille ; 2° des faits accomplis non-seulement dans l'exercice d'une fonction publique, mais encore dans l'exercice *d'une mission qu'on se donne ou d'un rôle qu'on s'attribue dans l'industrie, les arts, le théâtre, etc.,* » que restera-t-il dans son domaine? Les faits exclusivement privés, ceux qui sont accomplis dans l'ombre et le secret du foyer domestique, par la mère de famille, l'époux ou le père... Et c'est alors que se présente une très-puissante objection : « La poursuite du ministère ne pourra, dites-vous, s'exercer que sur la plainte de la partie intéressée? » C'est fort bien. Mais voici ce qui

(1) Voilà une extension qu'il serait désirable de voir introduire dans l'art. 20 de la loi du 26 mai 1819, en attendant le système qui permettrait la preuve de tous les faits diffamatoires.

se produira : Si la divulgation des faits de la vie privée porte une atteinte réelle à l'honneur ou à la considération des personnes, et si la mauvaise intention de l'écrivain paraît probable, on aura recours à l'action en diffamation ou en injure. Si, au contraire, la nouvelle publiée est sans portée, quel est le citoyen qui voudrait pour si peu mettre l'action publique en mouvement? « Aujourd'hui, disait avec infiniment de raison M. Mathieu, en présence d'attaques bien autrement graves, c'est-à-dire de la diffamation, de l'injure ou de l'outrage, vous voyez bien rarement l'action publique provoquée par la partie lésée : que sera-ce lorsqu'il s'agira de cette chose non point impondérable, mais beaucoup moins grave, qui s'appelle une contravention, et qui ne sera ni la diffamation, ni l'injure, ni l'outrage? — Il faudra que la personne attaquée sollicite la poursuite. Et qui la sollicitera? Personne! »

Cette prévision s'est confirmée de point en point : depuis que l'article 11 existe, il n'a pas été appliqué une seule fois, — ou du moins c'est vainement que j'ai cherché dans les journaux judiciaires une seule décision que cet article ait motivée. (1) Et qu'on ne dise pas que l'expérience (une

(1) Au dernier moment, nous avons découvert dans l'excellent *Commentaire de la loi du 11 mai 1868*, par M. G Loulot, avocat à la Cou impériale de Paris, un jugement du tribunal de Loches, fondé sur l'art. 11. *Un seul* jugement depuis deux ans ! Est-ce assez pour infirmer notre jugement?

expérience de deux années) est trop courte pour être déci-
sive! l'argument tomberait devant cette considération que
la loi a été portée en vue d'un mal invétéré et *présent* dont
tout le monde constatait, en les déplorant, l'existence et la
gravité. Nul n'ignore en effet que sous l'empire du décret
du 17 février 1852, la presse qui ne jouissait pas en matière
politique d'une grande liberté de discussion, avait cherché
autre part un aliment à la curiosité du public : tout ce que
Paris et la province possèdent d'hommes éminents par le
talent, l'esprit, la fortune ou la situation politique voyait sa
vie intime fouillée et souvent dénaturée par cette espèce de
journalistes que M. L. Veuillot a si énergiquement flétris
sous le nom de *Passe-partout*, et pour lesquels l'argot parisien a créé des mots nouveaux dans la langue : *indiscrèt*
et *indiscréteur*. C'est donc dès ses premiers jours que
l'art. 11 qui créait le délit d'*indiscrétion*, devait être le
plus appliqué, s'il répondait à besoin réel, et s'il venait
combler une lacune regrettable.

Dira-t-on, que, sous la menace d'une répression plus
efficace, la presse s'est amendée, et a su, en s'interdisant
toute incursion dans la vie privée, rendre impossible toute
poursuite ? Pour parler ainsi, il faudrait n'avoir pas ouvert
un journal depuis deux ans. C'est donc, (le rapport de
M. Nogent-St-Laurens avait raison de le dire,) « une arme
inutile, que le législateur de 1861 a fabriquée à grand

peine. » Notre conclusion est qu'il en faudrait débarrasser
« *l'arsenal de nos loi.* »

Cela arrivera-t-il ? Nous ne l'espérons point, tant que le
progrès et l'affermissement des mœurs publiques n'auront
pas permis de balayer la législation actuelle sur la diffamation et l'injure ; tant que l'on n'aura pas compris que la *ve-
rité* en toutes choses est l'air respirable de nos sociétés dé-
mocratiques, et que le *scandale* est une étiquette trompeuse
sous laquelle le despotisme des régimes précédents a voulu
proscrire la *lumière.*

POSITIONS

DROIT ROMAIN

I. — Les actions noxales n'étaient point arbitraires.

II. — Dans la *condictio ex mutuo*, les intérêts ne couraient ni à partir de la *mora*, ni à partir de la *litis contestatio*.

III. — En droit romain, la règle *prior tempore, potior jure* est absolue; on tient compte même de l'heure à laquelle a été passé le contrat pour régler le droit de préférence entre les créanciers hypothécaires.

IV. — Le créancier d'un rang inférieur qui use du *jus offerendi* n'acquiert pas seulement l'hypothèque, mais la créance tout entière du premier créancier.

V. — Le mari avait une action d'injures pour l'injure faite à sa femme, encore que celle-ci ne fût pas *in manu*.

VI. — La loi Cornelia *de injuriis* donnait naissance à un *judicium publicum*.

VII. — Il n'y a pas contradiction entre le § 4 du titre des injures aux Instituts de Justinien, et la loi 16 au Digeste *de injuriis et famosis libellis*.

VIII. — La loi *eum qui nocentem* consacrait la maxime : *Veritas convicii excusat*, quand le fait imputé était une faute dont la connaissance intéressait l'ordre public.

IX. — Le sens de cette loi n'a point été modifié par la loi *si non convicii*, loi 5 au Code de Justinien, *de injuriis*.

DROIT CIVIL FRANÇAIS

I. — L'enfant né moins de 180 jours après la célébration du mariage naît légitime.

II. — Au cas où la mère tutrice de ses enfants mineurs se remarie, sans consulter le conseil de famille sur la question de la tutelle, son second mari n'est solidairement responsable avec elle que de la gestion ou du défaut de gestion postérieurs au mariage.

III. — La simple lésion n'est jamais admise comme une cause de rescision contre les actes qu'un tuteur a accomplis dans la plénitude de ses pouvoirs, et en remplissant toutes les formalités requises par la loi.

IV. — Le consentement de l'enfant naturel est nécessaire, lorsque le père ou la mère voulant profiter de la disposition de l'art. 761, lui offre, de son vivant, la moitié de la part déterminée par l'art. 757.

V. — La séparation des patrimoines, produite par l'acceptation sous bénéfice d'inventaire, n'est pas irrévocable. Elle cesse avec le bénéfice d'inventaire qui l'avait créée.

En conséquence, les créanciers de la succession qui veulent se mettre à couvert d'une renonciation éventuelle de l'héritier à ce bénéfice, ne doivent pas négliger de demander la séparation des patrimoines, conformément à l'art. 878, et de prendre inscription dans les six mois, aux termes de l'art. 2111, sur les immeubles héréditaires.

VI. — Le défaut de transcription d'une donation peut-il être opposé au donataire par l'héritier du donateur? — Non.

VII. — L'art. 909 n'annule la libéralité faite au médecin de la dernière maladie, que lorsque le traitement est contemporain de la disposition à titre gratuit.

VIII. — Le privilége de l'art. 1252 est personnel au créancier subrogeant, en ce sens qu'il ne passe pas aux subrogés postérieurs.

IX. — Quand un immeuble dotal a été vendu par le

mari et par la femme, la prescription de l'action en nullité qui appartient à celle-ci, cor t à dater de la séparation de biens.

X. — La femme dotale peut céder l'hypothèque légale qui garantit ses reprises mobilières.

XI. — Lorsque le bail d'un immeuble n'est pas constaté par un acte authentique, ni par un acte sous seing privé ayant reçu date certaine, le privilége du locateur ne s'étend point aux loyers échus.

XII. — Le privilége du vendeur d'un office ministériel peut-il s'exercer sur l'indemnité due à son successeur, en cas de destitution de ce dernier ?

———

DROIT PUBLIC ET ADMINISTRATIF

I. — La propriété des cours d'eau non navigables ni flottables, appartient aux riverains.

II. — Les Ministres sont les juges de droit commun ne matière de contentieux administratif.

DROIT PÉNAL FRANÇAIS

I. — La diffamation verbale contre des fonctionnaires publics donne lieu, comme la diffamation par voie de la presse, à la preuve par écrit des faits imputés.

II. — Les lois du 17 mai et du 26 mai 1819 ne punissent point la diffamation à l'égard des morts.

III. — Lorsque les faits imputés sont punissables selon la loi, et qu'ils donnent lieu à une poursuite criminelle ou correctionnelle, s'ils aboutissent à une condamnation, le prévenu de diffamation doit échapper à toute peine.

IV. — Le pouvoir de la Cour de cassation s'arrête, en matière criminelle, au contrôle des faits caractérisés par la loi; les autres sont laissés à l'appréciation souveraine des juges de première instance et d'appel.

DROIT DES GENS

I. — Un État neutre viole la neutralité en laissant construire dans ses ports des navires de guerre au profit d'une des puissances belligérantes.

II. — Les agents diplomatiques étrangers accrédités auprès du gouvernement français ne sont pas des « agents ou dépositaires de l'autorité », au sens de l'art. 20 de la loi du 26 mai 1819.

En conséquence, la preuve ne peut pas être admise contre eux de faits même relatifs à l'exercice de leurs fonctions.

Vu par le Président de la thèse,
ORTOLAN.

Vu par le doyen de la Faculté,
Signé : CALMET-DAAGE.

Vu et permis d'imprimer,
Le Vice-Recteur de l'Académie de Paris,
MOURIER.

Clermont-Ferrand, typographie d'ARMAND PESTEL, rue de la Treille, 14.

Contraste insuffisant
NF Z 43-120-14

www.ingramcontent.com/pod-product-compliance
Lightning Source LLC
Chambersburg PA
CBHW070232200326
41518CB00010B/1530